금강반야경

문수반야경

금강반야경
문수반야경

김태완 역주

침묵의 향기

불이문 不二門

불교의 도량에 들어가려면 언제나 불이문을 먼저 통과해야 하듯이, 반야경에 들어가려면 먼저 불이문을 통과해야 한다.

무엇이 둘로 나누어짐 없는 불이문인가?

(죽비를 들고)

죽비라 하면, 죽비와 죽비 아닌 것이 둘이 되어 불이문을 통과할 수 없다.

죽비가 아니라 하면, 죽비 아닌 것과 죽비가 둘이 되어 불이문을 통과할 수 없다.

침묵하면 침묵과 말이 둘이 되어 불이문을 통과할 수 없다.

움직이면 움직임과 멈춤이 둘이 되어 불이문을 통과할 수 없다.

어떻게 불이문을 통과할 것인가?

이 책에 실린 경전은 다음과 같이 4권이다.

①금강반야바라밀경(金剛般若波羅蜜經). 요진(姚秦) 천축삼장(天竺三藏) 구마라집(鳩摩羅什) 한역(漢譯).

②대반야바라밀다경(大般若波羅蜜多經) 제577권 제9능단금강분(能斷金剛分). 당(唐) 삼장법사(三藏法師) 현장(玄奘) 한역.

③문수사리소설마하반야바라밀경(文殊師利所說摩訶般若波羅蜜經) 상권(上卷), 하권(下卷). 양(梁) 부남국(扶南國) 삼장(三藏) 만타라선(曼陀羅仙) 한역.

④대반야바라밀다경(大般若波羅蜜多經) 제574권 제7만수실리분(曼殊室利分)-1, 제575권 제7만수실리분(曼殊室利分)-2. 당(唐) 삼장법사(三藏法師) 현장(玄奘) 한역.

이 4권의 경전은 사실은 2권의 경전이다. 2권의 경전을 각각 다른 시대에 다른 사람이 번역한 이역본(異譯本)이 2권씩이니 4권의 경전이 되었다. 이 경전들은 모두 반야바라밀경(般若波羅蜜經)인데, 방편의 말씀이 강조하는 특색에 따라 금강반야경(金剛般若經)과 문수반야경(文殊般若經)으로 이름을 붙였다.

　금강반야경은 이른바 금강경(金剛經)이다. 금강경은 한문(漢文) 번역본이 시대별로 7종이나 된다. 오늘날 우리나라에서 일반적으로 보는 금강경은 구마라집(鳩摩羅什; 348—413)이 402년에 한역한 금강반야바라밀경(金剛般若波羅蜜經)이다. 이 금강반야바라밀경을 줄여서 금강반야경 혹은 금강경이라고 하는 것이다. 금강경을 32분으로 구분하여 제목을 붙인 것은 양무제(梁武帝)의 아들인 소명(昭明) 태자라고 한다.
　당(唐)의 현장(玄奘; 622—664)은 인도에서 가져온 총 600권의 반야경을 대반야바라밀다경(大般若波羅蜜多經)이라는 이름으로 660년—663년에 걸쳐 번역하였다. 이 대반야바라밀다경은 그때까지 성립된 반야경을 모두 모아서 하나의 경전으로 편집한 것으로서 방대한 분량이다. 따라서 금강반야경이나 문수반야경도 모두 이 대반야바라밀다경 속에 한 부분으로 포함되어 있다. 금강경의 경우에는 대반야바라밀다경 제577권에 제9능단금강분(能斷金剛分)이라는 이름으로 들어 있다. 이 능단금강분은 대반야바라밀다경 총 16회(會) 가운데 제9회에 해당하며, 금강반야(金剛般若)라는 이칭(異稱)으로 불린다.
　구마라집의 금강경과 현장의 금강경에 내용상 큰 차이는 없다. 그러나 구마라집은 중언부언하는 내용을 간략하게 만들고 이해가 필요한 부분은 좀 풀어서 번역하여 의역(意譯)에 가깝다고 할 수 있다. 반면에 현장은 산스크리트의 원전 내용을 글자 한 자 고치지 않고 가능한 한 그대로 한문으로 옮기는 직역(直譯)에 가까운 번역을 하였다는 것이 특징이다.

문수사리소설마하반야바라밀경(文殊師利所說摩訶般若波羅蜜經)은 상권(上卷)과 하권(下卷)의 두 권으로 구성되어 있는데, 양(梁) 부남국(扶南國; 현재의 캄보디아)의 삼장(三藏) 만타라선(曼陀羅仙)이 503년에 한역(漢譯)하였다. 만타라선의 이 번역은 당(唐)에서 편집된 대보적경(大寶積經) 120권 가운데 115권 제46-1에 문수설반야회(文殊說般若會)라는 이름으로 들어가 있기도 하다. 이 경은 또 양(梁) 부남국(扶南國) 삼장(三藏)인 승가바라(僧伽婆羅)가 6세기 초에 문수사리소설반야바라밀경(文殊師利所說般若波羅蜜經)이라는 이름으로 한역한 이역본도 있다.

현장이 번역한 대반야바라밀다경 속에서 이 경은 제574권 제7만수실리분(曼殊室利分)-1과 제575권 제7만수실리분(曼殊室利分)-2 등 2권으로 들어가 있다. 이 두 권은 대반야바라밀다경 16회(會) 가운데 제7회에 해당하며, 칠백송반야(七百頌般若)라는 이칭(異稱)으로도 알려져 있다.

금강반야경과 문수반야경 모두 반야바라밀(般若波羅蜜)을 가르치는 경전이다. 반야바라밀은 반야바라밀다(般若波羅蜜多)라고도 하고 축약하여 단순히 반야(般若)라고 하기도 한다. 이것은 산스크리트 Prajñāpāramitā의 소리를 한자로 적은 것인데, 뜻으로는 지도(智度) 혹은 도피안(到彼岸)이라 한역(漢譯)한다. 반야 즉 prajñā는 지혜(智慧)라는 뜻이고, 바라밀 즉 pāramitā는 저 언덕으로 건너간다는 뜻이다. 따라서 반야바라밀은 '저 언덕으로 건너가는 지혜'라는 뜻이 된다. 저 언덕 즉 피안(彼岸)이란 어리석은 망상번뇌의 중생세계인 세간(世間)에 대하여 깨달아 망상번뇌에서 해탈한 세계인 출세간(出世間)을 가리킨다. 그러므로 반야바라밀은 망상번뇌에서 벗어나는 방편으로서 시설된 지혜, 혹은 망상번뇌에서 벗어나 얻은 지혜를 가리킨다.

반야경에서 사용하는 방편을 간략히 요약하면 상(相)과 공(空) 둘이다. 상은 중생의 마음을 가로막아 어둡게 만드는 분별망상(分別妄想)을 가리키고, 공은 분별망상에서 벗어난 깨달음의 세계인 불이중도(不二中道)를 가리킨다. 상은 무언가를 분별하는 것이니 무언가가 있다고 하는 차별세계이고, 공은 분별에서 벗어난 불이(不二)이니 있다거나 없다고 말할 수 없는 불가사의의 세계이다. 상으로 분별되는 세계를 세간이라 하고, 분별에서 벗어난 불가사의한 세계를 출세간이라 한다. 상으로 분별하여 상에 얽매인 마음을 중생의 분별심(分別心)이라 하고, 상에서 벗어나 불가사의한 지혜를 갖춘 마음을 불심(佛心)이라 한다.

따라서 상(相)은 극복되어야 할 것이고, 공(空)은 성취하여야 할 것이다. 이처럼 반야경은 상을 극복하는 가르침과 공을 성취하는 가르침을 담고 있는 경전이다. 금강반야경은 상의 극복을 위주로 가르치는 경향이 있고, 문수반야경은 공의 성취를 위주로 가르치는 특색이 있다. 금강반야경에선 모든 상(相)이 허망함을 말하면서, 어떤 상도 가지지 말아야 보살이라고 불릴 자격이 있다는 말을 끊임없이 하고 있다. 반면에 문수반야경에선 모든 것들이 마침내 전부 공(空)임을 끊임없이 말하고 있다. 그러므로 상을 극복하는 가르침인 금강반야경과 공을 성취하는 가르침인 문수반야경을 본다면 사실상 반야경의 요체를 모두 본다고 할 수 있다.

차례

금강반야경

문수반야경

금강반야경

금강반야바라밀경

대반야바라밀다경 능단금강분

금강반야바라밀경

金剛般若波羅蜜經

구마라집 한역

鳩摩羅什 漢譯

김태완 역주

1. 법회인유분(法會因由分)

이와 같이 나는 들었다. 한때에 부처님께서 사위국¹의 기수급고독
원²에 1,250인의 비구들과 함께 계셨다. 그때 세존께서는 식사 때가
되어 옷을 입고 발우를 들고 사위성 안으로 들어가 밥을 비셨다. 그
성 안에서 차례로 밥을 다 빌고는, 다시 본래 계셨던 자리로 돌아오
셨다. 밥을 다 잡수시고, 옷과 발우를 거두시고 발을 씻으시고는 자
리를 펴고 앉으셨다.

如是我聞. 一時佛在舍衛國祇樹給孤獨園, 與大比丘衆千二百五十人俱. 爾
時世尊食時著衣持缽入舍衛大城乞食. 於其城中次第乞已, 還至本處. 飯食訖
收衣缽洗足已敷座而坐.

2. 선현기청분(善現起請分)

그때 장로 수보리³가 대중 속에 있다가, 곧 자리에서 일어나 오른

---

1   사위국(舍衛國) : 옛날 중인도에 있었던 국가. 사위성(舍衛城)을 도읍으로 하였다.
2   기수급고독원(祇樹給孤獨園) : 또는 기다수급고독원(祇多樹給孤獨園), 줄여서 기수원(祇
    樹園) · 기원(祇園) · 급고독원(給孤獨園). 중인도 사위성에서 남으로 1마일 지점에 있는
    숲으로서, 기원정사(祇園精舍)가 있는 곳이다. 석가모니가 설법한 유적지. 이곳은 본래
    바사닉왕의 태자 기타(祇陀)가 소유한 원림(園林)이었으나, 급고독장자(給孤獨長者)가
    그 땅을 사서 석존께 바치고 태자는 또 그 숲을 부처님께 바쳤으므로, 두 사람의 이름을
    합하여 이 이름을 지었다.
3   수보리(須菩提) : Subhuti. 석가세존의 10대 제자 가운데 한 명. 선현(善現) · 선길(善

쪽 어깨를 드러내고[4] 오른쪽 무릎을 구부려 땅에 대고는[5] 합장하고 공경하며 부처님께 아뢰었다.

"희유하십니다, 세존이시여, 여래께서는 모든 보살을 잘 보살피시고,[6] 모든 보살에게 잘 맡기십니다.[7] 세존이시여, 착한 남자들과 착한 여인들이 위없는 바르고 평등한 깨달음[8]의 마음을 내면, 마땅히 어떻게 그 마음을 머물고 어떻게 그 마음을 항복시켜야 합니까?"

부처님께서 말씀하셨다.

"좋고 좋구나, 수보리여. 그대가 말한 바와 같이 여래는 모든 보살을 잘 보살피고 모든 보살에게 잘 맡긴다. 그대는 이제 잘 들어라. 그

吉) · 선업(善業) · 공생(空生) 등이라 번역. 온갖 법이 공(空)인 이치를 깨달은 이라 하여 해공제일(解空第一)이라고 함. 『증일아함경(增壹阿含經)』에 전기가 있음.

4 편단우견(偏袒右肩) : 오른쪽 소매를 벗어서 오른 어깨를 드러내는 것. 인도 예법의 하나. 이것은 자진하여 시중을 들겠다는 의미임.

5 우슬착지(右膝着地) : 인도의 예법. 존경하는 뜻을 표할 때 오른 무릎을 땅에 대고 예배하는 모양.

6 호념(護念) : 모든 불 · 보살 · 하늘 · 귀신들이 선행을 닦는 중생이나 수행자에 대하여 온갖 마장을 제거하고 보호하며, 깊이 기억하여 버리지 않는 것.

7 부촉(付囑) : 부촉(付蜀)이라고도 함. 다른 이에게 부탁함. 부처님은 설법한 뒤에 청중 가운데서 어떤 이를 가려내어 그 법의 유통(流通)을 맡기는 것이 상례(常例). 이것을 부촉 · 촉루(囑累) · 누교(累教) 등이라 함. 경문 가운데서 부촉하는 일을 말한 부분을 「촉루품(囑累品)」, 또는 부촉단(付囑段)이라 하니, 흔히 경의 맨 끝에 있음. 『법화경』과 같은 것은 예외(例外).

8 아누다라삼약삼보리(阿耨多羅三藐三菩提) : anuttara-samyak-sambodhi의 음사(音寫). 아뇩다라삼먁삼보리라고도 읽는다. 무상정등정각(無上正等正覺) · 무상정등각(無上正等覺)이라 번역. 최상의 바르고 평등한 깨달음. 아누다라는 무상(無上), 삼약삼보리는 정변지(正遍智), 또는 정등정각(正等正覺)이라 번역하니 앞의 것은 구역(舊譯)이고 뒤의 것은 신역(新譯)이다. 줄여서 정각(正覺)이라 한다.

대에게 말해 주겠노라. 착한 남자들과 착한 여인들이 위없는 바르고 평등한 깨달음의 마음을 내면, 마땅히 그 마음을 이와 같이 머물고 이와 같이 항복시켜야 한다."

수보리가 말했다.
"예, 세존이시여, 기꺼이 듣기를 바라옵니다."

時長老須菩提在大衆中, 卽從座起偏袒右肩右膝著地, 合掌恭敬而白佛言:
"希有世尊. 如來善護念諸菩薩, 善付囑諸菩薩. 世尊, 善男子善女人, 發阿耨多羅三藐三菩提心, 應云何住云何降伏其心?"
佛言: "善哉善哉, 須菩提. 如汝所說, 如來善護念諸菩薩, 善付囑諸菩薩. 汝今諦聽. 當爲汝說. 善男子善女人, 發阿耨多羅三藐三菩提心, 應如是住如是降伏其心."
"唯然世尊. 願樂欲聞."

3. 대승정종분(大乘正宗分)

부처님께서 수보리에게 말씀하셨다.
"모든 보살들은 마땅히 이렇게 그 마음을 항복시켜야 한다. 존재하는 모든 중생들—난생이든 태생이든 습생이든 화생이든[9] 육체가 있

---

9 사생(四生) : 육도(六道)에 살고 있는 모든 중생을 가리키는데, 태어나는 방식에 따라 넷으로 나뉘므로 사생이라 한다. 모태에서 태어나는 태생(胎生), 알에서 태어나는 난생(卵

든 육체가 없든 생각이 있든 생각이 없든 생각이 있는 것도 아니든 생각이 없는 것도 아니든[10]—을 나는 모두 남김 없는 열반[11]에 들어가게 하여 사라지게[12] 한다. 이렇게 헤아릴 수 없고 끝이 없는 중생들을 사라지게 했지만, 사라진 중생은 진실로 없다.

무슨 까닭인가? 수보리야, 만약 보살이 나라는 생각·사람이라는 생각·중생이라는 생각·목숨이라는 생각[13]이 있다면 보살이 아니기

生), 습기 가운데서 태어나는 습생(濕生), 과거의 자신의 업(業)에 의해 태어나는 존재인 화생(化生)이 그것이다. 인간과 짐승은 태생이고, 천인(天人)과 지옥(地獄)의 중생은 화생이다.

10 삼계(三界) : 아직 해탈하지 못한 중생(衆生)의 정신세계를 셋으로 분류한 것. 욕계(欲界)·색계(色界)·무색계(無色界). 욕계는 욕망에 사로잡힌 중생이 거주하는 세계로, 천(天)·인간(人間)·축생(畜生)·아귀(餓鬼)·지옥(地獄)·아수라(阿修羅) 등의 육도(六道)가 포함된다. 색계는 욕망은 초월하였지만 육체[色]에 사로잡힌 수행자의 세계이다. 무색계는 욕망도 육체도 초월하고 순수한 정신만 있는 수행자의 세계이다. 무색계에는 물질인 색(色)은 없고, 수(受)·상(想)·행(行)·식(識)의 4온(蘊)만 있는데, 여기에는 공무변처(空無邊處)·식무변처(識無邊處)·무소유처(無所有處)·비상비비상처(非想非非想處)의 넷이 있다. 공무변처는 물질인 이 육신을 싫어하고 가없는 허공의 막힘없음을 기뻐하는 곳이다. 식무변처는 가없는 공(空)을 싫어하여 마음을 돌려 식(識)과 반응하며, 식과 서로 대응하여 마음이 고정되어 과거·현재·미래의 식이 다 나타나는 곳이다. 무소유처는 공을 싫어하여 식에 반연했으나, 과거·현재·미래에 늘 반연하는 식(識)은 실재로 있는 것이 아님을 아는 곳이다. 비상비비상처는 비유상비무상처(非有想非無想處)라고도 하는데, 3계(界)의 맨 위에 있어서 그 아래의 세계와 같은 거친 생각이 없으므로 비상(非想) 또는 비유상(非有想)이지만, 세밀한 생각은 없지 않으므로 비비상(非非想) 또는 비무상(非無想)이며, 거친 생각이 없는 비유상이므로 외도들은 참된 열반(涅槃)이라 하지만 미세한 생각은 있는 비무상이므로 불교에서는 중생심이라 한다.

11 무여열반(無餘涅槃) : parinirvana. 반열반(般涅槃)이라 음역하고, 원적(圓寂)이라고도 번역한다. 남김 없는 완전한 소멸이란 뜻이다.

12 멸도(滅度) : 열반(涅槃)을 번역한 말. 온갖 망상이 다 사라져서 번뇌의 바다를 건넜다는 뜻. 해탈(解脫)과 같은 뜻.

13 사상(四相) : 아상(我相)·인상(人相)·중생상(衆生相)·수자상(壽者相). 이 사상(四相)의 산스크리트는 ātma-saṃjñā·sattva-saṃjñā·jiva-saṃjñā·pudgala-saṃjñā인데, 상

때문이니라."[14]

（相)으로 번역되는 saṃjñā는 '분별, 이해, 지식, 생각, 개념, 이름'이라는 뜻이다. 에드워드 콘즈(Edward Conze)는 이것을 '관념, 개념, 생각'이라는 뜻인 notion으로 번역하였다. '모습, 형상'이라는 뜻인 상(相)의 산스크리트는 lakṣaṇa이다. 구마라집(鳩摩羅什)과 보리류지(菩提流支)의 『금강경』에서는 '생각, 개념'이라는 뜻인 saṃjñā와 '모습, 형상'이라는 뜻인 lakṣaṇa를 모두 '상(相)'으로 번역하였다. 반면에 진제(眞諦), 현장(玄奘), 의정(義淨)의 『금강경』에서는 saṃjñā는 '상(想)'으로 번역하고, lakṣaṇa는 '상(相)'으로 번역하여 구분하였다. 생각과 개념은 모습과 이름으로 분별되므로 상(相)과 상(想)은 실제로 차이가 없다. 사상(四相)의 뜻은 다음과 같다. ①아상(我相)= 5온(蘊)이 화합하여 생긴 몸과 마음에 실재의 아(我)가 있다고 하고, 또 아(我)의 소유(所有)라고 집착하는 소견. ②인상(人相)= 아(我)는 인간이어서 축생(畜生) 등 다른 육도(六道)의 중생들과는 다르다고 집착하는 소견. ③중생상(衆生相)= 아(我)는 5온법으로 말미암아 생긴 것이라고 집착하는 소견. ④수자상(壽者相)= 아(我)는 일정한 기간의 목숨이 있다고 집착하는 소견. 이 부분을 현장(玄奘)은 '有情想, 命者想, 士夫想, 補特伽羅想, 意生想, 摩納婆想, 作者想, 受者想'이라 번역했다.

14 이 부분의 다른 판본의 내용은 다음과 같다 : [보리류지] 부처님이 수보리에게 말씀하셨다. "모든 보살은 이와 같은 마음을 낸다. 모든 중생들－난생이든 태생이든 습생이든 화생이든 육체가 있든 육체가 없든 생각이 있든 생각이 없든 생각이 있는 것도 아니고 없는 것도 아니든－을 나는 전부 무여열반에 들어가게 하여 사라지게 한다. 이와 같이 사라진 헤아릴 수 없고 가없는 중생들에는 사라진 중생이 진실로 없다. 무슨 까닭인가? 수보리여, 만약 보살에게 중생이라는 생각이 있다면 그는 보살이 아니기 때문이다. 왜 보살이 아닌가? 수보리여, 만약 보살이 중생이라는 생각·사람이라는 생각·목숨이라는 생각을 일으킨다면, 보살이라고 부르지 않기 때문이다."(佛告須菩提: "諸菩薩生如是心. 所有一切衆生衆生所攝—若卵生若胎生若濕生若化生, 若有色若無色若有想若無想若非有想非無想—所有衆生界衆生所攝, 我皆令入無餘涅槃而滅度之. 如是滅度無量無邊衆生, 實無衆生得滅度者. 何以故? 須菩提, 若菩薩有衆生相即非菩薩. 何以故非? 須菩提, 若菩薩起衆生相人相壽者相, 即不名菩薩.") [진제] 부처님이 수보리에게 말씀하셨다. "수보리여, 착한 남자나 착한 여인이 깨달음의 마음을 내어 보살승(菩薩乘)을 행한다면, 마땅히 이와 같이 마음을 내어야 한다. 모든 중생의 부류－난생이든 태생이든 습생이든 화생이든 육체가 있든 육체가 없든 생각이 있든 생각이 없든 생각이 있는 것이 아니든 생각이 없는 것이 아니든, 나아가 중생세계에 이르러 헛된 이름으로 말하는 것이든－이와 같은 중생들을 나는 전부 무여열반에 안치(安置)한다. 이와 같이 헤아릴 수 없는 중생들을 열반시켰지만, 열반을 얻은 중생은 하나도 없다. 무슨 까닭인가? 수보리여, 만약 보

살에게 중생이라는 생각이 있다면, 보살이라고 부르지 말아야 하기 때문이다. 왜 그런가? 수보리여, 모든 보살에게는 나라는 생각·중생이라는 생각·목숨이라는 생각·받는 사람이라는 생각이 없기 때문이다."(佛告須菩提: "須菩提, 善男子善女人, 發菩提心行菩薩乘, 應如是發心. 所有一切衆生之類攝─若卵生若胎生若濕生若化生, 若有色若無色若有想若無想若非有想若非無想, 乃至衆生界及假名說─如是衆生, 我皆安置於無餘涅槃. 如是涅槃無量衆生已, 無一衆生被涅槃者. 何以故? 須菩提, 若菩薩有衆生想, 卽不應說名爲菩薩. 何以故? 須菩提, 一切菩薩, 無我想衆生想壽者想受者想.") [현장] 부처님이 선현(善現)에게 말씀하셨다. "보살승의 마음을 낸 모든 사람은 마땅히 이와 같이 마음을 내어야 한다. 모든 중생들─난생이든 태생이든 습생이든 화생이든 육체가 있든 육체가 없든 생각이 있든 생각이 없든 생각이 있는 것이 아니든 생각이 없는 것이 아니든, 나아가 중생의 세계에 시설된 것들에 이르기까지─이와 같은 모든 것들을 나는 마땅히 전부 남김 없는 묘한 열반의 세계에서 모조리 사라지게 만들어야 한다. 비록 이와 같이 헤아릴 수 없는 중생을 사라지게 하였지만, 사라진 중생은 없다. 무슨 까닭인가? 선현아, 만약 보살마하살이라면 중생이라는 생각이 맴돈다고 말하지 말아야 한다. 마찬가지로 목숨이 있는 것이라는 생각, 사람이라는 생각, 자아(自我)라는 생각, 의식으로 생각한다는 생각, 바라문의 학생이라는 생각, 행위의 주체라는 생각, 행위의 객체라는 생각이 일어난다면, 역시 보살마하살이라고 불러서는 안 됨을 알아야 한다. 무슨 까닭인가? 선현아, 보살승을 이루려는 마음을 낸 자라고 일컬을 조그마한 법도 없기 때문이다."(佛言善現: "諸有發趣菩薩乘者, 應當發趣如是之心. 所有諸有情有情攝所攝─若卵生若胎生若濕生若化生, 若有色若無色若有想若無想若非有想非無想, 乃至有情界施設所施設─如是一切, 我當皆令於無餘依妙涅槃界而般涅槃. 度如是無量有情令滅度已, 而無有情得滅度者. 何以故? 善現, 若諸菩薩摩訶薩, 有情想轉 不應說名菩薩摩訶薩. 所以者何? 善現, 若諸菩薩摩訶薩, 不應說言有情想轉. 如是命者想士夫想補特伽羅想. 意生想摩納婆想作者想受者想轉, 當知亦爾. 何以故? 善現, 無有少法, 名爲發趣菩薩乘者.") [의정] 부처님이 묘생(妙生)에게 말씀하셨다. "만약 보살승의 마음을 낸 자라면 마땅히 이와 같은 마음을 내어야 한다. 모든 중생의 부류들─난생이든 태생이든 습생이든 화생이든 육체가 있든 육체가 없든 생각이 있든 생각이 없든 생각이 있는 것이 아니든 생각이 없는 것이 아니든, 모든 세계에 있는 중생들─이와 같은 모든 중생들을 나는 전부 남김 없는 열반에 들어가게 하여 사라지게 한다. 비록 이와 같이 헤아릴 수 없는 중생들이 남김 없이 사라지도록 하였으나, 사라진 중생은 하나도 없다. 무슨 까닭인가? 묘생아, 만약 보살에게 중생이라는 생각이 있다면, 보살이라고 일컬을 수 없기 때문이다. 까닭이 무엇인가? 나라는 생각·중생이라는 생각·목숨이라는 생각으로 말미암아 다시 생각을 구하기 때문이다."(佛告妙生: "若有發趣菩薩乘者, 當生如是心. 所有一切衆生之類─若卵生胎生濕生化生, 若有色無色有想無想非有想非無想, 盡諸世界所有衆生─如是一切, 我皆令入無餘涅槃而滅度

佛告須菩提:"諸菩薩摩訶薩, 應如是降伏其心. 所有一切衆生之類 ─ 若卵生若胎生若濕生若化生, 若有色若無色, 若有想若無想, 若非有想非無想 ─ 我皆令入無餘涅槃而滅度之. 如是滅度無量無數無邊衆生, 實無衆生得滅度者. 何以故? 須菩提. 若菩薩有我相人相衆生相壽者相, 卽非菩薩."

4. 묘행무주분(妙行無住分)

"또 수보리야, 보살은 마땅히 법(法)[15]에 머물지 않고 보시[16]를 행해야 한다. 말하자면, 색깔에 머물지 않고 보시하고, 소리와 냄새와 맛과 촉감과 인식(認識)[17]에 머물지 않고 보시해야 한다. 수보리야, 보살은 마땅히 이렇게 보시하여 분별[18]에 머물지 않아야 한다.

무슨 까닭인가? 만약 보살이 분별에 머물지 않고 보시하면, 그 복

之. 雖令如是無量衆生證圓寂已, 而無有一衆生入圓寂者. 何以故? 妙生, 若菩薩有衆生想者, 則不名菩薩. 所以者何? 由有我想衆生想壽者想, 更求趣想故.")

15 법(法) : dharma. 달마(達磨)라 음역. ①자성(自性)을 가져서 분별되는 것. 물질적이고 정신적인 모든 것. 제6식인 의식(意識)의 대상이 되는 것. ②부처님의 가르침을 불법(佛法)·정법(正法)·교법(敎法)이라 하고, 부처님이 정한 계율을 계법(戒法)이라 하고, 규정을 따라 수행하는 의식을 수법(修法)이라 함. 여기에선 ①의 뜻.

16 보시(布施) : 자신의 것을 아낌없이 남에게 베풀어 주는 것. 물질적인 재물 보시뿐 아니라 정신적인 불법을 남에게 베풀어 가르쳐 주는 것도 포함된다.

17 육경(六境) : 인식되는 여섯 가지 대상. 색깔(色)·소리(聲)·냄새(香)·맛(味)·감촉(觸)·법(法). 눈(眼)·귀(耳)·코(鼻)·혀(舌)·살갗(身)·의식(意) 등 여섯 가지 인식기관인 육근(六根)에서 인식되는 대상을 가리킨다.

18 여기 '不住於相'에서 '상(相)'의 산스크리트는 '분별, 생각, 개념'이라는 뜻인 'saṃjñā'이다. 그러므로 '모습에 머물지 않고'는 곧 '분별(생각, 개념)에 머물지 않고'라는 뜻이다. 이 부분을 현장(玄奘)은 '不住相想'이라 번역했다.

덕(福德)[19]을 헤아릴 수 없기 때문이다. 수보리야, 어떻게 생각하느냐? 동쪽의 허공을 헤아릴 수 있느냐?"

"헤아릴 수 없습니다. 세존이시여,"

"수보리야, 남쪽과 서쪽과 북쪽과 그 간방(間方)[20]과 아래와 위의 허공을 헤아릴 수 있느냐?"

"헤아릴 수 없습니다. 세존이시여,"

"수보리야, 보살이 분별에 머물지 않고 보시하는 복덕도 이와 같이 헤아릴 수 없다. 수보리야, 보살은 다만 배운 대로 머물러야 한다."

"復次須菩提, 菩薩於法應無所住行於布施. 所謂不住色布施, 不住聲香味觸法布施. 須菩提, 菩薩應如是布施不住於相, 何以故? 若菩薩不住相布施, 其福德不可思量. 須菩提, 於意云何? 東方虛空可思量不?"

"不也. 世尊."

"須菩提, 南西北方四維上下虛空可思量不?"

"不也. 世尊."

"須菩提, 菩薩無住相布施福德, 亦復如是不可思量. 須菩提, 菩薩但應如所

---

19 복덕(福德) : 복과 덕은 노력을 기울여 얻은 좋은 결과를 가리킴.
20 사유(四維) : 사방의 구석, 즉 건(乾: 서북) · 곤(坤: 서남) · 간(艮: 동북) · 손(巽: 동남)의 간방(間方)을 가리킨다.

教住."

5. 여리실견분(如理實見分)

"수보리야, 어떻게 생각하느냐? 몸의 모습[21]을 가지고 여래(如來)[22]
를 볼 수 있느냐?"

"볼 수 없습니다, 세존이시여, 몸의 모습으로는 여래를 볼 수 없습
니다. 왜 그럴까요? 몸의 모습은 곧 몸의 모습이 아니라고 여래께서
말씀하셨기 때문입니다."

부처님께서 수보리에게 말씀하셨다.

"무릇 모습은 전부 허망하다. 만약 모든 모습이 모습 아님을 보면,
곧 여래를 보는 것이다."[23]

---

21 여기의 상(相)은 '모습, 형상'이라는 뜻인 lakṣaṇa를 번역한 것이다.

22 여래(如來) : Tathāgata. 부처님의 10가지 이름 가운데 하나. 이 말 뜻에 대하여는 이 말
    을 조성하는 두 단어(單語)로 나누어 볼 수 있음. 여래(如來)라는 것은 부처님들과 같은
    길을 걸어서 이 세상에 내현(來現)한 사람, 또는 여실한 진리에 따라 이 세상에 와서 진
    리를 보여 주는 사람이라는 뜻. 한역(漢譯)에서는 이 뜻에 의하여 여래를 해석하되 여실
    (如實)하게 즉 진실하게 온 사람이라는 뜻.

23 이 부분의 다른 판본의 내용은 다음과 같다 : [보리류지] "무릇 모습으로 있는 것은 전부
    헛된 말이다. 만약 모든 모습이 모습 아님을 본다면, 헛된 말이 아니다. 이와 같이 모든
    모습이 모습이 아니라면, 여래를 본다."(凡所有相, 皆是妄語. 若見諸相非相, 則非妄語.
    如是諸相非相, 則見如來.) [진제] "무릇 모습으로 있는 것은 전부 허망하다. 모습으로 있
    는 것이 아니면 진실하다. 모습에 모습이 없다면, 반드시 여래를 볼 것이다. 이와 같이

"須菩提, 於意云何? 可以身相見如來不?"

"不也, 世尊. 不可以身相得見如來. 何以故? 如來所說, 身相卽非身相."

佛告須菩提: "凡所有相皆是虛妄. 若見諸相非相則見如來."

6. 정신희유분(正信希有分)

수보리가 부처님께 아뢰었다.

"세존이시여, 중생들이 이러한 말씀을 듣고 진실로 믿겠습니까?"[24]

부처님께서 수보리에게 말씀하셨다.

"그런 말은 하지 마라. 여래가 입멸(入滅)[25]하고 2,500년 뒤에라도
[26] 계율을 지키고 복(福)을 닦는 자가 이 말씀을 믿고서 진실하다고 여

말할 뿐이다."(凡所有相, 皆是虛妄. 無所有相, 卽是眞實. 由相無相, 應見如來. 如是說
已.) [현장] "모습이 갖추어지면 전부 허망하다. 모습이 갖추어지지 않으면 전혀 허망하
지 않다. 이와 같이 모습이 모습이 아니라면, 여래를 볼 것이다. 이 말을 할 뿐이다."(乃
至諸相具足, 皆是虛妄. 乃至非相具足, 皆非虛妄. 如是以相非相, 應觀如來. 說是語已.)
[의정] "뛰어난 모습으로 있는 것은 모두 허망하다. 만약 뛰어난 모습이 없다면, 허망하
지 않다. 이 까닭에 마땅히 뛰어난 모습은 모습이 없다는 것으로써, 여래를 보아야 한
다."(所有勝相, 皆是虛妄. 若無勝相, 卽非虛妄. 是故應以勝相無相, 觀於如來.)

24　여기 '生實信不'에서 '신(信)'의 산스크리트는 '생각, 개념, 이해'라는 뜻인 'saṃjñā'이다.
그러므로 '진실한 믿음을 내겠는가?'는 '진실하다고 생각하겠는가?'이다. 이 부분을 현장
(玄奘)은 '生實想不'라 번역했다.

25　입멸(入滅) : 입열반(入涅槃)과 같은 말. ①망상(妄想)이 사라지고 번뇌(煩惱)를 벗어남.
열반에 들어감. 해탈, 깨달음과 동일한 뜻. ②해탈을 얻은 사람의 죽음을 가리킴. 여기
에선 ②번 뜻임.

26　후오백세(後五百歲) : 5오백세(五百歲) 가운데 마지막인 제5오백년. 불멸 후 불교의 성

긴다면,[27] 이 사람은 한두 부처님이나 서너 너덧 부처님에게 선근(善根)[28]을 심은 것이 아니라 헤아릴 수 없이 많은 부처님에게 모든 선근을 이미 심었음을 마땅히 알아야 한다.

이 말씀을 듣고서 한순간[29] 의심 없이 믿는다면, 수보리야, 이 모든 중생들이 이러한 헤아릴 수 없는 복덕을 얻을 것을 여래는 잘 안다.

무슨 까닭인가? 이 모든 중생들은 다시는 나라는 생각·사람이라는 생각·중생이라는 생각·목숨이라는 생각을 하지 않고, 법이라는 생각도 하지 않고 법이 아니라는 생각도 하지 않을 것이기 때문이다.

무슨 까닭인가? 이 모든 중생들이 만약 마음에 생각을 가진다면

쇠 상태를 5백년을 한 시기로 하여 5시기로 구획한 것. ①제1오백년. 지혜가 있어 해탈의 과(果)를 증득한 사람이 많아 불법이 계속되는 때이므로 해탈견고(解脫堅固). ②제2오백년. 선정(禪定)을 닦는 사람이 많아 불법이 계속되는 때이므로 선정견고. ③제3오백년. 불경(佛經)을 많이 배워 독송학습하는 이가 많은 때이므로 다문(多聞)견고. ④제4오백년. 절이나 탑을 세우는 이가 많은 때이므로 탑사(塔寺)견고. ⑤제5오백년. 점점 불법이 쇠미하여 옳다 그르다, 낫다 못하다 하는 논쟁이 많은 때이므로 투쟁(鬪爭)견고.

27 여기 '能生信心 以此爲實'에서 '신심(信心)'에 해당하는 산스크리트는 'saṃjñā'이다. 위의 '生實信不'와 여기 '能生信心 以此爲實'의 산스크리트는 'bhūta-saṃjñām utpadayiṣyanti'로서 동일하다. 현장은 둘 모두 '生實想不'이라 번역하였다. 그러므로 '믿는 마음을 내어서 이것을 진실하다고 여기다'는 곧 '진실하다고 생각하다'는 뜻이다.

28 선근(善根) : 깨달음을 가져오는 좋은 원인. ①좋은 결과를 가져올 좋은 원인이라는 뜻. 선행(善行)을 나무의 뿌리에 비유한 것. 선근을 심으면 반드시 선과(善果)를 맺는다 함. ②온갖 선을 내는 근본이라는 뜻. 무탐(無貪)·무진(無瞋)·무치(無癡)를 3선근이라 일컬음과 같은 것.

29 일념(一念) : 한순간. 한 생각. 극히 짧은 시간. 머리카락 한 올을 세로로 열 등분 내지는 백 등분, 천 등분으로 가른다. 그리고 그 가른 것 하나를 옥판(玉板) 위에다 놓고, 날카로운 칼날을 갖다 대어서 자른다. 그 날카로운 칼날이 옥판에 도달할 때까지의 시간이 한 생각(一念)이다.(竪析一髮爲十分乃至白分千分. 以其一分置玉板上, 擧利刃斷. 約其利刃至板時爲一念也.)(『화엄일승법계도총수록(華嚴一乘法界圖叢髓錄)』)

나·사람·중생·목숨에 집착할 것이고, 만약 법이라는 생각을 가진 다면 나·사람·중생·목숨에 집착할 것이기 때문이다.

무슨 까닭인가? 만약 법이 아니라는 생각을 가진다면, 나·사람· 중생·목숨에 집착할 것이기 때문이다.

이 까닭에 법이라는 생각도 가지지 말아야 하고, 법이 아니라는 생 각도 가지지 말아야 한다.

그러므로 여래는 늘 그대들 비구들에게 말하노니, 내가 법을 말하 는 것은 마치 뗏목의 비유[30]와 같음을 알아야 한다. 법도 오히려 버려 야 하는데, 하물며 법 아닌 것이야 말할 필요도 없느니라."

須菩提白佛言: "世尊, 頗有衆生得聞如是言說章句生實信不?"

佛告須菩提: "莫作是說. 如來滅後後五百歲, 有持戒修福者, 於此章句 能生 信心 以此爲實, 當知是人不於一佛二佛三四五佛而種善根, 已於無量千萬佛所 種諸善根, 聞是章句乃至一念生淨信者, 須菩提, 如來悉知悉見是諸衆生得如 是無量福德. 何以故? 是諸衆生無復我相人相衆生相壽者相, 無法相亦無非法 相. 何以故? 是諸衆生, 若心取相則爲著我人衆生壽者, 若取法相卽著我人衆 生壽者. 何以故? 若取非法相卽著我人衆生壽者. 是故不應取法, 不應取非法. 以是義故, 如來常說汝等比丘, 知我說法如筏喻者. 法尙應捨何況非法?"

---

30 뗏목의 비유 : 방편설(方便說)을 가리킨다. 뗏목이 번뇌의 바다를 건너 피안에 도달하는 수단방편이듯이, 부처님의 가르침은 무명번뇌를 극복하고 깨달음을 얻는 수단방편이라 는 뜻.

7. 무득무설분(無得無說分)

"수보리야, 어떻게 생각하느냐? 여래는 위없는 바르고 평등한 깨달음을 얻었느냐? 여래는 말할 만한 법을 가지고 있느냐?"

수보리가 말했다.

"제가 부처님이 말씀하시는 뜻을 이해하기로는, 위없는 바르고 평등한 깨달음이라고 일컬을 만한 정해진 법은 없고, 여래께서 말씀하실 만한 정해진 법도 없습니다.

무슨 까닭일까요? 여래께서 말씀하시는 법은 모두 취할 수도 없고 말할 수도 없으며 법도 아니고 법 아닌 것도 아니기 때문입니다.

왜 그럴까요? 모든 현자와 성인들께선 전부 무위법(無爲法)[31]으로써 그런 이름을 얻기 때문입니다."[32]

"須菩提, 於意云何? 如來得阿耨多羅三藐三菩提耶? 如來有所說法耶?"

須菩提言: "如我解佛所說義, 無有定法名阿耨多羅三藐三菩提, 亦無有定法

---

31 무위법(無爲法) : asaṃskṛta. 무언가 행해야 할 것이 없음. 위(爲)는 위작(爲作)·조작(造作)의 뜻. 곧 분별로 위작·조작을 하지 않고 본래 있는 그대로의 진실을 말함. 열반(涅槃)·법성(法性)·실상(實相) 등은 무위의 다른 이름이다.

32 이 부분의 다른 판본의 내용은 다음과 같다 : [보리류지] "왜 그럴까요? 모든 성인들은 전부 무위법으로써 이름을 얻기 때문입니다."(何以故? 一切聖人皆以無爲法得名.) [진제] "왜 그럴까요? 모든 성인들은 전부 무위의 진여로써 드러나기 때문입니다."(何以故? 一切聖人皆以無爲眞如所顯現故.) [현장] "왜 그럴까요? 모든 현명하고 성스러운 중생은 전부 무위가 드러나는 것이기 때문입니다."(何以故? 以諸賢聖補特伽羅皆是無爲之所顯故.) [의정] "왜 그럴까요? 모든 성자들은 전부 무위가 드러난 것이기 때문입니다."(何以故? 以諸聖者皆是無爲所顯現故.)

如來可說. 何以故? 如來所說法皆不可取不可說, 非法非非法. 所以者何? 一切賢聖皆以無爲法而有差別."

8. 의법출생분(依法出生分)

세존께서 말씀하셨다.

"수보리야, 어떻게 생각하느냐? 만약 사람이 삼천대천세계(三千大千世界)[33]를 칠보(七寶)[34]로써 가득 채워 보시한다면, 이 사람이 얻는 복덕이 어찌 많지 않겠느냐?"

수보리가 말했다.

"매우 많습니다, 세존이시여. 무슨 까닭일까요? 이 복덕은 복덕이라는 자성(自性)[35]이 아니기 때문입니다. 이 까닭에 여래께선 복덕이

---

33 삼천대천세계(三千大千世界) : =삼천세계(三千世界). 불교 우주관에서는 수미산을 중심으로 4방에 4대주(大洲)가 있고, 그 바깥 주위를 대철위산(大鐵圍山)이 둘러싸고 있다고 한다. 이것이 1세계 또는 1사천하(四天下)라 함. 사천하를 천 개 합한 것을 1소천세계(小千世界), 소천세계를 천 개 합한 것이 1중천세계(中千世界), 중천세계를 천 개 합한 것이 1대천세계임. 1대천세계에는 소천·중천·대천의 3가지 천(千)이 있으므로 1대 3천세계, 또는 3천 대천세계라 함. 이 일대천세계(一大千世界)를 삼천대천세계(三千大天世界)라 하며, 또 삼천세계(三千世界)라고도 함.

34 칠보(七寶) : 일곱 가지 보석. ①금(金), ②은(銀), ③유리(琉璃, 검푸른 보옥), ④파려(玻瓈, 수정), ⑤차거(硨磲, 백산호), ⑥적주(赤珠, 적진주), ⑦마노(瑪瑙, 짙은 녹색의 보옥). 이것은 『아마타경』에 있는 말. 『법화경』「보탑품(寶塔品)」에는 파려 대신에 매괴(玫瑰)가 들어 있음.

35 자성(自性) : 그 자체 독립적으로 존재하는 고유한 본성. 각각의 개별적인 사물은 제각

30

많다고 말씀하십니다."[36]

각 다른 존재와는 독립적으로 존재하는 고유한 본성인 자성을 가진다는 견해.

36 이 부분의 다른 판본의 내용은 다음과 같다 : [보리류지] "왜 그럴까요? 세존이시여, 이 복덕은 곧 복덕이 아닙니다. 이 까닭에 여래께서 복덕이라고 말씀하시기 때문입니다."(何以故? 世尊, 是福德聚卽非福德聚. 是故如來說福德聚福德聚.) [진제] "왜 그럴까요? 세존이시여, 이 복덕은 곧 복덕이 아닙니다. 이 까닭에 여래께서 복덕이라고 말씀하시기 때문입니다."(何以故? 世尊, 此福德聚卽非福德聚. 是故如來說福德聚.) [현장] "왜 그럴까요? 세존이시여, 복덕을 여래께선 복덕이 아니라고 말씀하셨습니다. 이 까닭에 여래께선 복덕이라고 말씀하시기 때문입니다."(何以故? 世尊, 福德聚福德聚者, 如來說爲非福德聚. 是故如來說名福德聚福德聚.) [의정] "왜 그럴까요? 이 복은 곧 복이 아닙니다. 이 까닭에 여래께선 복이라고 말씀하시기 때문입니다."(何以故? 此福聚者則非是聚. 是故如來說爲福聚福聚.)

본래 『금강경』은 『대반야경』의 일부인데, 『반야경』의 기본 가르침은 모든 이름은 다만 헛되이 이름으로 말할 뿐, 그 이름에 해당하는 경계가 실재하지 않는다는 것이다. 다음의 구절들이 『대반야경』에 반복하여 나타나는 내용을 나타내는 구절이다. ①"선현아, 보살마하살에는 단지 이름이 있을 뿐이니, 보살마하살이라고 말하는 것이다. 반야바라밀다에도 단지 이름이 있을 뿐이니, 반야바라밀다라고 말한다. 이러한 두 개의 이름에도 역시 다만 이름이 있을 뿐이다. 선현아, 이 세 개의 이름은 생겨나는 것도 아니고 사라지는 것도 아니고, 다만 생각이 있으면 생각과 같이 말을 할 뿐이다. 이러한 허망한 가짜 이름은 안에 있는 것도 아니고, 밖에 있는 것도 아니고, 둘 사이에 있는 것도 아니니, 얻을 수가 없기 때문이다."(善現, 菩薩摩訶薩但有名, 謂爲菩薩摩訶薩. 般若波羅蜜多亦但有名, 謂爲般若波羅蜜多. 如是二名亦但有名. 善現, 此之三名, 不生不滅, 唯有想等想, 施設言說. 如是假名不在內, 不在外, 不在兩間, 不可得故.)(『대반야바라밀다경』 제11권 「초분교계교수품(初分敎誡敎授品)7-1」 ②"만약 보살마하살이 모든 진실을 아는 지혜로운 마음에 응하여 큰 자비를 앞세워 얻을 것 없음으로써 방편을 삼아 여실하게 관찰한다면, 색(色)에는 단지 말로써 시설해 놓은 허망한 가짜 이름이 있을 뿐이니, 얻을 색이 없기 때문이다. 수상행식(受想行識)에는 단지 말로써 시설해 놓은 허망한 가짜 이름이 있을 뿐이니, 얻을 수상행식이 없기 때문이다."(若菩薩摩訶薩, 以應一切智智心, 大悲爲上首, 用無所得而爲方便, 如實觀察. 色但有假名施設言說, 色不可得故. 受想行識但有假名施設言說, 受想行識不可得故.)(『대반야바라미리다경』 제49권 「초분마하살품(初分摩訶薩品)13-3」 ③"일체법(一切法; 경험되는 삼라만상)과 그 이름은 오직 객(客; 생멸하는 허망한 것)에 해당하니, 공간과 시간 속에서 오는 것도 아니고 가는 것도 아니고 머무는 것도 아니다. 일체법 속에는 이름이 없고, 이름 속에는 일체법이 없으며, 일체법과 이름

세존께서 말씀하셨다.

"만약 또 어떤 사람이 이 경(經) 가운데 사구게(四句偈)[37]들을 기억하여[38] 타인에게 말한다면, 그 복덕이 저 복덕보다 더 뛰어나다.

은 붙어 있는 것도 아니고 떨어져 있는 것도 아니고 다만 가짜로 만들어진 것이다. 무슨 까닭인가? 일체법과 이름은 모두 자성(自性)이 비었기 때문이다. 자성이 텅 빈 곳에서는 일체법이든 이름이든 모두 가질 것이 없고 얻을 것이 없기 때문이다. 보살마하살이라는 이름 역시 마찬가지여서 오직 객(客)에 해당하니, 공간과 시간 속에서 오는 것도 아니고 가는 것도 아니고 머무는 것도 아니다. 보살마하살 속에는 이름이 없고 이름 속에는 보살마하살이 없어서, 보살하마살과 이름은 붙어 있는 것도 아니고 떨어져 있는 것도 아니고 다만 가짜로 만들어진 것이다. 무슨 까닭인가? 보살마하살과 이름에는 모두 자성이 비었기 때문이다. 자성이 텅 빈 곳에서는 보살마하살이든 이름이든 모두 가질 것이 없고 얻을 것이 없기 때문이다. 사리자여, 이러한 이유 때문에 나는 '보살마하살에는 단지 허망한 가짜 이름이 있을 뿐이다.' 하고 말하는 것이다."(如一切法名, 唯客所攝, 於十方三世, 無所從來, 無所至去, 亦無所住. 一切法中無名, 名中無一切法, 非合非離, 但假施設. 何以故? 以一切法與名, 俱自性空故. 自性空中, 若一切法若名, 俱無所有不可得故. 菩薩摩訶薩名亦復如是, 唯客所攝, 於十方三世, 無所從來, 無所至去, 亦無所住. 菩薩摩訶薩中無名, 名中無菩薩摩訶薩, 非合非離, 但假施設. 何以故? 以菩薩摩訶薩與名, 俱自性空故. 自性空中, 若菩薩摩訶薩若名, 俱無所有不可得故. 舍利子, 由此緣故, 我作是說: '菩薩摩訶薩但有假名.')(『대반야바라밀다경』제66권 「초분무소득품(初分無所得品)18-6」)

37 사구게(四句偈) : 『금강경』의 사구게는 다음의 넷이 있다. [제5 여리실견분(如理實見分)] "무릇 모습은 전부 허망하다. 만약 모든 모습이 모습 아님을 보면, 곧 여래를 보는 것이다."(凡所有相, 皆是虛妄. 若見諸相非相, 則見如來.) [제10 장엄정토분(莊嚴淨土分)] "색에 머물러 마음을 내어서도 안되고, 소리·냄새·맛·촉감·법에 머물러 마음을 내어서도 안된다. 마땅히 머묾 없이 그 마음을 내어야 한다."(不應住色生心, 不應住聲香味觸法生心. 應無所住, 以生其心.) [제26 법신비상분(法身非相分)] "만약 색으로써 나를 보거나, 소리로써 나를 찾는다면, 이 사람은 삿된 도를 행하는 것이라, 여래를 볼 수 없다."(若以色見我, 以音聲求我, 是人行邪道, 不能見如來.) [제32 응화비진분(應化非眞分)] "모든 유위법은 꿈 같고 환상 같고 물거품 같고 그림자 같고, 또 이슬 같고 번갯불 같으니, 마땅히 이렇게 보아야 한다."(一切有爲法, 如夢幻泡影, 如露亦如電, 應作如是觀.)

38 수지(受持) : 가르침을 받아 기억하는 것.

무슨 까닭인가? 수보리야, 모든 부처님과 모든 부처님이 위없는 바르고 평등하게 깨달은 법이 전부 이 경에서 나오기 때문이다. 수보리야, 이른바 불법이라는 것은 불법이 아니니라."[39]

---

39 구마라집이 의역한 "須菩提, 所謂佛法者卽非佛法."라는 이 부분을 직역한 현장역은 "善現 諸佛法諸佛法者 如來說爲非諸佛法 是故如來說名諸佛法諸佛法."인데, 현본(現本) 산스크리트 금강경에서 이 부분은 "buddhadharmā buddhadharma iti Subhāte buddhadharmāś caiva te Tathāgatena bhāṣitāḥ. tenocyante buddhadharmā iti."이다. 산스크리트를 번역해 보면, 'buddhadharmā buddhadharmā iti'는 '불법들 불법들이라는 것은'이고, 'Subhte'는 '수보리야'이고, 'abuddhadharmās ca eva'는 '오직 불법이 아니라고'이고, 'te'는 '그것들은'이고, 'Tathāgatena'는 '여래에 의하여'이고, 'bhāṣitāḥ.'는 '말씀하여 졌다.'이고, 'tena ucyante'는 '그래서 말해지기를'이고, 'buddhadharmā iti.'는 '불법들이라고 하기 때문이다.'이므로, 결국 이 부분의 번역은 "불법들 불법들이라는 것을, 수보리야, 여래께선 그것들이 오직 불법들이 아니라고 말씀하셨다. 그러므로 말하기를 불법들이라고 하기 때문이다."이다. 이 구절을 구마라집은 "수보리야, 이른바 불법이라고 하는 것은 곧 불법이 아니다."라고 번역했고, 현장은 "선현아, 모든 불법 모든 불법을 여래께선 말씀하시길 모든 불법이 아니라고 하셨으니, 이 까닭에 여래께선 모든 불법 모든 불법이라고 말씀하신다."라고 번역했다. 결국 이 말은 '불법은 곧 불법이 아닌데, 그 때문에 불법이라고 말한다.'라는 뜻이니, 결국 불법이라는 말은 불법이라는 말일 뿐이고 불법이라는 말에 해당하는 어떤 무엇은 없으므로 여래가 하는 불법이라는 말은 단지 방편의 말일 뿐이라는 뜻이다. 그러므로 이 문장의 보다 친절한 번역은 "수보리야, 여래께선 불법은 불법이 아니라고 말씀하셨다. 이 까닭에 여래께선 불법이라고 방편의 이름을 말씀하신다."가 된다. 결국 여래의 모든 말씀은 어떤 사실을 주장하거나 설명하거나 묘사하는 것이 아니라, 깨달음으로 이끌기 위한 방편으로 말씀하시는 헛된 말씀이다. 만약 여래의 말씀을 방편으로 대하지 않고 어떤 사실에 대한 주장·설명·묘사라고 받아들인다면, 여래의 말씀이 도리어 우리를 가로막고 우리를 얽어매는 장애물이 될 것이다. 앞서 '6. 정신희유분'에서 말한 다음의 말도 결국 이런 뜻이다. "무슨 까닭인가? 이 모든 중생들은 다시는 나라는 생각·사람이라는 생각·중생이라는 생각·목숨이라는 생각을 하지 않고, 법이라는 생각도 하지 않고 법이 아니라는 생각도 하지 않을 것이기 때문이다. 무슨 까닭인가? 이 모든 중생들이 만약 마음에 생각을 가진다면 나·사람·중생·목숨에 집착할 것이고, 만약 법이라는 생각을 가진다면 나·사람·중생·목숨에 집착할 것이기 때문이다. 무슨 까닭인가? 만약 법이 아니라는 생각을 가진다면, 나·사람·중생·목숨에 집착할 것이기 때문이다. 이 까닭에 법이라는 생각도 가지지 말아야 하

"須菩提, 於意云何? 若人滿三千大千世界 七寶以用布施, 是人所得福德寧
爲多不?"

須菩提言: "甚多世尊. 何以故? 是福德卽非福德性. 是故如來說福德多."

"若復有人於此經中 受持乃至四句偈等爲他人說, 其福勝彼. 何以故? 須菩
提, 一切諸佛及諸佛阿耨多羅三藐三菩提法皆從此經出. 須菩提, 所謂佛法者
卽非佛法."

9. 일상무상분(一相無相分)

"수보리야, 어떻게 생각하느냐? 수다원[40]이 '내가 수다원이라는 결
과를 얻었다.' 하고 생각할 수 있겠느냐?"

수보리가 말했다.

"없습니다, 세존이시여. 왜 그런가 하면, 수다원이라는 이름은 '흐
름에 들어간다'는 뜻이지만, 실제로는 들어가는 일이 없기 때문입니
다. 색깔 · 소리 · 냄새 · 맛 · 촉감 · 생각 등 어디에도 들어가지 않습
니다. 이를 일러 수다원이라고 합니다."[41]

고, 법이 아니라는 생각도 가지지 말아야 한다. 그러므로 여래는 늘 그대들 비구들에게
말하노니, 내가 법을 말하는 것은 마치 뗏목의 비유와 같음을 알아야 한다. 법도 오히려
버려야 하는데, 하물며 법 아닌 것이야 말할 필요도 없느니라."

40 수다원(須陀洹) : srotāpanna. 성문(聲聞) 4과(果) 가운데 제일과(第一果). 예류과(預流
果)라 번역. 무루도(無漏道)에 처음 들어간 지위.

41 색깔 · 소리 · 냄새 · 맛 · 촉감 · 생각 등 어디에도 들어가지도 않고 나가지도 않으므로,

"수보리야, 어떻게 생각하느냐? 사다함[42]이 '내가 사다함이라는 결과를 얻었다.' 하고 생각할 수 있겠느냐?"

수보리가 말했다.

"없습니다, 세존이시여. 왜 그런가 하면, 사다함이라는 이름은 '한 번 갔다 온다.'는 뜻이지만, 실제로는 갔다 오는 일이 없기 때문입니다. 이를 일러 사다함이라고 합니다."[43]

"수보리야, 어떻게 생각하느냐? 아나함[44]이 '내가 아나함이라는 결과를 얻었다.' 하고 생각할 수 있겠느냐?"

수보리가 말했다.

"없습니다, 세존이시여. 왜 그런가 하면, 아나함이라는 이름은 '오지 않는다'는 뜻이지만, 실제로는 오지 않는 일이 없기 때문입니다. 이 때문에 일러 아나함이라고 합니다."[45]

수다원이라고 일컫는다. 수다원이라고 이름을 부르지만, 어디에 들어가거나 어디에서 나오거나 하는 일은 없다. 들어간다고 말하고 나온다고 말하지만, 들어가는 일도 없고 나오는 일도 없다. 들어가는 모습이 보이고 나오는 모습이 보이지만, 들어가는 일도 없고 나오는 일도 없다.

42 사다함(斯陀含) : sakṛdāgāmin. 성문 4과(果) 가운데 제이과(第二果). 일래과(一來果)라 번역.

43 사다함이라고 이름을 부르지만, 가는 일도 없고 오는 일도 없다.

44 아나함(阿那含) : anāgāmin. 아나가미(阿那伽彌 · 阿那伽迷)라고도 음역. 성문(聲聞) 4 과 가운데 제삼과(第三果). 불환(不還) · 불래(不來)라 번역. 욕계(欲界)에서 벗어나 색계(色界) · 무색계(無色界)에 들어가 번뇌가 없어져 다시 돌아오지 않는다는 뜻.

45 아나함이라고 이름을 말하지만, 오는 일도 없고 가는 일도 없다.

"수보리야, 어떻게 생각하느냐? 아라한[46]이 '내가 아라한이라는 도
(道)를 얻었다.' 하고 생각할 수 있겠느냐?"

수보리가 말했다.

"없습니다, 세존이시여. 왜 그런가 하면, 아라한이라고 일컬을 법
은 진실로 없습니다. 세존이시여, 만약 아라한이 '내가 아라한이라는
도를 얻었다.'라고 생각한다면, 곧 나다·사람이다·중생이다·목숨
이다 하고 집착하게 될 것입니다.

세존이시여, 부처님께서는 말씀하시길, '나는 무쟁삼매(無諍三昧)[47]
를 얻어 사람들 가운데 가장 뛰어나게 되었고 최고로 욕망을 벗어난
아라한이 되었지만, 나는 내가 욕망을 벗어난 아라한이라고 생각하
지는 않는다.'고 하셨습니다.

세존이시여, 제가 만약 '나는 아라한이라는 도를 얻었다.'고 생각한
다면, 세존께서는 '수보리는 아란나행(阿蘭那行)[48]을 즐기는 자이다.'라
고 말씀하시지 않을 것입니다. 수보리에게는 실제로 행할 것이 없기

---

46 아라한(阿羅漢) : arhan. 소승의 교법을 수행하는 성문(聲聞) 4과 가운데 가장 윗자리인
제사과(第四果). 응공(應供)·살적(殺賊)·불생(不生)·이악(離惡)이라 번역.

47 무쟁삼매(無諍三昧) : 무쟁(無諍)이란 분별하여 시비(是非)하고 다투는 일이 없는 것. 무
쟁삼매란 분별을 벗어난 불이(不二)의 법문을 가리킨다.

48 아란나행(阿蘭那行) : 아란나(阿蘭那, aranya)는 아련야(阿練若)·아란야(阿蘭若)라고도
음역하고, 무쟁성(無諍聲)·한적(閑寂)·원리처(遠離處)라고 의역한다. 아란나는 비구
가 머무는 장소로서, 시끄러움이 없는 한적한 곳으로 수행하기에 적당한 삼림(森林)·
넓은 들·모래사장 등을 가리키는 말이고, 또 한 사람이나 두세 명의 비구가 작은 승방
(僧房) 등을 만들어 함께 거주하는 것을 가리킨다. 아란나행(阿蘭那行)이란 비구가 아란
나에서 수행(修行)하는 것을 말한다.

때문에, 수보리를 아란나행을 즐기는 자라고 하는 것입니다."

"須菩提, 於意云何? 須陀洹能作是念: '我得須陀洹果.'不?"

須菩提言: "不也世尊. 何以故? 須陀洹名爲入流而無所入. 不入色聲香味觸
法. 是名須陀洹."

"須菩提, 於意云何? 斯陀含能作是念: '我得斯陀含果.'不?"

須菩提言: "不也世尊. 何以故? 斯陀含名一往來而實無往來. 是名斯陀含."

"須菩提, 於意云何? 阿那含能作是念: '我得阿那含果.'不?"

須菩提言: "不也世尊. 何以故? 阿那含名爲不來而實無不來. 是故名阿那
含."

"須菩提, 於意云何? 阿羅漢能作是念: '我得阿羅漢道.'不?"

須菩提言: "不也世尊. 何以故? 實無有法名阿羅漢. 世尊, 若阿羅漢作是念:
'我得阿羅漢道.'卽爲著我人衆生壽者. 世尊, 佛說: '我得無諍三昧, 人中最爲第
一, 是第一離欲阿羅漢. 我不作是念: 我是離欲阿羅漢.'世尊, 我若作是念: '我
得阿羅漢道.'世尊則不說: '須菩提是樂阿蘭那行者.'以須菩提實無所行, 而名須
菩提是樂阿蘭那行."

10. 장엄정토분(莊嚴淨土分)

부처님께서 말씀하셨다.

"수보리야, 어떻게 생각하느냐? 여래(如來)가 옛날 연등불(然燈佛)[49]이 계신 곳에서 얻은 법이 있었느냐?"

"세존이시여, 여래께서 연등불이 계신 곳에서 진실로 얻은 법은 없었습니다."

"수보리야, 어떻게 생각하느냐? 보살이 불국토(佛國土)[50]를 꾸미느냐?"[51]

"아닙니다, 세존이시여. 왜 그럴까요? 불국토를 꾸민다는 것은 곧 꾸미는 것이 아니니 이 때문에 꾸민다고 일컫기 때문입니다."

"그러므로 수보리야, 모든 보살마하살은 마땅히 이렇게 깨끗한 마음을 내어야 한다. 색깔에 머물지 않고 마음을 내어야 하며, 소리·냄새·맛·촉감·생각에 머물지 않고 마음을 내어야 한다. 마땅히

---

49 연등불(然燈佛) : 산스크리트로는 Dīpaṅkara-buddha이고, 정광불(錠光佛)·정광불(定光佛)·보광불(普光佛)·등광불(燈光佛) 등으로도 번역한다. 과거불(過去佛)의 하나였는데, 석존(釋尊)이 보살로서 최초로 성불(成佛)의 수기(授記)를 받았던 것은 바로 이 연등불 때였다고 한다. 그때 석존은 바라문 청년인 선혜(善慧)로서 연등불에게 연꽃을 받들어 올리고 진흙길에 자신의 머리칼을 펼쳐 연등불이 지나가시게 하였다. 그 행위로 인해 연등불에게서 장차 석가모니불이 될 것이라는 수기를 받게 되었다고 한다.

50 불국토(佛國土) : 불국(佛國), 불찰(佛刹), 불토(佛土)라고도 함. 부처님이 계시는 국토. 법계(法界)와 같은 의미. 온 세계 즉 우주를 가리킨다.

51 장엄(莊嚴) : ①건립하다. 배열하다. 배치하다. ②꾸미다. 장식하다. 좋고 아름다운 것으로 국토를 꾸미고, 훌륭한 공덕을 쌓아 몸을 장식하고, 향과 꽃들을 부처님께 올려 장식하는 일.

머묾 없이 그 마음을 내어야 하는 것이다.

수보리야, 비유하면 어떤 사람의 몸이 수미산(須彌山)만 하다면, 어떻게 생각하느냐, 그 몸이 크냐?"

수보리가 말했다.

"매우 큽니다, 세존이시여. 왜 그럴까요? 부처님께선 말씀하시길, 큰 몸은 큰 몸이 아니니 이 때문에 큰 몸이라고 일컫는다고 하시기 때문입니다."

佛告：“須菩提, 於意云何? 如來昔在然燈佛所, 於法有所得不?"

"世尊, 如來在然燈佛所, 於法實無所得."

"須菩提, 於意云何? 菩薩莊嚴佛土不?"

"不也, 世尊. 何以故? 莊嚴佛土者則非莊嚴, 是名莊嚴."

"是故, 須菩提, 諸菩薩摩訶薩, 應如是生淸淨心. 不應住色生心, 不應住聲香味觸法生心. 應無所住而生其心. 須菩提, 譬如有人身如須彌山王, 於意云何, 是身爲大不?"

須菩提言："甚大, 世尊. 何以故? 佛說, 非身, 是名大身."

11. 무위복승분(無爲福勝分)

"수보리야, 갠지스 강에 있는 모래알과 같은 개수의 갠지스 강이 있다면, 어떻게 생각하느냐? 이 모든 갠지스 강에 있는 모래가 어찌 많지 않겠느냐?"

수보리가 말했다.

"매우 많습니다, 세존이시여. 그 모든 갠지스 강의 숫자도 헤아릴 수 없이 많은데, 하물며 그 강에 있는 모래알이 어찌 많지 않겠습니까?"

"수보리야, 내가 지금 진실로 너에게 말한다. 만약 어떤 착한 남자 착한 여인[52]이 칠보(七寶)를 가지고 그 갠지스 강의 모래알만큼 많은 삼천대천세계를 가득 채워서 보시한다면, 얻는 복이 많지 않겠느냐?"

수보리가 말했다.

"매우 많습니다, 세존이시여."

부처님께서 수보리에게 말씀하셨다.

"만약 착한 남자 착한 여인이 이 경(經) 가운데 사구게(四句偈) 등을 기억하였다가 남에게 말한다면, 이 복덕이 앞의 복덕보다도 더 뛰어나다."

---

52 착한 남자 착한 여인 : 불교의 가르침을 믿고 실천하는 남자와 여자.

"須菩提, 如恒河中所有沙數, 如是沙等恒河, 於意云何? 是諸恒河沙寧爲多不?"

須菩提言 : "甚多, 世尊. 但諸恒河尙多無數, 何況其沙?"

"須菩提, 我今實言告汝. 若有善男子善女人, 以七寶滿爾所恒河沙數三千大千世界, 以用布施得福多不?"

須菩提言 : "甚多, 世尊."

佛告須菩提 : "若善男子善女人, 於此經中乃至受持四句偈等, 爲他人說, 而此福德勝前福德."

12. 존중정교분(尊重正教分)

"또, 수보리야! 이 경이나 사구게 등을 머무는 곳곳에서[53] 말한다면, 마땅히 알아라. 그곳은 모든 세간(世間)[54]과 천인(天人)[55]과 아수라(阿修羅)[56] 전부 부처님의 탑묘(塔廟)[57]처럼 공양해야만 한다. 그러니 하

---

53 수설(隨說) : 머무는 곳곳에서 말하다. 수(隨)는 수소재처(隨所在處) 즉 머무는 곳곳.

54 세간(世間) : ↔ 출세간(出世間). 깨달음을 얻지 못한 분별망상의 세계.

55 천인(天人) : ①또는 인천(人天). 천상의 중생과 인간이라는 중생. 곧 천과 인. ②또는 비천(飛天) · 낙천(樂天). 천상의 유정들. 허공을 날아다니며 음악을 연주하고 하늘 꽃을 흩기도 하며 항상 즐거운 경계에서 살지만 그 복이 다하면 다섯 가지 쇠락하는 괴로움이 생긴다 함.

56 아수라(阿修羅) : asura. 6도(道)의 하나. 10계(界)의 하나. 아소라(阿素羅) · 아소락(阿素洛) · 아수륜(阿須倫)이라 음역. 줄여서 수라(修羅). 비천(非天) · 비류(非類) · 부단정(不端正)이라 번역. 싸우기를 좋아하는 귀신.

57 탑묘(塔廟) : 탑(塔)은 범어 stupa의 음역인 탑파(塔婆)의 준말. 묘(廟)는 그 번역. 범어와 한문을 아울러 쓴 것. 고현처(高顯處) · 공덕취(功德聚) · 방분(方墳) · 원총(圓塚) · 분릉

물며 어떤 사람이 이 경을 모조리 기억하고 소리 내어 읽는다면 어떻겠느냐? 수보리야, 이 사람은 가장 뛰어나고 드문 법을 성취한 사람임을 알아야 한다. 만약 이 경전이 있는 곳이라면, 부처님이나 존중할 만한 제자가 있는 것과 같다."

"復次, 須菩提. 隨說是經乃至四句偈等, 當知此處一切世間天人阿修羅, 皆應供養如佛塔廟, 何況有人盡能受持讀誦? 須菩提, 當知是人成就最上第一希有之法. 若是經典所在之處, 則爲有佛若尊重弟子."

13. 여법수지분(如法受持分)

그때 수보리가 부처님께 아뢰었다.
"세존이시여, 이 경은 어떤 이름으로 불러야 하겠습니까? 저희들은 이 경을 어떻게 지녀야 하겠습니까?"

부처님께서 수보리에게 말씀하셨다.
"이 경은 금강반야바라밀이라는 이름으로 불러라. 이 이름으로 너희들은 지녀라. 까닭이 무엇인가? 수보리야, 반야바라밀은 반야바라밀이 아니라고 부처가 말하기 때문이다.

(墳陵) 등으로 의역(意譯)되기도 하며, 불도(佛圖)·부도(浮圖)·부도(浮屠) 등으로 일컬어지기도 한다. 불사리(佛舍利)를 안치하기 위해 벽돌 등으로 높이 쌓은 건조물을 의미한다.

수보리야, 어떻게 생각하느냐? 여래에게는 말할 법이 있느냐?"

수보리가 부처님께 아뢰었다.
"세존이시여, 여래에게는 말씀하실 법이 없습니다."[58]

"수보리야, 어떻게 생각하느냐? 삼천대천세계에 있는 티끌이 많으냐?"

수보리가 말했다.
"매우 많습니다, 세존이시여,"

"수보리야, 모든 티끌은 티끌이 아니니 이 때문에 티끌이라고 일컫는다고 여래는 말한다. 세계는 세계가 아니니 이 때문에 세계라고 일

---

58 이 구절의 다른 판본은 다음과 같다 : [보리류지] "수보리야, 어떻게 생각하느냐? 여래에게는 말할 법이 있느냐?" 수보리가 말했다. "세존이시여, 여래에게는 말할 만한 법이 없습니다."("須菩提, 於意云何? 如來有所說法不?" 須菩提言: "世尊, 如來無所說法.") [진제] "수보리야, 어떻게 생각하느냐? 부처님이 말할 만한 하나의 법이라도 있느냐?" 수보리가 말했다. "없습니다, 세존이시여. 여래가 말할 만한 하나의 법도 없습니다."("須菩提, 汝意云何? 頗有一法一佛說不?" 須菩提言: "無有, 世尊. 無有一法一如來說.") [현장] 부처님이 선현에게 말씀하셨다. "네 생각에는 어떠냐? 여래가 말할 만한 법이 조금이라도 있느냐?" 선현이 답했다. "아닙니다, 세존이시여. 여래께서 말씀하실 만한 법은 조금도 없습니다."(佛告善現: "於汝意云何? 頗有少法如來可說不?" 善現答言: "不也, 世尊. 無有少法如來可說.") [의정] "묘생아, 네 생각에는 어떠하냐? 여래가 말할 조금의 법이라도 있느냐?" 묘생이 말했다. "아닙니다, 세존이시여. 여래께서 말씀하실 조금의 법도 없습니다."("妙生, 於汝意云何? 頗有少法是如來所說不?" 妙生言: "不爾, 世尊. 無有少法是如來所說.")

킫는다고 여래는 말한다.

　수보리야, 어떻게 생각하느냐? 32상(相)[59]으로써 여래를 볼 수 있느냐?"

　"볼 수 없습니다, 세존이시여. 32상(相)으로써는 여래를 볼 수 없습니다. 왜 그럴까요? 32상(相)은 32상(相)이 아니니 이 때문에 32상이라고 일컫는다고 여래께서 말씀하시기 때문입니다."

　"수보리야, 만약 착한 남자 착한 여인이 갠지스 강의 모래알만큼 많은 목숨을 보시한다고 하고, 다시 만약 어떤 사람이 이 경 가운데 사구게 등을 기억하고서 남에게 말해 준다면, 그 복이 (앞의 복보다) 훨씬 더 많다."

　爾時須菩提白佛言: "世尊, 當何名此經? 我等云何奉持?"
　佛告須菩提: "是經名爲金剛般若波羅蜜. 以是名字汝當奉持. 所以者何? 須菩提, 佛說般若波羅蜜, 則非般若波羅蜜. 須菩提, 於意云何? 如來有所說法不?"
　須菩提白佛言: "世尊, 如來無所說."
　"須菩提, 於意云何? 三千大千世界所有微塵是爲多不?"
　須菩提言: "甚多, 世尊."

59　32상(相) : 부처님의 몸에 갖추어져 있다고 하는 32가지 모습. 삼십이대인상(三十二大人相)·삼십이대장부상(三十二大丈夫相)이라고도 함. 이 상을 갖춘 이는 세속에 있으면 전륜왕(轉輪王), 출가하면 부처님이 된다고 함.

"須菩提, 諸微塵, 如來說, 非微塵, 是名微塵. 如來說世界, 非世界, 是名世界. 須菩提, 於意云何? 可以三十二相見如來不?"

"不也, 世尊. 不可以三十二相得見如來. 何以故? 如來說, 三十二相, 卽是非相, 是名三十二相."

"須菩提, 若有善男子善女人, 以恒河沙等身命布施, 若復有人於此經中乃至受持四句偈等, 爲他人說, 其福甚多."

14. 이상적멸분(離相寂滅分)

그때 수보리는 이 경(經)의 말씀을 듣고서 그 뜻을 깊이 이해하고는 감격에 겨워 울며 부처님께 아뢰었다.

"드무십니다, 세존이시여. 부처님께서는 이렇게 깊고도 깊은 경전을 말씀하시는군요. 제가 예전부터 얻은 지혜의 눈으로도 이와 같은 경전을 아직 들은 적이 없습니다. 세존이시여, 만약 또 어떤 사람이 이 경을 듣고서 깨끗이 믿어 진실하다고 생각한다면[60], 이 사람은 틀

---

60 여기에서 "진실하다는 생각을 낸다"는 뜻인 "生實相"에서 '상(相)'의 산스크리트는 '생각, 개념, 이해'라는 뜻인 'saṃjñā'이다. 보리류지(菩提流支)와 진제(眞諦)의 판본은 구마라집의 판본과 마찬가지로 "生實相"이라고 되어 있지만, 현장(玄奘), 의정(義淨)의 판본에서는 모두 "生實想"이라고 하고 있다. 문맥에서 통하는 의미로는 "진실하다고 여기다"는 뜻이므로 "진실하다고 생각하다."로 직역되는 것이 옳다. 이처럼 구마라집의 판본에서 "實相"이라는 말은 불교에서 진여(眞如)를 가리키는 명사인 실상(實相)이 아니고, "진실하다고 생각하다"는 뜻인 "實想"이다. 앞서 보았듯이, 6. 정신희유분(正信希有分)의 첫 구절은 "여래가 적멸한 뒤 후오백세에 계를 지키고 복을 닦는 자가 이 말씀에 믿는 마음을 내어 이것을 진실하다고 여긴다."(如來滅後 後五百歲 有持戒修福者 於此章句 能生信

림없이[61] 가장 희유한 공덕을 얻을 것입니다.

세존이시여, 이 진실하다는 생각은 곧 진실하다는 생각이 아닙니다. 이 까닭에 여래께서는 진실하다는 생각이라고 말씀하셨습니다.

세존이시여, 제가 지금 이러한 경전을 들으니 믿고 이해하고 기억하는 것이 어렵지는 않습니다만, 만약 미래 후오백세에 이 경을 듣고서 믿고 이해하고 기억하는 중생이 있다면, 그 사람은 가장 희유한 사람일 것입니다.

왜 그럴까요? 이 사람에게는 나라는 생각·사람이라는 생각·중생이라는 생각·목숨이라는 생각이 없기 때문입니다.

까닭이 무엇일까요? 나라는 생각은 곧 생각이 아니고, 사람이라는 생각·중생이라는 생각·목숨이라는 생각도 곧 생각이 아니기 때문입니다.

왜 그럴까요? 모든 생각을 전부 떠나는 것을 일러 모든 부처님이라고 일컫기 때문입니다."

부처님께서 수보리에게 말씀하셨다.

"그렇다. 그렇다. 만약 다시 어떤 사람이 이 경을 듣고서 놀라지도 않고 두려워하지도 않고 겁내지도 않는다면, 마땅히 알지니, 이 사람은 매우 희귀하다.

心 以此爲實.)인데, 마지막 부분인 "진실하다고 여긴다."를 구마라집과 보리류지는 "生實相"이라 하였고, 진제와 현장은 "生實想"이라 하였다. 이처럼 "生實相"이든 "生實想"이든 "진실하다고 여기다.", "진실하다고 생각하다."는 뜻이다.

61 "當知" 즉 "마땅히 알아야 한다."는 그 사실이 틀림없다는 뜻이다.

무슨 까닭인가? 수보리야, 제일바라밀(第一波羅蜜)[62]은 제일바라밀이 아니니 이 까닭에 제일바라밀이라고 일컫는다고 여래가 말하기 때문이다. 수보리야, 인욕바라밀(忍辱波羅蜜)[63]은 인욕바라밀이 아니라고 여래는 말한다.

무슨 까닭인가? 수보리야, 내가 옛날 가리왕(歌利王)에게 신체를 절단당했는데, 나는 그때 나라는 생각도 없었고, 사람이라는 생각도 없었고, 중생이라는 생각도 없었고, 목숨이라는 생각도 없었기 때문이다.

무슨 까닭인가? 옛날 내 신체가 마디마디로 잘릴 때에, 만약 나에게 나라는 생각·사람이라는 생각·중생이라는 생각·목숨이라는 생각이 있었다면 분명히 분노하고 원망했을 것이기 때문이다.

수보리야, 또 생각해 보니, 내가 과거 오백세(五百世)에 인욕선인(忍辱仙人)이었을 때에도[64] 나라는 생각이 없었고, 사람이라는 생각이 없었고, 중생이라는 생각이 없었고, 목숨이라는 생각이 없었다.

이 까닭에 수보리야, 보살은 마땅히 모든 생각[65]을 떠나 위없는 바

---

62 제일바라밀(第一波羅蜜) : 최상의 가장 뛰어난 바라밀(波羅蜜). 가장 뛰어난 최상의 구원. 바라밀(波羅蜜)은 도피안(到彼岸) 즉 피안에 이르다는 뜻.

63 인욕바라밀(忍辱波羅蜜) : 6바라밀의 하나, 10바라밀의 하나. 찬제바라밀(羼提波羅蜜)이라 음역. 인도(忍度)라 번역. 인욕(忍辱)은 갖가지 치욕을 받고도 복수하려는 뜻이 없고 안정된 마음. 이것이 열반의 피안(彼岸)에 도달하는 길 가운데 하나이므로 인욕바라밀이라 함.

64 '그때에'로 번역되는 '於爾所世'의 다른 판본을 보면, 보리류지는 '於爾所世', 진제는 '於爾所生中', 급다는 '彼中', 현장과 의정은 '我於爾時'이다.

65 일체상(一切相)의 산스크리트는 'sarva-saṃjñā'인데 구마라집과 보리류지는 일체상(一切相)으로 한역(漢譯)하였고, 진제와 급다와 현장은 일체상(一切想)으로, 의정은 제상(諸想)으로 한역하였다. 그러므로 일체상(一切相)은 '모든 생각'이다.

르고 평등한 깨달음의 마음을 내야 한다. 색깔에 머물러 마음을 내어서도 안 되고, 소리·냄새·맛·촉감·법(法)에 머물러 마음을 내어서도 안 된다. 마땅히 머묾 없는 마음을 내어야 한다. 만약 마음에 머묾이 있더라도, 머무는 것이 아니다.

이 까닭에 보살은 마음을 색깔에 머물지 않고 베푼다고 부처는 말한다. 수보리야, 보살이 모든 중생을 이익 되게 하는 것은 마땅히 이렇게 베푸는 것이다.

모든 모습[66]은 곧 모습이 아니라고 여래는 말하고, 또 모든 중생은 곧 중생이 아니라고 여래는 말한다.

수보리야, 여래는 참되게 말하는 분이며, 진실을 말하는 분이며, 있는 그대로 말하는 분이며, 거짓되지 않게 말하는 분이며, 다르지 않게 말하는 분이다.

수보리야, 여래가 얻은 법, 이 법에는 진실함도 없고 허망함도 없다.

수보리야, 만약 보살의 마음이 법에 머물러 베풂을 행한다면, 마치 사람이 어둠 속에 들어가면 보이는 것이 없는 것과 같다. 만약 보살의 마음이 법에 머물지 않고 베풂을 행한다면, 마치 사람이 밝은 햇빛 속에서 여러 가지 색깔을 보는 것과 같다.

수보리야, 후세에 착한 남자 착한 여인이 이 경을 기억하고 소리 내어 읽는다면, 여래는 깨달음의 지혜를 가지고 이 사람들이 모두 헤아릴 수 없고 가없는 공덕을 이룰 것임을 모조리 알 것이다."

---

66 여기에서 상(相)은 'saṃjñā' 즉 상(想)이다.

爾時須菩提聞說是經深解義趣，涕淚悲泣而白佛言：“希有，世尊．佛說如是甚深經典．我從昔來所得慧眼，未曾得聞如是之經．世尊，若復有人得聞是經，信心清淨則生實相，當知是人成就第一希有功德．世尊，是實相者則是非相．是故如來說名實相．世尊，我今得聞如是經典，信解受持不足爲難，若當來世後五百歲，其有衆生得聞是經信解受持，是人則爲第一希有．何以故？此人無我相人相衆生相壽者相．所以者何？我相即是非相，人相衆生相壽者相即是非相．何以故？離一切諸相，則名諸佛．”

佛告須菩提：“如是，如是．若復有人得聞是經，不驚不怖不畏，當知是人甚爲希有．何以故？須菩提，如來說，第一波羅蜜，非第一波羅蜜，是名第一波羅蜜．須菩提，忍辱波羅蜜如來說非忍辱波羅蜜．何以故？須菩提，如我昔爲歌利王割截身體，我於爾時無我相無人相無衆生相無壽者相．何以故？我於往昔節節支解時，若有我相人相衆生相壽者相，應生瞋恨．須菩提，又念過去於五百世作忍辱仙人，於爾所世無我相無人相無衆生相無壽者相．是故，須菩提，菩薩應離一切相發阿耨多羅三藐三菩提心．不應住色生心，不應住聲香味觸法生心．應生無所住心．若心有住則爲非住．是故佛說菩薩心不應住色布施．須菩提，菩薩爲利益一切衆生，應如是布施．如來說一切諸相即是非相，又說一切衆生則非衆生．須菩提，如來是眞語者，實語者，如語者，不誑語者，不異語者．須菩提，如來所得法，此法無實無虛．須菩提，若菩薩心住於法而行布施，如人入闇則無所見．若菩薩心不住法而行布施，如人有目日光明照見種種色．須菩提，當來之世，若有善男子善女人，能於此經受持讀誦，則爲如來以佛智慧，悉知是人，悉見是人，皆得成就無量無邊功德．”

15. 지경공덕분(持經功德分)

"수보리야, 착한 남자 착한 여인이 아침[67]에 갠지스 강의 모래알과 같은 수의 몸을 보시하고, 점심 때 다시 갠지스 강의 모래알과 같은 수의 몸을 보시하고, 저녁에 역시 갠지스 강의 모래알과 같은 수의 몸을 보시하여, 이처럼 보시하기를 헤아릴 수 없는 세월 동안 한다고 하자.

만약 다시 어떤 사람이 이 경전을 듣고 믿는 마음을 거역하지 않는다면, 이 복덕이 앞서의 복덕보다 뛰어나다. 그러니 하물며 이 경전을 베껴 쓰고, 기억하고, 소리 내어 읽고, 남에게 설명해 준다면 그 복덕이 어떻겠느냐? 수보리야, 요약해 말하면, 이 경에는 생각할 수 없고 헤아릴 수 없고 끝이 없는 공덕이 있다.

여래는 대승(大乘)의 마음을 낸 자를 위하여 말하고, 최상승(最上乘)의 마음을 낸 자를 위하여 말한다.

만약 어떤 사람이 이 경을 기억하고 소리 내어 읽고 널리 사람들에게 말해 줄 수 있다면, 여래는 이 사람들이 모두 헤아릴 수 없고 끝이 없고 생각할 수 없는 공덕을 성취하리라는 것을 잘 안다. 이러한 사람들이라면 여래의 위없는 바르고 평등한 깨달음을 얻게 된다.

왜 그런가? 수보리야, 만약 조그마한 법이라도 좋아한다면, 나라는 견해 · 사람이라는 견해 · 중생이라는 견해 · 목숨이라는 견해에 집착할 것이니, 그렇게 되면 이 경을 듣고서 기억할 수도, 소리 내어

---

67 하루를 세 부분으로 나누어 아침을 초일분(初日分), 점심 때를 중일분(中日分), 저녁을 후일분(後日分)이라 한다.

읽을 수도, 남에게 설명해 줄 수도 없기 때문이다.

수보리야, 어디에든지 이 경전이 있다면, 모든 세간과 천인(天人)과 아수라가 공양할 것이고, 이곳이 곧 탑(塔)이어서 모두 공경하고 절하고 주위를 돌고 온갖 꽃과 향을 그곳에 뿌려야 함을 마땅히 알아야 한다."

"須菩提, 若有善男子善女人, 初日分以恒河沙等身布施, 中日分復以恒河沙等身布施, 後日分亦以恒河沙等身布施, 如是無量百千萬億劫以身布施. 若復有人聞此經典, 信心不逆, 其福勝彼. 何況書寫受持讀誦爲人解說? 須菩提, 以要言之, 是經有不可思議不可稱量無邊功德. 如來爲發大乘者說, 爲發最上乘者說. 若有人能受持讀誦廣爲人說, 如來悉知是人悉見是人, 皆得成就不可量不可稱無有邊不可思議功德. 如是人等則爲荷擔如來阿耨多羅三藐三菩提. 何以故? 須菩提, 若樂小法者, 著我見人見衆生見壽者見, 則於此經不能聽受讀誦爲人解說. 須菩提, 在在處處若有此經, 一切世間天人阿修羅所應供養, 當知此處則爲是塔, 皆應恭敬作禮圍繞, 以諸華香而散其處."

16. 능정업장분(能淨業障分)

"다시 수보리야, 이 경을 기억하고 소리 내어 읽는 착한 남자 착한 여인이 만약 사람들에게 천대(賤待)를 받는다면, 이 사람은 전생의 죄업(罪業)으로 악도(惡道)[68]에 떨어져야 하지만, 금생에 사람들에게 천대를 받는 까닭에 전생의 죄업이 소멸하고, 앞으로 위없는 바르고 평등한 깨달음을 얻을 것이다.

수보리야, 내가 생각해 보니, 헤아릴 수 없이 아득한 과거에 연등불(燃燈佛) 앞에서 8백 4천만 억의 헤아릴 수 없는 부처님들을 만나서 모두에게 공양하고 시중들고 하여 헛되이 지나친 적이 없었다.

만약 다시 어떤 사람이 뒷날 말세(末世)[69]에 이 경을 기억하고 소리 내어 읽어서 공덕을 얻는다면, 내가 모든 부처님들을 공양한 공덕은 그 백분의 일에도 미치지 못하고, 천만억분의 일에도 미치지 못하고, 나아가 숫자로 헤아려 비유할 수도 없을 정도이다.

수보리야, 착한 남자 착한 여인이 뒷날 말세에 이 경을 기억하고 읽어서 얻는 공덕을 내가 모두 말한다면, 누가 듣더라도 마음이 혼란스럽고 의심이 일어나 믿지 못할 것이다.

수보리야, 이 경의 뜻은 헤아릴 수가 없고, 그 과보(果報)도 헤아릴 수가 없음을 알아야 한다.”

"復次, 須菩提, 善男子善女人, 受持讀誦此經, 若爲人輕賤, 是人先世罪業應墮惡道, 以今世人輕賤故, 先世罪業則爲消滅, 當得阿耨多羅三藐三菩提. 須菩提, 我念, 過去無量阿僧祇劫, 於然燈佛前, 得値八百四千萬億那由他諸

---

68 악도(惡道) : 악취(惡趣)와 같음. 나쁜 일을 한 탓으로 장차 태어날 곳. 업을 지어 윤회하는 길. 지옥·아수라·축생·아귀·인간·천상 등 여섯 가지 윤회의 길. 지옥·아귀·축생을 특히 삼악도(三惡道)라 하여 악도 중에서도 가장 나쁜 길이라고 한다.

69 말세(末世) : 또는 말대(末代). 사람의 마음이 어지럽고 여러 가지 죄악이 성행하는 시대.

佛, 悉皆供養承事無空過者. 若復有人於後末世, 能受持讀誦此經所得功德, 於我所供養諸佛功德, 百分不及一, 千萬億分, 乃至算數譬喻所不能及. 須菩提, 若善男子善女人, 於後末世, 有受持讀誦此經, 所得功德, 我若具說者, 或有人聞, 心則狂亂狐疑不信. 須菩提, 當知是經義不可思議, 果報亦不可思議."

17. 구경무아분(究竟無我分)

그때 수보리가 부처님께 아뢰었다.

"세존이시여, 착한 남자 착한 여인이 위없는 바르고 평등한 깨달음의 마음을 내면, 어떻게 머물고, 어떻게 그 마음을 항복시켜야 합니까?"

부처님께서 수보리에게 말씀하셨다.

"착한 남자 착한 여인이 위없는 바르고 평등한 깨달음의 마음을 낸다면, 마땅히 이러한 마음을 내어야 한다. '나는 모든 중생을 사라지게 해야 하지만, 모든 중생을 사라지게 하고 나면, 참으로 사라진 중생은 하나도 없다.'

왜 그러한가? 수보리야, 만약 보살에게 나라는 생각·사람이라는 생각·중생이라는 생각·목숨이라는 생각이 있다면, 보살이 아니기 때문이다.

까닭이 무엇인가? 수보리야, 위없는 바르고 평등한 깨달음의 마음을 낸다는 그런 법은 진실로 없기 때문이다.

수보리야, 어떻게 생각하느냐? 여래가 연등불(然燈佛)이 계신 곳에서 위없는 바르고 평등한 깨달음이라는 법을 얻었느냐?"

"아닙니다, 세존이시여. 제가 부처님이 말씀하신 뜻을 이해한 바로는, 부처께서 연등불이 계신 곳에서 위없는 바르고 평등한 깨달음이라는 법을 얻지 않았습니다."[70]

부처님이 말씀하셨다.

"그렇다, 그렇다. 수보리야, 여래가 얻은 위없는 바르고 평등한 깨달음이라는 법은 진실로 없다.

수보리야, 만약 여래가 얻은 위없는 바르고 평등한 깨달음이라는 이름의 법이 있다면, 연등불께선 나에게 '너는 내세(來世)에 석가모니라고 불리는 부처가 될 것이다.'라고 수기하지 않으셨을 것이다. 위없는 바르고 평등한 깨달음이라는 이름으로 얻은 법이 진실로 없었기 때문에, 연등불께선 나에게 '너는 내세에 석가모니라고 불리는 부

---

70 이 구절의 다른 번역본은 다음과 같다 : [진제] 수보리가 말했다. "아닙니다, 세존이시여. 연등불이 계신 곳에서 위없는 바르고 평등한 깨달음이라는 이름으로 여래가 얻은 한 법도 없습니다."(須菩提言: "不得, 世尊. 於然燈佛所, 無有一法如來所得, 名阿耨多羅三藐三菩提.") [현장] 구수선현이 부처님께 아뢰었다. "세존이시여, 부처님께서 말씀하시는 뜻을 제가 이해한 바에 따르면, 여래가 옛날 연등여래가 계신 곳에서 위없는 바르고 평등한 깨달음을 얻을 만한 조그마한 법도 없었습니다."(具壽善現白佛言: "世尊, 如我解佛所說義者, 如來昔於然燈如來應正等覺所, 無有少法, 能證阿耨多羅三藐三菩提.") [의정] 묘생이 말했다. "여래가 연등불이 계신 곳에서 깨달을 만한 법은 없었습니다."(妙生言: "如來於然燈佛所, 無法可證而得菩提.")

54

처가 될 것이다.'라고 수기하신 것이다.

무슨 까닭인가? 여래라는 것은 곧 모든 법이 여여(如如)하다는 뜻이기 때문이다.[71]

만약 누가 여래는 위없는 바르고 평등한 깨달음을 얻었다고 말하더라도, 수보리야, 부처가 얻은 위없는 바르고 평등한 깨달음이라는 법은 진실로 없다.

수보리야, 여래가 얻은 위없는 바르고 평등한 깨달음 속에는 참됨도 없고 헛됨도 없다. 이 까닭에 여래는 모든 법이 전부 불법(佛法)이라고 한다.

수보리야, 모든 법이라는 것은 곧 모든 법이 아니니, 이 까닭에 모든 법이라고 일컫는다.[72]

---

71 이 구절의 다른 판본은 다음과 같다 : [보리류지] 무슨 까닭인가? 수보리야, 여래라는 것은 곧 참된 진여(眞如)이기 때문이다.(何以故? 須菩提, 言如來者, 卽實眞如.) [진제] 무슨 까닭인가? 수보리야, 여래는 진여의 별명이기 때문이다.(何以故? 須菩提, 如來者 眞如別名.) [현장] 까닭이 무엇인가? 선현아, 여래라는 것은 곧 진실한 진여의 별명이고, 여래라는 것은 곧 생겨남 없는 법성(法性)의 별명이고, 여래라는 것은 곧 번뇌를 영원히 끊는 길의 별명이고, 여래라는 것은 곧 끝내 생겨남이 없음의 별명이기 때문이다. 왜 그런가? 만약 진실로 생겨남이 없으면, 가장 뛰어난 뜻이기 때문이다.(所以者何? 善現, 言如來者, 卽是眞實眞如增語, 言如來者, 卽是無生法性增語, 言如來者, 卽是永斷道路增語, 言如來者, 卽是畢竟不生增語. 何以故? 若實無生, 卽最勝義.) [의정] 무슨 까닭인가? 묘생아, 여래라는 것은 곧 실성진여(實性眞如)의 다른 이름이기 때문이다.(何以故? 妙生, 言如來者, 卽是實性眞如之異名也.)

72 이 구절의 다른 판본은 다음과 같다 : [보리류지] 수보리야, 이른바 일체법이라고 하는 것은 곧 일체법이 아니다. 이 까닭에 일체법이라고 일컫는다.(須菩提, 所言一切法一切法者, 卽非一切法. 是故名一切法.) [진제] 수보리야, 일체법은 일체법이 아니다. 그러므로 여래는 일체법이라고 일컫는다.(須菩提, 一切法者, 非一切法. 故如來說名一切法.) [현장] 선현아, 여래가 말하기를 일체법은 일체법이 아니라고 하니, 이 까닭에 여래는 일체법이라고 일컫는다.(善現, 一切法一切法者, 如來說, 非一切法. 是故如來說名一切法

55

수보리야, 비유하자면 사람의 몸집이 큰 것과 같다."

수보리가 말했다.
"세존이시여, 사람의 몸집이 크다는 것은 몸집이 큰 것이 아니니 이 때문에 몸집이 크다고 일컫는다고 여래께서는 말씀하십니다."

"수보리야, 보살 역시 이와 같으니, 만약 '내가 헤아릴 수 없는 중생을 사라지게 하겠다.'고 말한다면, 보살이라고 할 수 없다.
무슨 까닭인가? 수보리야, 보살이라고 이름 붙일 법은 진실로 없기 때문이다. 이 까닭에 부처는 '모든 법에는 나도 없고, 사람도 없고, 중생도 없고, 목숨도 없다.'고 말한다.
수보리야, 만약 보살이 '내가 불국토를 꾸민다.'고 말하면, 보살이라는 이름으로 부르지 않는다.
무슨 까닭인가? 불국토를 꾸미는 것은 불국토를 꾸미는 것이 아니니 이 까닭에 불국토를 꾸민다고 일컫는다고 여래가 말하기 때문이다.
수보리야, 만약 보살이 나도 없고 법도 없음에 통달한다면, 여래는 그를 참된 보살이라고 일컫는다."

爾時須菩提白佛言: "世尊, 善男子善女人, 發阿耨多羅三藐三菩提心, 云何

一切法.) [의정] 묘생아, 여래가 말하기를 일체법은 일체법이 아니라고 한다. 이 까닭에 여래는 일체법이 곧 불법이라고 말한다.(妙生, 一切法─切法者, 如來說, 爲非法, 是故如來說, 一切法者, 卽是佛法.)

56

應住? 云何降伏其心?"

佛告須菩提:"善男子善女人, 發阿耨多羅三藐三菩提者, 當生如是心. 我應滅度一切衆生, 滅度一切衆生已, 而無有一衆生實滅度者. 何以故? 須菩提, 若菩薩有我相人相衆生相壽者相, 則非菩薩. 所以者何? 須菩提, 實無有法發阿耨多羅三藐三菩提者. 須菩提, 於意云何? 如來於然燈佛所, 有法得阿耨多羅三藐三菩提不?"

"不也, 世尊. 如我解佛所說義, 佛於然燈佛所, 無有法得阿耨多羅三藐三菩提."

佛言:"如是, 如是. 須菩提, 實無有法, 如來得阿耨多羅三藐三菩提. 須菩提, 若有法如來得阿耨多羅三藐三菩提者, 然燈佛則不與我受記, '汝於來世當得作佛號釋迦牟尼.' 以實無有法得阿耨多羅三藐三菩提, 是故然燈佛與我受記作是言, '汝於來世當得作佛號釋迦牟尼.' 何以故? 如來者卽諸法如義. 若有人言如來得阿耨多羅三藐三菩提, 須菩提, 實無有法佛得阿耨多羅三藐三菩提. 須菩提, 如來所得阿耨多羅三藐三菩提, 於是中無實無虛. 是故如來說一切法皆是佛法. 須菩提, 所言一切法者, 卽非一切法, 是故名一切法. 須菩提, 譬如人身長大."

須菩提言:"世尊, 如來說, 人身長大則爲非大身, 是名大身."

"須菩提, 菩薩亦如是, 若作是言, 我當滅度無量衆生, 則不名菩薩. 何以故? 須菩提, 實無有法名爲菩薩. 是故佛說一切法無我無人無衆生無壽者. 須菩提, 若菩薩作是言, 我當莊嚴佛土, 是不名菩薩. 何以故? 如來說, 莊嚴佛土者, 卽非莊嚴, 是名莊嚴. 須菩提, 若菩薩通達無我法者, 如來說名眞是菩薩."

18. 일체동관분(一體同觀分)

"수보리야, 어떻게 생각하느냐? 여래에게 육안(肉眼)[73]이 있느냐?"

"그렇습니다, 세존이시여. 여래에게는 육안이 있습니다."

"수보리야, 어떻게 생각하느냐? 여래에게 천안(天眼)[74]이 있느냐?"

"그렇습니다, 세존이시여. 여래에게는 천안이 있습니다."

"수보리야, 어떻게 생각하느냐? 여래에게 혜안(慧眼)[75]이 있느냐?"

"그렇습니다, 세존이시여. 여래에게는 혜안이 있습니다."

"수보리야, 어떻게 생각하느냐? 여래에게 법안(法眼)[76]이 있느냐?"

---

73 육안(肉眼) : 5안의 하나. 중생의 육신에 갖추어 있는 눈. 5안(眼)이란, 모든 법의 사(事)·이(理)를 관조하는 5종의 눈. 곧 육안(肉眼)·천안(天眼)·혜안(慧眼)·법안(法眼)·불안(佛眼).

74 천안(天眼) : 하늘나라에 나거나 또는 선정(禪定)을 닦아서 얻게 되는 눈. 미세한 사물까지도 멀리 또 널리 볼 수 있으며, 중생들이 미래에 생사(生死)하는 모양도 미리 알 수 있음. 이것에는 수득(修得)과 생득(生得)의 2종이 있는데, 인간에서 선정을 닦아 천안을 얻은 것을 수득 천안, 색계천에 남으로써 얻는 것을 생득 천안이라 함.

75 혜안(慧眼) : 우주의 진리를 보는 눈. 곧 "만유의 모든 현상은 공(空), 무상(無相), 무작(無作), 무생(無生), 무멸(無滅)이다."라고 보아 모든 집착을 여의고, 차별의 현상계를 보지 않는 지혜.

76 법안(法眼) : 일체법을 분명하게 보는 눈. 보살은 이 눈으로 모든 법의 진상(眞相)을 잘

"그렇습니다, 세존이시여. 여래에게는 법안이 있습니다."

"수보리야, 어떻게 생각하느냐? 여래에게 불안(佛眼)[77]이 있느냐?"

"그렇습니다, 세존이시여. 여래에게는 불안이 있습니다."

"수보리야, 어떻게 생각하느냐? 갠지스 강 속에 있는 모래알, 이 모래알을 부처가 말하느냐?"

"그렇습니다, 세존이시여. 여래께선 이 모래알을 말씀하십니다."

"수보리야, 어떻게 생각하느냐? 하나의 갠지스 강 속에 있는 모래알과 같은 숫자의 갠지스 강이 있고, 이 모든 갠지스 강 속에 있는 모래알의 숫자와 같은 불국토(佛國土)가 있다면, 이와 같은 불국토가 어찌 많지 않겠느냐?"

"매우 많습니다, 세존이시여."

부처님이 수보리에게 말씀하셨다.
"그 국토 속에 있는 중생의 여러 가지 종류의 마음을 여래는 모두 안다. 왜 그런가? 모든 마음은 모든 마음이 아니니 이 까닭에 모든

알고 중생을 제도함.

77 불안(佛眼) : 모든 법의 진성(眞性)을 보는 깨달은 사람의 눈.

마음이라고 일컫는다고 여래가 말하기 때문이다.

까닭이 무엇인가? 수보리야, 과거의 마음도 얻을 수 없고, 현재의
마음도 얻을 수 없고, 미래의 마음도 얻을 수 없기 때문이다."

"須菩提, 於意云何? 如來有肉眼不?"

"如是, 世尊. 如來有肉眼."

"須菩提, 於意云何? 如來有天眼不?"

"如是, 世尊. 如來有天眼."

"須菩提, 於意云何? 如來有慧眼不?"

"如是, 世尊. 如來有慧眼."

"須菩提, 於意云何? 如來有法眼不?"

"如是, 世尊. 如來有法眼."

"須菩提, 於意云何? 如來有佛眼不?"

"如是, 世尊. 如來有佛眼."

"須菩提, 於意云何? 恒河中所有沙, 佛說是沙不?"

"如是, 世尊. 如來說是沙."

"須菩提, 於意云何? 如一恒河中所有沙, 有如是等恒河, 是諸恒河所有沙數
佛世界, 如是寧爲多不?"

"甚多, 世尊."

佛告須菩提: "爾所國土中, 所有衆生, 若干種心, 如來悉知. 何以故? 如來
說, 諸心皆爲非心, 是名爲心. 所以者何? 須菩提, 過去心不可得, 現在心不可
得, 未來心不可得."

19. 법계통화분(法界通化分)

"수보리야, 어떻게 생각하느냐? 어떤 사람이 삼천대천세계를 가득 채운 칠보(七寶)로써 보시한다면, 이 사람이 이 인연으로 얻는 복덕(福德)이 많으냐?"

"그렇습니다, 세존이시여. 이 사람이 이 인연으로써 얻는 복덕은 많습니다."

"수보리야, 복덕이 진실로 있다면, 여래는 복덕이 많다고 말할 수 없다. 복덕이 없기 때문에 여래는 복덕이 많다고 말할 수 있다."

"須菩提, 於意云何? 若有人滿三千大千世界七寶以用布施, 是人以是因緣得福多不?"

"如是, 世尊. 此人以是因緣得福甚多."

"須菩提, 若福德有實, 如來不說得福德多. 以福德無故, 如來說得福德多."

20. 이심이색분(離心離色分)

"수보리야, 어떻게 생각하느냐? 부처를 색신(色身)[78]을 다 갖춘 것

---

78 색신(色身) : 빛깔과 형상이 있는 몸. 곧 지수화풍(地水火風)의 사대(四大)로 이루어진 육신(肉身).

으로 볼 수 있느냐?"

"아닙니다, 세존이시여. 여래를 색신을 다 갖춘 것으로 보아서는 안 됩니다. 무슨 까닭인가요? 색신을 다 갖춘다는 것은 색신을 다 갖추는 것이 아니니 이 까닭에 색신을 다 갖춘다고 일컫는다고 여래께서 말씀하시기 때문입니다."

"수보리야, 어떻게 생각하느냐? 여래를 모든 모습[79]을 다 갖춘 것으로 볼 수 있겠느냐?"

"아닙니다, 세존이시여. 여래를 모든 모습을 다 갖춘 것으로 보아서는 안됩니다. 무슨 까닭인가요? 모든 모습을 다 갖춘다는 것은 곧 모든 모습을 다 갖추는 것이 아니니 이 때문에 모든 모습을 다 갖춘다고 일컫는다고 여래께서 말씀하시기 때문입니다."

"須菩提, 於意云何? 佛可以具足色身見不?"

"不也, 世尊. 如來不應以具足色身見. 何以故? 如來說, 具足色身, 卽非具足色身, 是名具足色身."

"須菩提, 於意云何? 如來可以具足諸相見不?"

"不也, 世尊. 如來不應以具足諸相見. 何以故? 如來說, 諸相具足, 卽非具足, 是名諸相具足."

---

79 구족제상(具足諸相) : 여기에서 상(相)의 산스크리트는 '모습, 모양'이라는 뜻인 lakṣaṇa 이다. 구족제상의 산스크리트는 lakṣaṇa sanpadā이다.

21. 비설소설분(非說所說分)

"수보리야, 너는 여래가 '나는 말할 만한 법을 가지고 있다.'라고 생각한다고 여기지 마라.

무슨 까닭인가? 만약 어떤 사람이 말하기를 여래에게는 말할 만한 법이 있다고 한다면, 이것은 부처를 비방하는 것이니, 내가 말한 것을 이해하지 못했기 때문이다.

수보리야, 법을 말함에 말할 만한 법은 없으니, 이를 일러 법을 말한다고 한다."

그때 혜명(慧命)[80] 수보리가 부처님께 아뢰었다.

"세존이시여, 미래의 많은[81] 중생들이 이 법을 말하는 것을 듣고서 믿는 마음을 내겠습니까?"

부처님이 말씀하셨다.

"수보리야, 그들은 중생도 아니고 중생 아닌 것도 아니다.

무슨 까닭인가? 수보리야, 중생은 중생이 아니니 이 때문에 중생이라고 일컫는다고 여래가 말하기 때문이다."

"須菩提, 汝勿謂如來作是念: '我當有所說法.' 莫作是念. 何以故? 若人言如來有所說法卽爲謗佛, 不能解我所說故. 須菩提, 說法者無法可說, 是名說法."

---

80 혜명(慧命) : 수행승의 이름 앞에 붙이는 존칭. 혜수(慧壽), 구수(具壽)와 같다.

81 파유(頗有) : 흔히 있다. 적지 않다. 상당히 많이 있다.

爾時慧命須菩提白佛言: "世尊, 頗有衆生於未來世, 聞說是法, 生信心不?"

佛言: "須菩提, 彼非衆生非不衆生. 何以故? 須菩提, 衆生衆生者, 如來說, 非衆生, 是名衆生."

22. 무법가득분(無法可得分)

수보리가 부처님께 아뢰었다.

"세존이시여, 부처님께서 위없는 바르고 평등한 깨달음을 얻으신 것은 얻으신 것이 없기 때문입니까?"

"그렇다. 그렇다. 수보리야, 나는 위없는 바르고 평등한 깨달음에서 조그마한 법도 얻은 것이 없으니, 이를 일러 위없는 바르고 평등한 깨달음이라고 한다."

須菩提白佛言: "世尊, 佛得阿耨多羅三藐三菩提, 爲無所得耶?"

"如是. 如是. 須菩提, 我於阿耨多羅三藐三菩提, 乃至無有少法可得, 是名阿耨多羅三藐三菩提."

23. 정심행선분(淨心行善分)

"또 다시, 수보리야. 이 법은 평등하여 아래위가 없으니, 이를 일러 위없는 바르고 평등한 깨달음이라고 한다. '나'가 없고 · 사람이 없고 · 중생이 없고 · 목숨이 없음으로써 모든 선법(善法)을 닦으면, 위없는 바르고 평등한 깨달음을 얻는다.

　수보리야, 선법이라고 하는 것은 선법이 아니니 이 때문에 선법이라고 일컫는다고 여래는 말한다."

"復次, 須菩提. 是法平等無有高下, 是名阿耨多羅三藐三菩提. 以無我無人無衆生無壽者, 修一切善法, 則得阿耨多羅三藐三菩提. 須菩提, 所言善法者, 如來說, 非善法, 是名善法."

24. 복지무비분(福智無比分)

"수보리야, 삼천대천세계 속에 있는 모든 수미산(須彌山)[82]과 같은 칠보(七寶)의 무더기를 가지고 어떤 사람이 보시한다고 하자.

　만약 어떤 사람이 이 반야바라밀경 내지는 사구게 등을 기억하고 소리 내어 읽어서 타인에게 말한다면, 앞의 복덕은 이것의 백분의 일에도 미치지 못하며, 백천만억분의 일에도 미치지 못하며, 나아가 숫자로 헤아려 비유할 수조차 없다."

82　수미산(須彌山) : Sumeru-parvata. 또는 수미루(須彌樓 · 修迷樓) · 소미로(蘇迷盧). 줄여서 미로(迷盧). 번역하여 묘고(妙高) · 묘광(妙光) · 안명(安明) · 선적(善積). 4주세계의 중앙, 금륜(金輪) 위에 우뚝 솟은 높은 산. 둘레에 7산(山) 8해(海)가 있고 또 그밖에 철위산으로 둘러싸여 있어 물 속에 잠긴 것이 8만 유순, 물 위에 드러난 것이 8만 유순이며, 꼭대기는 제석천, 중턱은 4왕천의 주처(住處)라 함.

"須菩提, 若三千大千世界中, 所有諸須彌山王, 如是等七寶聚, 有人持用布施. 若人以此般若波羅蜜經乃至四句偈等, 受持讀誦爲他人說, 於前福德百分不及一, 百千萬億分乃至算數譬喻所不能及."

25. 화무소화분(化無所化分)

"수보리야, 어떻게 생각하느냐? 너희들은 여래가 '나는 중생을 제도해야 한다.'라고 생각한다고 말하지 마라. 수보리야, 그렇게 생각하지 마라.

무슨 까닭인가? 여래가 제도할 중생은 진실로 없기 때문이다.

만약 여래가 제도할 중생이 있다면, 여래에게는 나 · 사람 · 중생 · 목숨이 있을 것이다.

수보리야, '나'가 있다는 것은 '나'가 있는 것이 아니라고 여래는 말하지만, 범부가 '나'가 있다고 여기는 것이니라.

수보리야, 범부는 범부가 아니라고 여래는 말한다."

"須菩提, 於意云何? 汝等勿 謂如來作是念: '我當度衆生.' 須菩提, 莫作是念. 何以故? 實無有衆生如來度者. 若有衆生如來度者, 如來則有我人衆生壽者. 須菩提, 如來說, 有我者則非有我, 而凡夫之人以爲有我. 須菩提, 凡夫者, 如來說, 則非凡夫."

26. 법신비상분(法身非相分)

"수보리야, 어떻게 생각하느냐? 32상(相)으로 여래를 볼 수 있느냐?"

수보리가 말했다.
"그렇습니다, 그렇습니다. 32상으로 여래를 볼 수 있습니다."

부처님이 말씀하셨다.
"수보리야, 만약 32상으로 여래를 본다면, 전륜성왕(轉輪聖王)도 곧 여래일 것이니라."

수보리가 부처님께 아뢰었다.
"세존이시여, 제가 부처님이 말씀하신 뜻을 이해한 바에 따르면, 32상으로 여래를 보아서는 안 됩니다."

그때 세존이 게송을 말씀하셨다.

"만약 색깔로써 나를 보거나
음성으로써 나를 찾는다면
이 사람은 삿된 도를 행하는 것이니
여래를 볼 수 없다."

"須菩提, 於意云何? 可以三十二相觀如來不?"

須菩提言: "如是. 如是. 以三十二相觀如來."

佛言: "須菩提, 若以三十二相觀如來者, 轉輪聖王則是如來."

須菩提白佛言: "世尊, 如我解佛所說義, 不應以三十二相觀如來."

爾時世尊而說偈言:

"若以色見我, 以音聲求我,

是人行邪道, 不能見如來."

27. 무단무멸분(無斷無滅分)

"수보리야, 네가 만약 여래는 모습을 다 갖추었기 때문에 위없는 바르고 평등한 깨달음을 얻지 못한다고 생각한다면, 수보리야, 그렇게 생각하지 마라.

수보리야, 만약 위없는 바르고 평등한 깨달음을 얻은 자는 모든 법에서 모습을 끊어 없앤다고 생각한다면, 그렇게 생각하지 마라.[83]

무슨 까닭인가? 위없는 바르고 평등한 깨달음의 마음을 낸 자는 법에서 모습을 끊어 없앤다고 말하지 않기 때문이다."[84]

---

83 "發阿耨多羅三藐三菩提者, 說諸法斷滅相, 莫作是念."의 산스크리트는 "dharmasya vinā śaḥ prajñapto nocchedaḥ."로서 "법이 끊어져 없어진다는 가르침을 말하지 않는다."는 뜻이다.

84 이 구절의 다른 판본은 다음과 같다 : [보리류지] 수보리야, 어떻게 생각하느냐? 여래가 모습을 성취함으로써 위없는 바르고 평등한 깨달음을 얻을 수 있느냐? 수보리야, 여래가 모습을 성취함으로써 위없는 바르고 평등한 깨달음을 얻는다고 생각하지 마라. 수보리야, 네가 만약 위없는 바르고 평등한 깨달음의 마음을 낸 보살은 모든 법에서 모습을

"須菩提, 汝若作是念: 如來不以具足相故, 得阿耨多羅三藐三菩提. 須菩
提, 莫作是念: 如來不以具足相故, 得阿耨多羅三藐三菩提. 須菩提, 若作是
念: 發阿耨多羅三藐三菩提者, 說諸法斷滅相, 莫作是念. 何以故? 發阿耨多

끊어 없앤다고 생각한다면, 수보리야, 그렇게 생각하지 마라. 무슨 까닭인가? 위없는 바
르고 평등한 깨달음의 마음을 낸 보살은 모든 법에서 모습을 끊어 없앤다고 말하지 않기
때문이다.(須菩提, 於意云何? 如來可以相成就, 得阿耨多羅三藐三菩提須菩提? 須菩提,
莫作是念, 如來以相成就, 得阿耨多羅三藐三菩提. 須菩提, 汝若作是念, 菩薩發阿耨多羅
三藐三菩提心者, 說諸法斷滅相, 須菩提, 莫作是念. 何以故? 菩薩發阿耨多羅三藐三菩
提心者, 不說諸法斷滅相.) [진제] 수보리야, 어떻게 생각하느냐? 여래가 모습을 다 갖춤
으로써 위없는 바르고 평등한 깨달음을 얻느냐? 수보리야, 너는 지금 '여래가 모습을 다
갖춤으로써 위없는 바르고 평등한 깨달음을 얻는다'고 생각해서는 안 된다. 무슨 까닭인
가? 수보리야, 여래가 모습을 다 갖춤으로 말미암아 위없는 바르고 평등한 깨달음을 얻
는 것이 아니기 때문이다. 수보리야, 만약 네가 보살승을 행하는 사람에게는 없앨 수 있
는 법이 있다고 여래가 말한다고 생각한다면, 수보리야, 그런 생각은 하지 마라. 왜 그
런가? 보살승을 행하는 사람에게 없앨 만한 법이 있어서 영원히 끊어 버린다고 여래는
말하지 않기 때문이다.(須菩提, 汝意云何? 如來可以具足相, 得阿耨多羅三藐三菩提不?
須菩提, 汝今不應作如是見: '如來以具足相, 得阿耨多羅三藐三菩提.' 何以故? 須菩提, 如
來不由具足相, 得阿耨多羅三藐三菩提. 須菩提, 若汝作是念: '如來有是說行菩薩乘人有
法可滅 須菩提, 汝莫作此見. 何以故? 如來不說, 行菩薩乘人, 有法可滅, 及以永斷.) [현
장] 부처님께서 선현에게 말씀하셨다. "네 생각은 어떠냐? 여래가 모든 모습을 다 갖춤
으로써 위없는 바르고 평등한 깨달음을 얻느냐? 선현아, 너는 이제 그렇게 보아서는 안
된다. 왜 그런가? 선현아, 여래는 모든 모습을 다 갖춤으로써 위없는 바르고 평등한 깨
달음을 얻는 것이 아니기 때문이다. 또, 선현아, 이처럼 보살승을 시작한 자가 부서지거
나 끊어지는 법을 조금이라도 시설하느냐? 선현아, 너는 지금 그렇게 생각하면 안 된다.
보살승을 시작한 모든 자는 부서지거나 끊어지는 법을 결코 조금도 시설하지 않느니
라."(佛告善現: "於汝意云何? 如來應正等覺, 以諸相具足, 現證無上正等覺耶? 善現, 汝
今勿當作如是觀. 何以故? 善現, 如來應正等覺, 不以諸相具足, 現證無上正等菩提. 復次,
善現, 如是發趣菩薩乘者, 頗施設小法, 若壞若斷耶? 善現, 汝今勿當作如是觀, 諸有發趣
菩薩乘者, 終不施設少法, 若壞若斷.") [의정] 묘생아, 보살승을 시작한 모든 자에게 있는
법이 끊어져 없어지느냐? 너는 그렇게 보면 안 된다. 왜 그런가? 보살승을 시작한 자는
그 법을 잃지 않기 때문이다.(妙生, 諸有發趣菩薩乘者, 其所有法, 是斷滅不? 汝莫作是
見. 何以故? 趣菩薩乘者, 其法不失.)

羅三藐三菩提心者, 於法不說斷滅相."

28. 불수불탐분(不受不貪分)

　"수보리야, 보살이 갠지스 강의 모래알만큼이나 많은 세계를 칠보로 가득 채워 보시한다고 하자. 다시 어떤 사람이 모든 법에 '나'(我)가 없음을 알아서 인위(忍位)[85]를 이룬다면, 이 보살은 앞의 보살이 얻은 공덕을 뛰어넘는다. 수보리야, 모든 보살은 복덕을 받지 않기 때문이다."

　수보리가 부처님께 아뢰었다.
　"세존이시여, 어찌하여 보살은 복덕을 받지 않습니까?"

　"수보리야, 보살은 지은 복덕을 탐내거나 집착하지 말아야 한다. 이 까닭에 복덕을 받지 않는다고 한다."

　"須菩提, 若菩薩以滿恒河沙等世界七寶持用布施. 若復有人 知一切法無我得成於忍, 此菩薩 勝前菩薩所得功德. 須菩提, 以諸菩薩不受福德故."
　須菩提白佛言: "世尊, 云何菩薩不受福德?"
　"須菩提, 菩薩 所作福德 不應貪著. 是故說不受福德."

85　인위(忍位) : 성자(聖者)의 자리에 들어가기 전의 공덕(功德)의 원인이 정해진 자리.

29. 위의적정분(威儀寂靜分)

"수보리야, 만약 어떤 사람이 여래는 오기도 하고 · 가기도 하고 · 앉기도 하고 · 눕기도 한다고 한다면, 이 사람은 내가 말한 뜻을 이해하지 못했다.

무슨 까닭인가? 여래(如來)는 오는 일도 없고 가는 일도 없으니, 그 까닭에 여래라고 일컫기 때문이다."

"須菩提, 若有人言如來若來若去若坐若臥, 是人不解我所說義. 何以故? 如來者, 無所從來亦無所去, 故名如來."

30. 일합이상분(一合理相分)

"수보리야, 만약 착한 남자 착한 여인이 삼천대천세계를 부수어 가루로 만든다면, 어떻게 생각하느냐? 이 가루들이 어찌 많지 않겠느냐?"

"매우 많습니다, 세존이시여. 무슨 까닭일까요? 만약 이 가루들이 진실로 있다면, 부처님은 이 가루들을 말씀하시지 않을 것이기 때문입니다.

까닭이 무엇일까요? 가루들은 곧 가루들이 아니니 이 때문에 가루들이라고 일컫는다고 부처님께서 말씀하시기 때문입니다.

세존이시여, 삼천대천세계는 삼천대천세계가 아니니 이 까닭에 삼천대천세계라고 일컫는다고 여래께서 말씀하시기 때문입니다.

왜 그럴까요? 만약 세계가 진실로 있다면 곧 하나로 합해진 모습[86]일 것입니다만, 하나로 합해진 모습은 곧 하나로 합해진 모습이 아니니 이 때문에 하나로 합해진 모습이라고 일컫는다고 여래께서 말씀하시기 때문입니다."[87]

"수보리야, 하나로 합해진 모습이라면 말할 수 없는데,[88] 다만 범부가 그렇게 탐내고 집착하는 것이니라."[89]

---

86 일합상(一合相) : 하나로 합해진 모습. 한 덩어리. 분별할 수 없는 하나.

87 이 구절의 다른 판본은 다음과 같다 : [보리류지] "무슨 까닭일까요? 만약 세계가 진실로 있다면 일합상일 것입니다. 그러나 여래께선 말하기를, 일합상은 곧 일합상이 아니라고 하셨으니, 이 까닭에 부처님께선 일합상이라고 하시기 때문입니다."(何以故? 若世界實有者, 則是一合相. 如來說, 一合相則非一合相, 是故佛說一合相.) [진제] "무슨 까닭일까요? 세존이시여. 만약 세계가 진실로 있다고 집착한다면, 한 덩어리일 것입니다. 그러나 이 한 덩어리는 한 덩어리가 아니니 그 까닭에 한 덩어리라고 여래께서 말씀하시기 때문입니다."(何以故? 世尊. 若執世界爲實有者, 是聚一執. 此聚一執, 如來說, 非執, 故說聚一執.) [현장] "무슨 까닭일까요? 세존이시여. 만약 세계가 진실로 있다면, 한 덩어리일 것입니다. 그러나 한 덩어리는 한 덩어리가 아니니 그 까닭에 한 덩어리라고 일컫는다고 여래께서 말씀하시기 때문입니다."(何以故? 世尊. 若世界實有者, 卽爲一合執. 如來說, 一合執卽爲非執, 故名一合執.) [의정] "무슨 까닭일까요? 만약 세계가 진실로 있다면, 여래께선 곧 모인 덩어리가 있다고 하실 것입니다. 그러나 부처님이 모인 덩어리라고 말씀하시는 것은 곧 모인 덩어리가 아니라고 말씀하시는 것이니, 이 까닭에 모인 덩어리라고 말하기 때문입니다."(何以故? 若世界實有, 如來則有聚執. 佛說聚執者, 說爲非聚執, 是故說爲聚執.)

88 세계가 하나로 합해진 모습이라면, 분별할 수 없으니 말할 수도 없다.

89 이 구절의 다른 판본의 내용은 다음과 같다 : [보리류지] "수보리야. 하나로 합해진 모습

"須菩提, 若善男子善女人, 以三千大千世界碎爲微塵, 於意云何? 是微塵衆寧爲多不?"

"甚多, 世尊. 何以故? 若是微塵衆實有者, 佛則不說是微塵衆. 所以者何? 佛說, 微塵衆則非微塵衆, 是名微塵衆. 世尊, 如來所說, 三千大千世界則非世界, 是名世界. 何以故? 若世界實有者, 則是一合相. 如來說, 一合相則非一合相, 是名一合相."

"須菩提, 一合相者, 則是不可說, 但凡夫之人貪著其事."

31. 지견불생분(知見不生分)

"수보리야, 만약 누가 말하기를 '부처는 나라는 견해 · 사람이라는 견해 · 중생이라는 견해 · 목숨이라는 견해를 말한다.'고 한다면, 수보리야, 어떻게 생각하느냐? 이 사람은 내가 말한 뜻을 이해하였느냐?"

이라면 말할 수 없다. 다만 범부가 그렇게 탐내고 집착하는 것이다."(須菩提. 一合相者, 則是不可說. 但凡夫之人, 貪著其事.) [진제] "수보리야. 이 한 덩어리는 다만 세간의 말이다. 수보리야. 이러한 법은 말할 수 있는 법이 아니다. 어린애 같은 범부가 치우쳐 말하고 집착하는 것이다."(須菩提. 此聚一執, 但世言說. 須菩提. 是法非可言法. 嬰兒凡夫偏言所取.) [현장] "선현아. 이 하나로 합해진 덩어리는 말할 수 없고 희론할 수 없다. 그러나 저 모든 어리석은 중생들은 이러한 법에 억지로 집착하는 것이다."(善現. 此一合執, 不可言說, 不可戲論. 然彼一切愚夫異生, 强執是法.) [의정] "묘생아. 이 덩어리는 세간의 말이지만, 그 자성은 진실로 말할 수 없다. 다만 어리석은 중생들이 헛되이 집착할 뿐이다."(妙生. 此聚執者, 是世言論, 然其體性, 實無可說. 但是愚夫異生之所妄執.)

"아닙니다, 세존이시여. 이 사람은 여래께서 말씀하신 뜻을 이해하지 못했습니다.

무슨 까닭일까요? 나라는 견해·사람이라는 견해·중생이라는 견해·목숨이라는 견해는 곧 나라는 견해·사람이라는 견해·중생이라는 견해·목숨이라는 견해가 아니니, 이 까닭에 나라는 견해·사람이라는 견해·중생이라는 견해·목숨이라는 견해라고 일컫는다고 세존께서 말씀하시기 때문입니다."

"수보리야, 위없는 바르고 평등한 깨달음의 마음을 낸 자는 모든 법에서 마땅히 이와 같이 알고, 이와 같이 보고, 이와 같이 믿고 이해하여 법이라는 생각[90]을 내지 말아야 한다.

수보리야, 이른바 법이라는 생각은 법이라는 생각이 아니니 이 까닭에 법이라는 생각이라고 일컫는다고 여래는 말한다."

"須菩提, 若人言: '佛說我見人見衆生見壽者見', 須菩提, 於意云何? 是人解我所說義不?"

"不也, 世尊. 是人不解如來所說義. 何以故? 世尊說, 我見人見衆生見壽者見, 卽非我見人見衆生見壽者見, 是名我見人見衆生見壽者見."

"須菩提, 發阿耨多羅三藐三菩提心者, 於一切法, 應如是知, 如是見, 如是信解, 不生法相. 須菩提, 所言法相者, 如來說, 卽非法相, 是名法相."

---

90 여기 법상(法相)은 dharma-samjñā로서, 진제와 현장은 법상(法想)이라 번역하고 있다. '법이라는 관념', '법이라는 생각'이라는 뜻.

32. 응화비진분(應化非眞分)

"수보리야, 어떤 사람이 헤아릴 수 없는 세계를 칠보로 가득 채워 보시한다고 하자. 만약 보살의 마음을 낸 착한 남자 착한 여인이 이 경전이나 사구게 등을 기억하고 소리 내어 읽으며 남에게 말해 준다면, 그 복덕은 앞의 것보다 뛰어나다.

어떻게 남에게 말해 주는가? 생각을 취하지 않으면 한결같아 변하지 않을 것이다.[91]

왜 그런가? 모든 유위법(有爲法)[92]은 꿈 같고 환상 같고 물거품 같고 그림자 같고 이슬 같고 또 번개 같으니 마땅히 이렇게 보아야 하기 때문이다."[93]

---

91 이 구절의 다른 판본은 다음과 같다 : [보리류지] 어떻게 남에게 말해 주는가? (말하는 것은) 말하는 것이 아니니, 이를 일러 말한다고 한다.(云何爲人演說? 而不名說, 是名爲說.) [진제] 어떻게 이 경을 드러내어 말하는가? 드러내어 말할 것이 없다면, 그 때문에 드러내어 말한다고 한다.(云何顯說此經? 如無所顯說, 故言顯說.) [현장] 어떻게 타인에게 말해 주는가? (타인에게 말해 주는 것은) 타인에게 말해 주는 것이 아닌 것과 같으니, 그 때문에 타인에게 말해 준다고 한다.(云何爲他說開示? 如不爲他宣說開示, 故名爲他宣說開示.) [의정] 어떻게 바르게 말하는가? 말할 만한 법이 없으니, 이를 일러 바르게 말한다고 한다.(云何正說? 無法可說, 是名正說.) 이로써 보면 이 구절의 구마라집(鳩摩羅什) 번역인 "생각을 취하지 않으면 한결같아 변동이 없다."(不取於相 如如不動)는 『금강경』의 요점을 잘 이해시키려고 구마라집이 의역(意譯)한 것임을 알 수 있다.

92 유위(有爲) : saṃskṛta. 위(爲)는 위작(爲作)·조작(造作)의 뜻. 분별하여 의도적으로 행하고 조작하는 모든 일을 가리킨다. 이렇게 분별하여 행하고 조작하는 모든 일들은 반드시 생(生)·주(住)·이(異)·멸(滅)의 변화를 따르는 허망(虛妄)한 일이다.

93 이 게송의 다른 판본은 다음과 같다 : [보리류지] 모든 유위법은 각막의 흠집이나 등불을 보고 생긴 환영 같고, 이슬이나 물거품이나 꿈이나 번개나 구름 같으니, 마땅히 이렇게 보아야 한다.(一切有爲法, 如星翳燈幻, 露泡夢電雲, 應作如是觀.) [진제] 유위법은 마땅히 이렇게 보아야 하니, 구름이 어둡게 낀 모양이나 등불을 보고 생긴 허깨비 같고,

부처님께서 이 경을 다 말씀하시자, 장로 수보리와 비구·비구니·우바새·우바이들과 모든 세간·천인·아수라 등이 부처님의 말씀을 듣고서 모두 크게 기뻐하며 믿고 받아들이고 받들어 행하였다.

"須菩提, 若有人以滿無量阿僧祇世界七寶, 持用布施. 若有善男子善女人發菩薩心者, 持於此經 乃至四句偈等, 受持讀誦爲人演說, 其福勝彼. 云何爲人演說? 不取於相, 如如不動. 何以故? 一切有爲法, 如夢幻泡影, 如露亦如電, 應作如是觀."

佛說是經已, 長老須菩提及諸比丘比丘尼優婆塞優婆夷, 一切世間天人阿修羅, 聞佛所說, 皆大歡喜, 信受奉行.

금강반야바라밀경

金剛般若波羅蜜經.

진언(眞言)

나모파가발제   발나괴   파나미다예   암이리저   이실리   수노타

이슬이나 물거품이나 꿈이나 번개나 구름 같다.(應觀有爲法, 如暗翳燈幻, 露泡夢電雲.) [현장] 모든 화합하여 이루어지는 것은, 각막의 흠집이나 등불을 보고 생긴 환영 같고, 이슬이나 물거품이나 꿈이나 번개나 구름 같으니, 마땅히 이렇게 보아야 한다.(諸和合所爲, 如星翳燈幻, 露泡夢電雲, 應作如是觀) [의정] 모든 유위법은 각막의 흠집이나 등불을 보고 생긴 환영 같고, 이슬이나 물거품이나 꿈이나 번개나 구름 같으니, 마땅히 이렇게 보아야 한다.(一切有爲法, 如星翳燈幻, 露泡夢電雲, 應作如是觀.)

비사야　비사야　사바하

那謨婆伽跋帝　缽喇壞　波羅弭多曳　唵伊利底　伊室利　輪盧馱　毘舍
耶　毘舍耶　莎婆訶

대반야바라밀다경 능단금강분

大般若波羅蜜多經 能斷金剛分

삼장법사 현장 한역

三藏法師 玄奘 漢譯

김태완 역주

이와 같이 나는 들었다.

한때에 세존[94]께서 쉬라바스티[95]의 제타 숲[96]에 있는 급고독원(給孤
獨園)[97]에 큰 비구[98] 무리 1,250인과 함께 머무시었다. 그때 세존께선
아침[99]에 옷을 갖추어 입고 발우를 들고 쉬라바스티 성에 들어가서
밥을 동냥하시었다. 그때 세존께선 그 성에서 동냥을 다 하시고서 급
고독원으로 되돌아오셔서 식사를 마치시고 발우를 거두시고 발을 씻
으셨다. 식사 뒤에 언제나처럼 자리를 깔고 가부좌로 앉으셔서 몸을
단정하게 하여 바른 서원을 가지고 앞을 바라보며 생각에 잠기셨다.
그때 모든 비구들이 부처님 계신 곳으로 찾아왔는데, 와서는 세존의

---

94 박가범(薄伽梵) : 세존(世尊)이라는 뜻인 bhagavān의 음역.

95 실라벌(室羅筏) : 사위국(舍衛國). 실라벌(室羅筏)은 śrāvastī의 음역. 중인도 가비라국
    서북쪽에 있던 도성(都城).

96 서다림(誓多林) : Jetavana. 서다림(逝多林), 기다림(祈陀林)이라고도 번역. Jeta 태자가
    소유한 숲이라는 뜻. 기원정사(祇園精舍)가 이 숲에 있다.

97 급고독원(給孤獨園) : 기수급고독원(祇樹給孤獨園), 기다수급고독원(祇多樹給孤獨園)과
    같음. 줄여서 기수원(祇樹園)·기원(祇園). 중인도 사위성(舍衛城)에서 남으로 1.6km 지
    점에 있다. 기원정사(祇園精舍)가 있는 곳으로 부처님이 설법한 유적지. 이곳은 본래 바
    사닉왕의 태자 기타(祇陀)가 소유한 원림(園林)이었으나, 급고독장자(給孤獨長者)가 그
    땅을 사서 석존께 바치고 태자는 또 그 숲을 부처님께 바쳤으므로, 두 사람의 이름을 합
    하여 이 이름을 지었다.

98 필추(苾芻) : 비구(比丘)의 다른 음역(音譯).

99 일초분(日初分) : 아침.

81

양발에 이마를 대면서 절을 올리고 세존을 오른쪽으로 세 바퀴 돌고서 한쪽으로 물러나 앉았다.

수보리[100] 장로[101] 역시 이와 같은 무리 속에 앉았다.

如是我聞. 一時薄伽梵, 在室羅筏, 住誓多林給孤獨園, 與大苾芻衆千二百五十人俱. 爾時世尊於日初分, 整理裳服執持衣鉢, 入室羅筏大城乞食. 時薄伽梵, 於其城中, 行乞食已, 出還本處, 飯食訖, 收衣鉢, 洗足已. 於食後時, 敷如常座結跏趺坐, 端身正願住對面念. 時諸苾芻來詣佛所, 到已頂禮世尊雙足, 右遶三匝退坐一面. 具壽善現亦於如是衆會中坐.

그때 무리 속에서 수보리 장로가 자리에서 일어나 한쪽 소매를 벗어서 어깨를 드러내고는 오른쪽 무릎을 꿇고서 공손하게 합장하면서 부처님께 말씀드렸다.

"놀랍습니다,[102] 세존이시여! 여래응정등각(如來應正等覺)[103]이신 세존께서는 모든 보살마하살을 가장 뛰어나게 잘 거두어 받아들이십니다. 또 여래응정등각이신 세존께선 모든 보살마하살에게 가장 뛰어

---

100 선현(善現) : 수보리(須菩提)를 뜻으로 번역한 것.

101 구수(具壽) : ①─씨(氏). ②비구(比丘)에 대한 경어(敬語). ③장로(長老). 나이 많은 비구를 부를 때 씀.

102 희유(希有) : 보기 드문. 놀라운. 진귀한.

103 여래응정등각(如來應正等覺) : 여래(如來), 응공(應供), 정등각(正等覺)을 합한 말. 모두 부처의 여러 이름 가운데 하나에 속한다. 여래(如來)는 진실에 알맞게 오신 분이라는 뜻. 응정등각(應正等覺)은 응공(應供)과 정등각(正等覺)인데, 응공(應供)은 마땅히 인천(人天)의 공양(供養)을 받을 만한 자란 뜻이고, 정등각(正等覺)은 바르고 평등한 깨달음. 모두 부처의 열 가지 이름 가운데 하나임.

나게 잘 부탁하십니다.

　세존이시여, 보살승(菩薩乘)을 이루겠다고 마음을 낸[104] 모든 이들은 마땅히 어떻게 머물러야 하고, 어떻게 수행해야 하고, 어떻게 그 마음을 거두어 항복시켜야 합니까?"

　이렇게 말을 마쳤다.

爾時衆中, 具壽善現, 從座而起, 偏袒一肩, 右膝著地, 合掌恭敬, 而白佛言: "希有世尊! 乃至如來應正等覺, 能以最勝攝受, 攝受諸菩薩摩訶薩. 乃至如來應正等覺, 能以最勝付囑, 付囑諸菩薩摩訶薩. 世尊, 諸有發趣菩薩乘者, 應云何住? 云何修行? 云何攝伏其心?" 作是語已.

　그때 세존께서 수보리 장로에게 말씀하셨다.

　"좋다! 좋다! 수보리여. 그렇다, 그렇다. 그대가 말한 대로 여래응정등각(如來應正等覺)인 세존은 모든 보살마하살을 가장 뛰어나게 잘 거두어 받아들이고, 또 여래응정등각인 세존은 모든 보살마하살에게 가장 뛰어나게 잘 부탁한다.

　이 까닭에 수보리여, 그대는 마땅히 잘 듣고서 매우 잘 생각해야 한다. 내가 이제 그대에게 분별하여 해설하겠다. 보살승을 이루겠다고 마음을 낸 모든 이들은 마땅히 이와 같이 머물고, 이와 같이 수행하고, 이와 같이 그 마음을 거두어 항복시켜야 한다."

104　발취(發趣) : 시작하다. 어떤 마음을 일으키고, 그것을 성취하기 위하여 앞으로 나아가는 것. 도(道)를 이루고자 발심(發心)하고, 도를 향하여 나아가는 것.

수보리 장로가 부처님께 말씀드렸다.

"그렇습니다, 그렇습니다, 세존이시여! 즐겨 듣기를 바라옵니다."

爾時世尊告具壽善現曰: "善哉! 善哉! 善現. 如是如是. 如汝所說, 乃至如來
應正等覺, 能以最勝攝受, 攝受諸菩薩摩訶薩, 乃至如來應正等覺, 能以最勝付
囑, 付囑諸菩薩摩訶薩. 是故善現, 汝應諦聽, 極善作意. 吾當爲汝分別解說.
諸有發趣菩薩乘者, 應如是住, 如是修行, 如是攝伏其心."

具壽善現白佛言: "如是如是, 世尊! 願樂欲聞."

부처님이 수보리에게 말씀하셨다.

"보살승을 이루겠다고 마음을 낸 모든 이들은 마땅히 이와 같은 마
음을 내어야 한다.

모든 중생들―알에서 나거나, 새끼를 낳거나, 물에서 나거나, 환상
으로 생기거나, 육신이 있거나, 육신이 없거나, 생각이 있거나, 생각
이 없거나, 생각이 있는 것도 아니고 생각이 없는 것도 아니거나―,
이 모든 중생들과 나아가 중생세계에서 만들어진 모든 것들, 이와 같
은 모든 것들을 나는 모두 의지할 것이 남아 있지 않은 묘한 적멸(寂
滅)의 세계에서 완전히 적멸시키겠다.

비록 이와 같이 헤아릴 수 없는 중생들을 적멸시켰지만, 적멸한 중
생은 없다.

무슨 까닭인가? 수보리여, 만약 모든 보살마하살에게 중생이라는
생각이 일어난다면,[105] 보살마하살이라고 일컬을 수 없기 때문이다.

---

105 有情想轉 : sattva-saṃjñā pravarteta의 한역(漢譯). sattva는 중생(衆生), 유정(有情)이라

까닭이 무엇인가? 수보리여, 만약 모든 보살마하살이라면, 중생이라는 생각이 일어난다고 말해서는 안 되기 때문이다.

마찬가지로 목숨[106]이 있는 것이라는 생각, 사람[107]이라는 생각, 자아(自我)[108]라는 생각, 의식으로 생각한다[109]는 생각, 바라문의 학생[110]이라는 생각, 행위의 주체라는 생각, 행위의 객체라는 생각이 일어난다면, 역시 보살마하살이라고 불러서는 안 됨을 알아야 한다.

무슨 까닭인가? 수보리여, 보살승을 이루려는 마음을 낸 자라고 일컬을 조그마한 법도 없기 때문이다.

佛言善現: "諸有發趣菩薩乘者, 應當發趣如是之心. 所有諸有情, 有情攝所攝, 若卵生, 若胎生, 若濕生, 若化生, 若有色, 若無色, 若有想, 若無想, 若非有想非無想, 乃至有情界, 施設所施設, 如是一切, 我當皆令, 於無餘依妙涅槃界, 而般涅槃. 雖度如是無量有情令滅度已, 而無有情得滅度者. 何以故? 善

는 뜻, saṃjñā는 상(想) 즉 생각, 개념(槪念)이라는 뜻, pravarteta는 전(轉)으로 한역되었지만, 생(生), 출(出), 기(起), 작(作), 소성(所成), 수행(隨行) 등으로도 한역된다. 그러므로 sattva-saṃjñā pravarteta는 '중생이라는 개념(생각)이 이루어지다(생겨나다, 일어나다)'라는 뜻.

106 명자(命者) : ①목숨이 있는 것. 목숨. ②유정(有情). ③영혼.

107 사부(士夫) : ①사람을 말함. 좁은 의미로는 남자. ②힘이 있는 남자. ③영혼.

108 보특가라(補特伽羅) : pudgala. 부특가라(富特伽羅)·복가라(福伽羅)·보가라(補伽羅)·불가라(弗伽羅)·부특가야(富特伽耶)라고도 쓰며, 삭취취(數取趣)라 번역. 윤회하는 유정(有情) 또는 중생이 삶과 죽음을 윤회하는 자아(自我)라고 여기는 것. 중생은 번뇌와 업의 인연으로 자주 육취(六趣)에 왕래하며 윤회하므로 삭취취라고 함.

109 의생(意生) : manuja의 한역(漢譯). 마노사(摩奴闍), 마누사(摩㝹闍)라 음역. ①생각하는 작용. 의(意) 즉 의식(意識)으로 생각하는 것. ②육신은 없고 의식(意識)으로만 생겨난 것. 의성(意成)이라고 함. ③마음뿐인 것. ④인간.

110 마납바(摩納婆) : māṇava의 음역. 바라문의 학생.

現, 若諸菩薩摩訶薩有情想轉, 不應說名菩薩摩訶薩. 所以者何? 善現, 若諸菩薩摩訶薩, 不應說言有情想轉. 如是命者想, 士夫想, 補特伽羅想, 意生想, 摩納婆想, 作者想, 受者想轉, 當知亦爾. 何以故? 善現, 無有少法名爲發趣菩薩乘者.

또[111] 수보리여, 만약 보살마하살이라면 차별되는 모습[112]에 머물지 않고 베풀어야 한다.

어디에도 전혀 머물지 않고 베풀어야 하니, 색깔에 머물지 않고 베풀어야 하고, 소리·냄새·맛·촉감·생각에 머물지 않고 베풀어야 한다.

수보리여, 이와 같이 보살마하살은 모습인 생각에 머물지 않고 베풀어야만 한다.

왜 그런가? 수보리여, 만약 보살마하살이 어디에도 전혀 머물지 않고 베푼다면, 그 복덕이 헤아릴 수 없기 때문이다."

復次善現, 若菩薩摩訶薩, 不住於事, 應行布施, 都無所住, 應行布施, 不住於色, 應行布施, 不住聲香味觸法, 應行布施. 善現, 如是菩薩摩訶薩, 如不住相想, 應行布施. 何以故? 善現, 若菩薩摩訶薩, 都無所住而行布施, 其福德聚不可取量."

부처님께서 수보리에게 말씀하셨다.

---

111 부차(復次) : 또. 거듭해서. 재차(再次).
112 사(事) : ①현상. 나타나는 현상. ②개별적 현상. 차별되는 모습. 이(理)의 반대.

"그대의 생각에는 어떠냐? 동쪽의 허공을 헤아릴 수 있겠느냐?"

수보리가 답했다.
"헤아릴 수 없습니다, 세존이시여."

부처님이 말씀하셨다.
"수보리여, 그와 같이 남쪽, 서쪽, 북쪽과 아래와 위의 모든 세계의 허공을 헤아릴 수 있느냐?"

수보리가 답했다.
"헤아릴 수 없습니다, 세존이시여."

부처님께서 수보리에게 말씀하셨다.
"그렇다, 그렇다. 만약 보살마하살이 머묾 없이 베푼다면, 그 복덕을 헤아릴 수 없음도 그와 같다. 수보리여, 보살은 이와 같이 모습인 생각에 머물지 않고 베풀어야 한다."

佛告善現:"於汝意云何? 東方虛空可取量不?"

善現答言:"不也, 世尊."

"善現, 如是, 南西北方四維上下, 周遍十方一切世界虛空, 可取量不?"

善現答言:"不也, 世尊."

佛言善現:"如是如是. 若菩薩摩訶薩都, 無所住而行布施, 其福德聚, 不可取量, 亦復如是. 善現, 菩薩如是, 如不住相想, 應行布施."

부처님께서 수보리에게 말씀하셨다.
"어떻게 생각하느냐? 갖추어진 온갖 모습으로써 여래를 볼 수 있
겠느냐?"

수보리가 답했다.
"볼 수 없습니다, 세존이시여. 갖추어진 온갖 모습으로써 여래를
보아서는 안 됩니다. 무슨 까닭일까요? 여래가 말씀하시는 갖추어진
온갖 모습은 곧 갖추어진 온갖 모습이 아니기 때문입니다."

이 말을 하고 나자 부처님께선 다시 수보리에게 말씀하셨다.
"수보리여, 갖추어진 온갖 모습은 모두 허망하고, 갖추어진 모습이
아니라면 모두 허망하지 않다. 이와 같이 모습 아닌 모습으로써 여래
를 보아야 하느니라."

佛告善現: "於汝意云何? 可以諸相具足, 觀如來不?"
善現答言: "不也, 世尊. 不應以諸相具足, 觀於如來. 何以故? 如來說諸相
具足, 卽非諸相具足."
說是語已, 佛復告具壽善現言: "善現, 乃至諸相具足, 皆是虛妄, 乃至非相
具足, 皆非虛妄. 如是以相非相, 應觀如來."

이 말을 마치자 수보리가 다시 부처님께 아뢰었다.

"세존이시여, 많은[113] 중생들이 미래의 후오백세(後五百歲)[114]에 바른 법이 나누어지고 변하여 사라질 때에 이와 같은 모습의 경전 구절을 말하는 것을 듣고서 진실하다는 생각을 내겠습니까?"

부처님께서 수보리에게 말씀하셨다.

"많은 중생들이 미래의 후오백세(後五百歲)에 바른 법이 나누어지고 변하여 사라질 때에 이와 같은 모습의 경전 구절을 말하는 것을 듣고서 진실하다는 생각을 내겠느냐는 그런 말은 하지 마라.

수보리여, 보살마하살이 미래의 후오백세에 바른 법이 나누어지고 변하여 사라질 때에 계율과 공덕(功德)과 지혜를 두루 갖추고 있다면, 또 수보리여, 저 보살마하살은 한 분의 부처님이 계신 곳에서 부처님을 받들어 모시고 공양을 올린 것이 아니고 한 분의 부처님이 계신 곳에서 온갖 선근(善根)을 심은 것이 아니니라.

수보리여, 저 보살마하살은 십만의 부처님들이 계신 곳에서 부처

---

113 파유(頗有) : 흔히 있다. 적지 않다. 상당히 많이 있다.

114 후오백세(後五百歲) : 5오백세(五五百歲) 가운데 마지막으로서 불멸 후 2,500년 뒤를 말함. 5오백세란 불멸 후 불교의 성쇠(盛衰) 상태를 5백 년을 한 시기로 하여 5시기로 구획한 것. ①제1오백세(第一五百歲). 지혜가 있어 해탈의 과(果)를 증득한 사람이 많아 불법이 계속되는 때이므로 해탈견고(解脫堅固)의 시기. ②제2오백세(第二五百歲). 선정(禪定)을 닦는 사람이 많아 불법이 계속되는 때이므로 선정견고(禪定堅固)의 시기. ③제3오백세(第三五百歲). 불경(佛經)을 많이 배워 독송·학습하는 이가 많은 때이므로 다문견고(多聞堅固)의 시기. ④제4오백세(第四五百歲). 절이나 탑을 세우는 이가 많은 때이므로 탑사견고(塔寺堅固)의 시기. ⑤제5오백세(第五五百歲). 점점 불법이 쇠미하여 옳다, 그르다, 낮다, 못하다 하는 논쟁이 많은 때이므로 투쟁견고(鬪爭堅固)의 시기. 이 시기를 후오백세(後五百歲)라고도 한다.

님들을 받들어 모시고 공양을 올린 것이 아니고 십만의 부처님들이 계신 곳에서 온갖 선근을 심은 것이 아니니라.

그러므로 이와 같은 모습의 경전 구절을 말하는 것을 들을 수 있으면, 당연히 깨끗이 믿는 하나의 마음을 얻을 것이다.

수보리여, 여래는 부처의 지혜로 이미 그들을 모두 다 알고 있고, 여래는 부처의 눈으로 그들을 모두 다 보고 있다.

說是語已, 具壽善現復白佛言: "世尊, 頗有有情, 於當來世後時後分後五百歲, 正法將滅時分轉時, 聞說如是色經典句, 生實想不?"

佛告善現: "勿作是說, 頗有有情, 於當來世後時後分後五百歲, 正法將滅時分轉時, 聞說如是色經典句, 生實想不? 然復善現, 有菩薩摩訶薩, 於當來世後時後分後五百歲, 正法將滅時分轉時, 具足尸羅具德具慧, 復次善現, 彼菩薩摩訶薩, 非於一佛所承事供養, 非於一佛所種諸善根. 然復善現, 彼菩薩摩訶薩, 於其非一百千佛所承事供養, 於其非一百千佛所種諸善根. 乃能聞說如是色經典句, 當得一淨信心. 善現, 如來以其佛智悉已知彼, 如來以其佛眼悉已見彼.

수보리여, 여래는 저 모든 중생들이 헤아릴 수 없고 셀 수도 없는 복을 낼 것이고 헤아릴 수 없고 셀 수도 없는 복을 거두어들일 것이라고 전부 깨달았다.

무슨 까닭인가? 수보리여, 저 보살마하살에게는 나라는 생각이 일어나지 않고, 중생이라는 생각이 일어나지 않고, 목숨이라는 생각이 일어나지 않고, 사람이라는 생각이 일어나지 않고, 자아라는 생각이 일어나지 않고, 의식으로 생각한다는 생각이 일어나지 않고, 바라문의 학생이라는 생각이 일어나지 않고, 행위의 주체라는 생각이 일어나지 않고, 행위의 객체라는 생각이 일어나지 않기 때문이다.

수보리여, 저 보살마하살에게는 법(法)이라는 생각이 일어나지 않고, 법이 아니라는 생각이 일어나지 않고, 생각이 일어나는 것도 아니고, 생각이 일어나지 않는 것도 아니다.

까닭이 무엇인가? 수보리여, 만약 보살마하살에게 법이라는 생각이 일어난다면, 그에게는 마땅히 내가 있다는 집착도 있어야 하고, 중생이라는 집착도 있어야 하고, 목숨이라는 집착도 있어야 하고, 자아라는 등의 집착도 있어야 할 것이기 때문이다.

만약 법이 아니라는 생각이 일어난다면, 그에게는 역시 내가 있다는 집착도 있어야 하고, 중생이라는 집착도 있어야 하고, 목숨이라는 집착도 있어야 하고, 자아라는 등의 집착도 있어야 할 것이기 때문이다.

무슨 까닭인가? 수보리여, 법을 취해서도 안 되고, 법 아닌 것을 취해서도 안 되기 때문이다. 이 까닭에 여래는 비밀스러운 뜻[115]을 가지고 뗏목의 비유라는 법문(法門)을 말하였다.

무릇 지혜로운 자라면 법도 오히려 끊어 버려야 하는데, 하물며 법 아닌 것이야 어찌 끊어 버리지 않겠느냐?"

善現, 如來悉已覺, 彼一切有情當生無量無數福聚, 當攝無量無數福聚. 何

---

115 밀의(密意) : 여래의 비밀스러운 뜻. 방편의 말씀 속에 감추어진 비밀스러운 뜻, 곧 여래의 깨달음.

以故? 善現, 彼菩薩摩訶薩, 無我想轉, 無有情想, 無命者想, 無士夫想, 無補特伽羅想, 無意生想, 無摩納婆想, 無作者想, 無受者想轉. 善現, 彼菩薩摩訶薩, 無法想轉, 無非法想轉, 無想轉, 亦無非想轉. 所以者何? 善現, 若菩薩摩訶薩, 有法想轉, 彼卽應有我執, 有情執, 命者執, 補特伽羅等執. 若有非法想轉, 彼亦應有我執, 有情執, 命者執, 補特伽羅等執. 何以故? 善現, 不應取法, 不應取非法. 是故, 如來密意, 而說筏喩法門. 諸有智者, 法尚應斷, 何況非法?"

부처님께서 다시 수보리 장로에게 말씀하셨다.

"수보리여, 그대의 뜻은 어떠냐? 여래응정등각이 바르고 평등한 위없는 깨달음이라고 얻을 조그마한 법이라도 있느냐? 여래응정등각이 말한 조그마한 법이라도 있느냐?"

수보리가 답했다.

"세존이시여, 부처님께서 말씀하신 뜻을 제가 이해한 바로는 여래응정등각께서 바르고 평등한 위없는 깨달음이라고 얻을 조그마한 법도 없습니다. 또한 여래응정등각께서 말씀하신 조그마한 법도 없습니다.

무슨 까닭일까요? 세존이시여, 여래응정등각께서 깨달으시고 말씀하시고 생각하시는 법은 모두 취할 수도 없고 상세히 설명할[116] 수도 없으니, 법도 아니고 법 아닌 것도 아닙니다.

---

116 선설(宣說) : 하나하나 베풀어 상세히 말하다. 교법(敎法)을 자세히 설명하다.

무슨 까닭일까요? 모든 슬기롭고 성스러운 중생들은 모두 무위(無
爲)에 의하여 드러나기 때문입니다."

佛復告具壽善現言: "善現, 於汝意云何? 頗有少法, 如來應正等覺, 證得阿
耨多羅三藐三菩提耶? 頗有少法, 如來應正等覺, 是所說耶?"

善現答言: "世尊, 如我解佛所說義者, 無有少法, 如來應正等覺, 證得阿耨
多羅三藐三菩提. 亦無有少法, 是如來應正等覺所說. 何以故? 世尊, 如來應正
等覺, 所證所說所思惟法, 皆不可取不可宣說, 非法非非法. 何以故? 以諸賢聖
補特伽羅, 皆是無爲之所顯故."

부처님께서 수보리에게 말씀하셨다.

"그대의 뜻은 어떠하냐? 만약 착한 남자나 착한 여인이 이 삼천대
천세계(三千大千世界)를 칠보(七寶)로 가득 채움으로써 베푼다면, 이 착
한 남자나 착한 여인이 이 인연 때문에 만드는 복(福)이 어찌 많지 않
겠느냐?"

수보리가 답했다.

"매우 많습니다, 세존이시여. 매우 많습니다, 선서(善逝)[117]시여. 이
착한 남자나 착한 여인이 이 인연 때문에 만드는 복은 그 양이 매우
많습니다.

무슨 까닭일까요? 세존이시여, 복덕이라는 것을 여래께선 복덕이

---

117 선서(善逝) : 부처를 일컫는 십호(十號) 가운데 하나이다.

아니라고 말씀하셨습니다. 이 까닭에 여래께선 '복덕, 복덕.'이라고
말씀하십니다."[118]

---

118 본래 『금강경』은 『대반야경』의 일부인데, 『반야경』의 기본 가르침은 모든 이름은 다만
헛되이 이름으로 말할 뿐, 그 이름에 해당하는 경계가 실재하지 않는다는 것이다. 다
음의 구절들이 『대반야경』에 반복하여 나타나는 내용을 나타내는 구절이다. ①"선현
아, 보살마하살에는 단지 이름이 있을 뿐이니, 보살마하살이라고 말하는 것이다. 반야
바라밀다에도 단지 이름이 있을 뿐이니, 반야바라밀다라고 말한다. 이러한 두 개의 이
름에도 역시 다만 이름이 있을 뿐이다. 선현아, 이 세 개의 이름은 생겨나는 것도 아니
고 사라지는 것도 아니고, 다만 생각이 있으면 생각과 같이 말을 할 뿐이다. 이러한 허
망한 가짜 이름은 안에 있는 것도 아니고, 밖에 있는 것도 아니고, 둘 사이에 있는 것
도 아니니, 얻을 수가 없기 때문이다."(善現, 菩薩摩訶薩但有名, 謂爲菩薩摩訶薩. 般若
波羅蜜多亦但有名, 謂爲般若波羅蜜多. 如是二名亦但有名. 善現, 此三名, 不生不滅,
唯有想等想, 施設言說. 如是假名不在內, 不在外, 不在兩間, 不可得故.)(『대반야바라밀
다경』 제11권 「초분교계교수품(初分教誡敎授品)7-1」) ②"만약 보살마하살이 모든 진
실을 아는 지혜로운 마음에 응하여 큰 자비를 앞세워 얻을 것 없음으로써 방편을 삼아
여실하게 관찰한다면, 색(色)에는 단지 말로써 시설해 놓은 허망한 가짜 이름이 있을
뿐이니, 얻을 색이 없기 때문이다. 수상행식(受想行識)에는 단지 말로써 시설해 놓은
허망한 가짜 이름이 있을 뿐이니, 얻을 수상행식이 없기 때문이다."(若菩薩摩訶薩, 以
應一切智智心, 大悲爲上首, 用無所得而爲方便, 如實觀察. 色但有假名施設言說, 色不
可得故. 受想行識但有假名施設言說, 受想行識不可得故.)(『대반야바라미리다경』 제49
권 「초분마하살품(初分摩訶薩品)13-3」) ③"일체법(一切法; 경험되는 삼라만상)과 그 이
름은 오직 객(客; 생멸하는 허망한 것)에 해당하니, 공간과 시간 속에서 오는 것도 아
니고 가는 것도 아니고 머무는 것도 아니다. 일체법 속에는 이름이 없고, 이름 속에는
일체법이 없으며, 일체법과 이름은 붙어 있는 것도 아니고 떨어져 있는 것도 아니고
다만 가짜로 만들어진 것이다. 무슨 까닭인가? 일체법과 이름은 모두 자성(自性)이 비
었기 때문이다. 자성이 텅 빈 곳에서는 일체법이든 이름이든 모두 가질 것이 없고 얻
을 것이 없기 때문이다. 보살마하살이라는 이름 역시 마찬가지여서 오직 객(客)에 해
당하니, 공간과 시간 속에서 오는 것도 아니고 가는 것도 아니고 머무는 것도 아니다.
보살마하살 속에는 이름이 없고 이름 속에는 보살마하살이 없어서, 보살하마살과 이
름은 붙어 있는 것도 아니고 떨어져 있는 것도 아니고 다만 가짜로 만들어진 것이다.
무슨 까닭인가? 보살마하살과 이름에는 모두 자성이 비었기 때문이다. 자성이 텅 빈
곳에서는 보살마하살이든 이름이든 모두 가질 것이 없고 얻을 것이 없기 때문이다. 사

佛告善現: "於汝意云何? 若善男子或善女人, 以此三千大千世界盛滿七寶持
用布施, 是善男子或善女人, 由此因緣所生福聚寧爲多不?"

善現答言: "甚多, 世尊. 甚多, 善逝. 是善男子或善女人, 由此因緣所生福
聚其量甚多. 何以故? 世尊, 福德聚福德聚者, 如來說爲非福德聚. 是故如來說
名福德聚福德聚."

부처님께서 다시 수보리에게 말씀하셨다.

"수보리여, 가령 착한 남자나 착한 여인이 이 삼천대천세계를 칠보
(七寶)[119]로 가득 채워 보시한다고 하자. 만약 착한 남자나 착한 여인

리자여, 이러한 이유로 나는 '보살마하살에는 단지 허망한 가짜 이름이 있을 뿐이다.'
하고 말하는 것이다."(如一切法名, 唯客所攝, 於十方三世, 無所從來, 無所至去, 亦無所
住. 一切法中無名, 名中無一切法, 非合非離, 但假施設. 何以故? 以一切法與名, 俱自性
空故. 自性空中, 若一切法若名, 俱無所有不可得故. 菩薩摩訶薩名亦復如是, 唯客所攝,
於十方三世, 無所從來, 無所至去, 亦無所住. 菩薩摩訶薩中無名, 名中無菩薩摩訶薩, 非
合非離, 但假施設. 何以故? 以菩薩摩訶薩與名, 俱自性空故. 自性空中, 若菩薩摩訶薩
若名, 俱無所有不可得故. 舍利子, 由此緣故, 我作是說: '菩薩摩訶薩但有假名.')(『대반야
바라밀다경』 제66권 「초분무소득품(初分無所得品)18-6」)

119 칠보(七寶): 크게 두 가지 의미로 사용된다. ①7종의 귀금속이나 보석을 지칭하는데,
금, 은, 유리(瑠璃), 파려(頗黎: 水晶이라고도 한다), 차거(硨磲: 車磲라고도 하며, 조
개의 일종이다), 산호(珊瑚: 赤珠라고도 한다), 마노(瑪瑙) 등이 그것이다. 다만, 경전
에 따라 차이가 많으며, 순서도 일정하지 않다. 초기 불전(佛典)에 이미 보이지만, 특
히 정토계 경전이나 『법화경』 등의 대승경전에 나오며, 불국토·극락정토를 묘사하는
데에 이용되었다. 예를 들면, 정토의 숲은 칠보(七寶)의 나무로 이루어졌다고 하면서,
'칠보수림(七寶樹林)'이라든가 '칠보행수(七寶行樹)'라 한 것이 그렇다. ②이와는 달리,
전륜성왕(轉輪聖王)이 소지하고 있다는 일곱 가지 탁월한 보물을 뜻하기도 한다. 윤
(輪: 통치에 이용되는 차크라의 수레 바퀴), 상(象: 흰 코끼리), 마(馬: 감색 말), 주(珠:
神珠, 골고루 비추는 구슬), 여(女: 玉女), 거사(居士: 資産家), 주병신(主兵臣: 탁월한
장군) 등의 칠보(七寶)가 그것이다. 부처의 설법을 전륜성왕의 윤보(輪寶)에 비교하여,
'전법륜(轉法輪)'이라고 한다.

이 이 법문(法門)이나 사구게(四句偈)[120]를 받아서 기억하고 외우고 마침내 통달하여[121] 널리 남을 위하여 상세히 말하여[122] 도리에 알맞은 생각[123]을 드러내 보인다면, 이 인연으로 말미암아 생기는 복은 삼천대천세계를 칠보로 장식하여 보시하는 것과는 비교할 수조차 없이 많다.

무슨 까닭인가? 모든 여래응정등각(如來應正等覺)의 위없는 바르고 평등한 깨달음은 전부 이 경(經)에서 나오고, 모든 불세존(佛世尊)[124]은 전부 이 경에서 생겨나기 때문이다.

까닭이 무엇인가? 수보리여, 모든 불법(佛法) 모든 불법을 여래는 모든 불법이 아니라고 말하니, 이 까닭에 여래는 '모든 불법, 모든 불법.'이라고 말한다."

佛復告善現言: "善現, 若善男子或善女人, 以此三千大千世界, 盛滿七寶持用布施, 若善男子或善女人, 於此法門乃至四句伽陀, 受持讀誦究竟通利, 及廣爲他宣說, 開示如理作意, 由是因緣所生福聚, 甚多於前無量無數. 何以故? 一切如來應正等覺, 阿耨多羅三藐三菩提, 皆從此經出, 諸佛世尊, 皆從此經生. 所以者何? 善現, 諸佛法諸佛法者, 如來說爲非諸佛法, 是故如來說名諸佛法

---

120 사구가타(四句伽陀) : =사구게(四句偈). 가타(伽他)는 곧 게송(偈頌). 네 개의 구절로 이루어진 게송(偈頌).

121 통리(通利) : 통달(通達)하다. 사정에 밝게 통하여 거침이 없는 것.

122 선설(宣說) : 하나하나 베풀어 상세히 말하다. 교법(教法)을 자세히 설명하다.

123 여리작의(如理作意) : ①도리에 맞게 생각하다. 여법(如法)한 생각. ②바른 도리에 맞는 동기. 선한 동기. 바른 법을 듣고서 그것에 통달하도록 뜻을 내는 것.

124 불세존(佛世尊) : 세상에서 존귀하신 부처님. 부처의 열 가지 이름 가운데 하나.

諸佛法."

부처님께서 수보리에게 말씀하셨다.

"그대의 생각은 어떠냐? 모든 예류(預流)인 사람들이 나는 예류과
(預流果)[125]의 증거를 경험할[126] 수 있다고 생각하겠느냐?"

수보리가 답했다.

"아닙니다, 세존이시여. 어떤 예류인 사람도 나는 예류과의 증거를
경험할 수 있다고 생각하지 않습니다. 왜 그럴까요? 세존이시여, 모
든 예류인 사람들에게는 미리 들어가는 것이 조금도 없기 때문에 예
류라고 하기 때문이고, 색깔·소리·냄새·맛·촉감·법(法)에 미리
들어가지 않기 때문에 예류라고 일컫기 때문입니다. 세존이시여, 만
약 예류인 사람이 나는 예류과의 증거를 경험할 수 있다고 생각한다
면, 나·중생·목숨·사람·자아(自我) 등에 집착하게 될 것입니다."

佛告善現:"於汝意云何? 諸預流者, 頗作是念, 我能證得預流果不?"

善現答言:"不也, 世尊. 諸預流者, 不作是念, 我能證得預流之果. 何以故?
世尊, 諸預流者, 無少所預, 故名預流, 不預色聲香味觸法, 故名預流. 世尊,
若預流者, 作如是念, 我能證得預流之果, 即爲執我有情命者士夫補特伽羅等."

---

125 예류과(預流果) : 성문사과(聲聞四果)의 하나. 범어로 수다원. 입류(入流)·역류(逆
   流)·예류(豫流)라 번역. 초과 3계(界)의 견혹(見惑)을 끊고, 처음으로 무루도(無漏道)
   에 드는 지위. 견도(見道) 16심 중의 제16심. 이것은 수도위(修道位)의 처음으로 견도
   와 수도 둘을 갖춘 최초가 됨.
126 증득(證得) : 증거(證據)를 확인하다. 깨닫다. 증험(證驗)하다. 증명(證明)하다.

부처님께서 수보리에게 말씀하셨다.

"그대의 생각이 어떠하냐? 모든 일래(一來)의 사람들이 나는 일래과(一來果)[127]의 증거를 경험할 수 있다고 생각하겠느냐?"

수보리가 답했다.

"아닙니다, 세존이시여. 어떤 일래의 사람도 내가 일래과의 증거를 경험할 수 있다고 생각하지 않습니다. 무슨 까닭일까요? 세존이시여, 일래라는 자성(自性)을 증명(證明)하는 법은 조금도 없기 때문에 일래라고 일컫습니다."

부처님께서 수보리에게 말씀하셨다.

"그대의 생각이 어떠냐? 모든 불환(不還)의 사람들이 나는 불환과(不還果)[128]의 증거를 경험할 수 있다고 생각하겠느냐?"

---

127 일래과(一來果) : 성문(聲聞) 4과(果)의 하나. 사다함(斯陀含)이라 음역. 일래과는 뜻 번역임. 욕계(欲界)의 수혹(修惑) 9품(品) 중 6품을 끊은 이가 얻는 증과(證果). 아직 나머지 3품의 번뇌가 있으므로 그것을 끊기 위하여 인간과 천상에 각각 한 번씩 생(生)을 받은 후에야 열반을 깨닫는다. 곧 인간에서 이 과를 얻으면 반드시 천상에 갔다가 다시 인간에 돌아와서 열반을 깨닫고, 천상에서 이 과를 얻으면 먼저 인간에 갔다가 다시 천상에 돌아와 열반의 증과를 얻는다. 이렇게 천상과 인간 세계를 한 번 왕래하므로 일래과라 한다.

128 불환과(不還果) : 아나함(阿那含)이라 음역. 4과(果)의 하나. 욕계의 9품 수혹(修惑)을 다 끊고, 남은 것이 없으므로 다시 욕계에 돌아와서 나지 않는 지위에 도달한 성자(聖者). 이 지위의 성자에 대하여 다섯 가지 구별이 있음. 첫째, 5종. 중반(中般)·생반(生般)·유행반(有行般)·무행반(無行般)·상류반(上流般). 둘째, 6종. 5종과 현반(現般). 셋째, 7종. 6종과 무색반(無色般). 넷째, 8종. 7종과 부정반(不定般). 다섯째, 9종. 속반(速般)·불속반(不速般)·경구반(經久般)·생반(生般)·유행반(有行般)·무행반(無行般)·전초반(全超般)·반초반(半超般)·변몰반(遍沒般).

수보리가 답했다.

"아닙니다, 세존이시여. 어떤 불환의 사람도 나는 불환과의 증거를
경험할 수 있다고 생각하지 않습니다. 무엇 때문일까요? 세존이시
여, 불환(不還)이라는 자성을 증명하는 법은 조금도 없기 때문에 불환
이라고 일컫습니다."

佛告善現: "於汝意云何? 諸一來者, 頗作是念, 我能證得一來果不?"

善現答言: "不也, 世尊. 諸一來者, 不作是念, 我能證得一來之果. 何以故?
世尊, 以無少法證一來性, 故名一來."

佛告善現: "於汝意云何? 諸不還者, 頗作是念, 我能證得不還果不?"

善現答言: "不也, 世尊. 諸不還者, 不作是念, 我能證得不還之果. 何以故?
世尊, 以無少法證不還性, 故名不還."

부처님께서 수보리에게 말씀하셨다.

"그대의 생각이 어떠하냐? 모든 아라한(阿羅漢)[129]들이 나는 아라한
의 증거를 경험할 수 있다고 생각하겠느냐?"

수보리가 말했다.

"아닙니다, 세존이시여. 어떤 아라한도 나는 아라한이라는 자성(自
性)의 증거를 경험할 수 있다고 생각하지 않습니다.

무슨 까닭일까요? 세존이시여, 아라한이라고 이름 붙일 법이 조금

---

129 아라한(阿羅漢) : arhan. 소승의 교법을 수행하는 성문(聲聞) 4과의 가장 윗자리. 응공
    (應供) · 살적(殺賊) · 불생(不生) · 이악(離惡)이라 번역.

도 없기 때문에 아라한이라고 일컫습니다.

세존이시여, 만약 아라한이 나는 아라한이라는 자성의 증거를 경험할 수 있다고 생각한다면, 나·중생·목숨·사람·자아(自我) 등에 집착하게 될 것입니다.

까닭이 무엇일까요? 세존이시여, 여래응정등각께서 말씀하시길, 나는 무쟁(無諍)[130]을 얻어서 가장 뛰어남에 머문다고 하셨기 때문입니다.

세존이시여, 제가 비록 탐냄과 욕심을 영원히 벗어난 아라한이지만, 저는 제가 탐욕을 영원히 벗어난 아라한을 얻었다는 생각을 아직까지 해 본 적이 없습니다.

세존이시여, 제가 만약 나는 탐욕을 영원히 벗어난 아라한을 얻었다고 생각한다면, 여래께선 저에게 '착한 남자 수보리는 무쟁을 얻어서 가장 뛰어남에 머물 것이다.'라고 예언하여 말씀하실[131] 리가 없습니다.

전혀 머무는 바가 없기 때문에 여래께선 '무쟁에 머문다. 무쟁에 머문다.'라고 말씀하십니다."

佛告善現: "於汝意云何? 諸阿羅漢, 頗作是念, 我能證得阿羅漢不?"

善現答言: "不也, 世尊. 諸阿羅漢, 不作是念, 我能證得阿羅漢性. 何以故?

世尊, 以無少法名阿羅漢, 由是因緣, 名阿羅漢. 世尊, 若阿羅漢, 作如是念,

---

130 무쟁(無諍) : ①공리(空理)에 철저하게 안주(安住)하여 다른 것과 다투는 일이 없는 것. ②쟁(諍)은 번뇌, 번뇌를 늘게 하지 않는다는 뜻으로 무루법(無漏法)을 말함.
131 기설(記說) : ①수기(授記)와 같은 뜻. 예언하여 말하다. ②설법하다.

我能證得阿羅漢性, 卽爲執我有情命者士夫補特伽羅等. 所以者何? 世尊, 如
來應正等覺說, 我得無諍住最爲第一. 世尊, 我雖是阿羅漢永離貪欲, 而我未曾
作如是念, 我得阿羅漢永離貪欲. 世尊, 我若作如是念, 我得阿羅漢永離貪欲
者, 如來不應記說我言:'善現, 善男子得無諍住最爲第一.'以都無所住, 是故
如來說名無諍住無諍住."

부처님께서 수보리에게 말씀하셨다.

"그대의 생각은 어떠냐? 여래께서 옛날 연등불(然燈佛)[132]이 계신 곳
에서 조그마한 법이라도 취한 것이 있었느냐?"

수보리가 답했다.

"아닙니다, 세존이시여. 여래께서 옛날 연등불이 계신 곳에서 취한
법은 전혀 없었습니다."

부처님께서 수보리에게 말씀하셨다.

"만약 보살이 말하기를 '나는 마땅히 불국토를 장엄(莊嚴)[133]하는 공

---

132 연등여래응정등각(然燈如來應正等覺) : 연등불(然燈佛). 산스크리트로는 Dīpaṅ kara-
buddha이고, 정광불(錠光佛) · 정광불(定光佛) · 보광불(普光佛) · 등광불(燈光佛) 등으
로도 번역한다. 과거불(過去佛)의 하나였는데, 석존(釋尊)이 보살로서 최초로 성불(成
佛)의 수기(授記)를 받았던 것은 바로 이 연등불 때였다고 한다. 그때 석존은 바라문
청년인 선혜(善慧)로서 연등불에게 연꽃을 받들어 올리고 진흙길에 자신의 머리칼을
펼쳐 연등불이 지나가시게 하였다. 그 행위로 인해 연등불로부터 장차 석가모니불이
될 것이라는 수기를 받게 되었다고 한다.
133 장엄(莊嚴) : ①건립하다. 배열하다. 배치하다. ②꾸미다. 장식하다. 좋고 아름다운 것

덕(功德)[134]을 잘 갖추고 있다.'[135]고 한다면, 이것은 보살의 진실한 말이 아니다.

무슨 까닭인가? 수보리여, 불국토를 장엄하는 공덕, 불국토를 장엄하는 공덕이라는 것을 여래는 말하길, 불국토를 장엄하는 공덕이 아니라고 하였다. 이 까닭에 여래는 불국토를 장엄하는 공덕, 불국토를 장엄하는 공덕이라고 말한다.

그러므로 수보리여, 보살은 이와 같이 전혀 머무는 바가 없이 그 마음을 내어야 한다.

색깔에도 머물지 않고 그 마음을 내어야 하고, 색깔 아님에도 머물지 않고 그 마음을 내어야 하고, 소리 · 냄새 · 맛 · 촉감 · 생각에도 머물지 않고 그 마음을 내어야 하고, 소리 아님 · 냄새 아님 · 맛 아님 · 촉감 아님 · 생각 아님에도 머물지 않고 그 마음을 내어야 한다. 전혀 머무는 바 없이 그 마음을 내어야 한다."

佛告善現: "於汝意云何? 如來昔在然燈如來應正等覺所, 頗於少法有所取

으로 국토를 꾸미고, 훌륭한 공덕을 쌓아 몸을 장식하고, 향과 꽃들을 부처님께 올려 장식하는 일.

134 공덕(功德) : 범어 구나(求那, guna)의 번역. 또는 구낭(懼囊) · 우낭(麌曩)이라고도 씀. 좋은 일을 쌓은 공과 불도를 수행한 덕을 말함. 공덕을 해석하는 데 여러 가지 말이 있음. ①복덕과 같은 뜻으로, 복은 복리, 선(善)을 수행하는 이를 도와 복되게 하므로 복이라 하며, 복의 덕이므로 복덕이라 함. ②공(功)을 공능(功能)이라 해석. 선(善)을 수행하는 이를 도와 이롭게 하므로 공이라 하고, 공의 덕이란 뜻으로 공덕이라 함. ③베푸는 것을 공이라 하고, 자기에게 돌아옴을 덕이라 함. ④악(惡)이 다함을 공, 선이 가득 차는 것을 덕이라 함. ⑤덕은 얻었다(得)는 것이니, 공을 닦은 뒤에 얻는 것이므로 공덕이라 함.

135 성판(成辦) : 잘 갖추다. 완전히 갖추다.

不?"

善現答言: "不也, 世尊. 如來昔在然燈如來應正等覺所, 都無少法而有所取."

佛告善現: "若有菩薩作如是言:'我當成辦佛土功德莊嚴.'如是菩薩非眞實語. 何以故? 善現, 佛土功德莊嚴佛土功德莊嚴者, 如來說非莊嚴. 是故如來說名佛土功德莊嚴佛土功德莊嚴. 是故善現, 菩薩如是, 都無所住, 應生其心. 不住於色應生其心, 不住非色應生其心, 不住聲香味觸法應生其心, 不住非聲香味觸法應生其心. 都無所住應生其心."

부처님께서 수보리에게 말씀하셨다.

"예컨대 어떤 사람의 몸이 매우 커서 수미산만 하다고 하면, 수보리여, 그대의 생각은 어떠냐? 그의 몸이 크지 않느냐?"

수보리가 답했다.

"그의 몸은 매우 큽니다, 세존이시여. 매우 큽니다, 선서(善逝)시여. 무슨 까닭일까요? 세존이시여, 그의 몸을 여래께선 말씀하시길, 그의 몸이 아니기 때문에 그의 몸이라고 일컫지, 그의 몸이기 때문에 그의 몸이라고 일컫는 것은 아니라고 말씀하셨습니다."

佛告善現: "如有士夫具身大身其色自體, 假使譬如妙高山王, 善現, 於汝意云何? 彼之自體爲廣大不?"

善現答言: "彼之自體, 廣大, 世尊. 廣大, 善逝. 何以故? 世尊, 彼之自體,如來說, 非彼體故名自體, 非以彼體故名自體."

  부처님께서 수보리에게 말씀하셨다.
  "그대의 생각이 어떠냐? 강가 강[136]에 있는 모래의 숫자만큼 많은 강가 강이 있다고 한다면, 그 모든 강가 강의 모래가 어찌 많지 않겠느냐?"

  수보리가 말했다.
  "매우 많습니다, 세존이시여. 매우 많습니다, 선서시여. 그 모든 강가 강도 오히려 많은데, 그 모든 강의 모래가 어찌 많지 않겠습니까?"

  부처님께서 수보리에게 말씀하셨다.
  "내가 이제 그대에게 말하여 그대를 깨우치겠다. 만약 착한 남자나 착한 여인이 미묘한 칠보(七寶)를 가지고 강가 강의 모래알만큼 많은 세계를 가득 채워서 여래응정등각에게 드린다고 한다면, 수보리여, 그대의 생각은 어떠냐? 이 착한 남자나 착한 여인이 이 까닭에 만드는 복이 어찌 많지 않겠느냐?"

---

136 강가(Ganga) : 인도 북부를 흐르는 큰 강. 영어 발음으로는 갠지스(Ganges)라고 한다. 전체 길이는 2,506km, 유역 면적은 840,000km이다. 히말라야 산맥의 강고트리 빙하에서 발원하여 인도 북부를 동쪽으로 흐르다가, 비하르 주 동쪽 경계에서 남동으로 방향을 바꾸어 벵골 평야를 지나 벵골 만에 흘러든다. 강가 강은 힌두인에게 성스러운 강이며, 바라나시나 하리드와르 같은 힌두 성지를 거쳐 흐른다. 하류의 삼각주에는 순도르본(아름다운 숲이란 뜻)이라 불리는 매우 큰 홍수림이 있다.

수보리가 말했다.

"매우 많습니다, 세존이시여. 매우 많습니다, 선서시여. 이 착한 남자나 착한 여인이 이 까닭에 만드는 복은 그 양이 매우 많습니다."

부처님께서 다시 수보리에게 말씀하셨다.

"가령 강가 강의 모래알만큼 많은 세계에 칠보를 가득 채워서 여래 응정등각에게 드린다 하자. 만약 착한 남자나 착한 여인이 이 법문(法門)이나 사구게(四句偈)를 받아 지니고 읽고 외워 마침내 밝게 통달하여[137] 남에게 자세히 설명하고 여법(如法)한 뜻[138]을 열어 보인다면, 이로 말미암아 생기는 복(福)은 매우 많아서 칠보를 세계에 가득 채우는 복과 비교할 수조차 없다.

또 수보리여, 만약 어떤 곳에서 이 법문을 남에게 자세히 설명하고 사구게를 열어 보인다면, 이 장소는 세간(世間)과 모든 천인(天人)과 아수라 등에게 마치 부처님의 탑[139]과 같이 공양을 받을 것이다.

하물며 이 법문을 모두 베껴 쓰고 받아 지니고 읽고 외우고 마침내 밝게 통달하여 남에게 자세히 설명하고 여법한 뜻을 열어 보일 수 있다면, 어떻겠느냐?

이러한 중생은 가장 뛰어나고 드문 공덕(功德)을 성취한다. 이러한 곳에는 큰 스승이 머물거나 하나하나가 존중받는 장소이다. 만약 지

---

137 통리(通利) : 통달(通達)하다. 사정에 밝게 통하여 거침이 없는 것.

138 여리작의(如理作意) : ①도리에 맞게 생각하다. 여법(如法)한 생각. ②바른 도리에 맞는 동기. 선한 동기. 바른 법을 듣고서 그것에 통달하도록 뜻을 내는 것.

139 영묘(靈廟) : ①묘소(墓所). 사당(祠堂). ②불탑(佛塔). ③절. 사찰.

혜를 가지고서 맑고 깨끗한 행실[140]을 하는 이라면 모두 이렇게 말한다."

佛告善現: "於汝意云何? 乃至殑伽河中所有沙數, 假使有如是沙等殑伽河, 是諸殑伽河沙寧爲多不?"

善現答言: "甚多, 世尊. 甚多, 善逝. 諸殑伽河尙多無數, 何況其沙?"

佛言善現: "吾今告汝, 開覺於汝. 假使若善男子或善女人, 以妙七寶盛滿爾所殑伽河沙等世界, 奉施如來應正等覺, 善現, 於汝意云何? 是善男子或善女人, 由此因緣所生福聚寧爲多不?"

善現答言: "甚多, 世尊. 甚多, 善逝. 是善男子或善女人, 由此因緣所生福聚其量甚多."

佛復告善現: "若以七寶盛滿爾所沙等世界, 奉施如來應正等覺. 若善男子或善女人, 於此法門乃至四句伽他, 受持讀誦究竟通利, 及廣爲他宣說, 開示如理作意, 由此因緣所生福聚, 甚多於前無量無數. 復次, 善現. 若地方所於此法門, 乃至爲他宣說, 開示四句伽他, 此地方所, 尙爲世間諸天及人阿素洛等之, 所供養如佛靈廟. 何況有能於此法門, 具足究竟書寫受持讀誦究竟通利, 及廣爲他宣說開示如理作意? 如是有情成就最勝希有功德. 此地方所, 大師所住, 或隨一一尊重處所. 若諸有智同梵行者, 說是語已."

---

140 범행(梵行): 범(brahmacara)은 청정(清淨)·적정(寂靜)의 뜻, 맑고 깨끗한 행실. 정행(淨行)과 같음. ①더럽고 추한 음욕을 끊는 것을 범행이라 한다. 곧 범천(梵天)의 행이라는 말. ②공(空)·유(有)의 양쪽에 치우쳐 물들지 않고, 맑고 깨끗한 자비심으로 중생의 고통을 건지고 낙을 주는 보살행을 가리킨다. 일반적으로는 불교 수행자의 바른 행위를 가리킨다.

수보리 장로가 다시 부처님께 말씀드렸다.

"세존이시여, 이 법문은 어떤 이름으로 불러야 할까요? 저는 이 법문을 어떻게 받들어 지녀야[141] 할까요?"

이렇게 말하자 부처님께서 수보리에게 말씀하셨다.

"수보리여, 지금 이 법문은 이름을 능단금강반야바라밀다(能斷金剛般若波羅蜜多)라고 하여라. 이와 같은 이름으로 그대는 받들어 지녀야 한다. 무슨 까닭인가? 수보리여, 여래는 말하길, 이와 같은 반야바라밀다(般若波羅蜜多)는 반야바라밀다가 아니라고 한다. 이 까닭에 여래는 반야바라밀다라고 말한다."

具壽善現復白佛言: "世尊, 當何名此法門? 我當云何奉持?"

作是語已, 佛告善現言: "具壽, 今此法門, 名爲能斷金剛般若波羅蜜多. 如是名字汝當奉持. 何以故? 善現, 如是般若波羅蜜多, 如來說, 爲非般若波羅蜜多. 是故如來說名般若波羅蜜多."

부처님께서 수보리에게 말씀하셨다.

"그대의 생각은 어떠하냐? 여래가서 말할 만한 법이 조금이라도 있느냐?"

수보리가 말했다.

141　봉지(奉持): ①실천하다. ②기억하다. 지니다. =수지(受持).

"아닙니다, 세존이시여. 여래께서 말씀하실 만한 법은 조금도 없습니다."

부처님께서 수보리에게 말씀하셨다.
"삼천대천세계의 땅덩이에 있는 먼지가 어찌 많지 않겠느냐?"

수보리가 부처님께 말씀드렸다.
"이 땅덩이의 먼지는 매우 많습니다, 세존이시여. 매우 많습니다, 선서시여."

부처님께서 수보리에게 말씀하셨다.
"여래는 땅덩이의 먼지는 땅덩이의 먼지가 아니라고 말한다. 이 까닭에 여래는 땅덩이의 먼지라고 말한다. 모든 세계를 여래는 세계가 아니라고 말한다. 이 까닭에 여래는 세계라고 말한다."

佛告善現: "於汝意云何? 頗有少法如來可說不?"
善現答言: "不也, 世尊. 無有少法如來可說."
佛告善現: "乃至三千大千世界大地微塵寧爲多不?"
善現答言: "此地微塵甚多, 世尊, 甚多, 善逝."
佛言善現: "大地微塵如來說非微塵. 是故如來說名大地微塵. 諸世界如來說非世界, 是故如來說名世界."

부처님께서 수보리에게 말씀하셨다.

"그대의 생각은 어떠냐? 32가지 대장부의 모습을 가지고 여래응정
등각을 보아야 하느냐?"

수보리가 답했다.

"아닙니다, 세존이시여. 32가지 대장부의 모습을 가지고 여래응정
등각을 보아서는 안 됩니다. 무슨 까닭일까요? 세존이시여, 32가지
대장부의 모습을 여래께선 32가지 대장부의 모습이 아니라고 말씀하
시니, 이 까닭에 여래께선 32가지 대장부의 모습이라고 말씀하십니
다."

부처님께서 다시 수보리에게 말씀하셨다.

"가령 착한 남자나 착한 여인이 매일 자기의 몸을 강가 강의 모래
알 숫자와 같은 수로 나누어 보시한다고 하고, 이와 같이 보시하기를
강가 강의 모래알 숫자와 같은 수의 겁(劫) 동안 행한다고 하자. 또 착
한 남자나 착한 여인이 이 법문(法門)이나 사구게를 받아 지니고 읽고
외우고 마침내 밝게 통달하여 널리 타인에게 설명하고 도리에 맞는
생각을 열어 보인다면, 이로 말미암아 생기는 복은 앞의 복에 비하여
헤아릴 수 없이 더 많다."

佛告善現: "於汝意云何? 應以三十二大士夫相, 觀於如來應正等覺不?"
善現答言: "不也, 世尊. 不應以三十二大士夫相, 觀於如來應正等覺. 何以故? 世尊, 三十二大士夫相, 如來說爲非相, 是故如來說名三十二大士夫相."

佛復告善現言: "假使若有善男子或善女人, 於日日分捨施殑伽河沙等自體, 如是經殑伽河沙等劫數捨施自體. 復有善男子或善女人, 於此法門乃至四句伽他, 受持讀誦究竟通利, 及廣爲他宣說開示如理作意, 由是因緣所生福聚甚多於前無量無數."

그때 존자 수보리가 이러한 힘 있는 법문을 듣고서 감격하여 눈물을 흘리다가 곧[142] 눈물을 닦고서[143] 부처님께 아뢰었다.

"아주 놀랍습니다,[144] 세존이시여. 지극히 놀랍습니다, 선서(善逝)시여. 여래께서 방금 말씀하신 법문은 최상승(最上乘)을 얻고자 마음을 낸 자를 위하여 널리 온갖 도리와 이익[145]을 만드신 것이고, 최승승(最勝乘)을 얻고자 마음을 낸 자를 위하여 널리 온갖 도리와 이익을 만드신 것입니다.

세존이시여, 제가 옛날 지혜를 낸 이래 아직까지 이러한 법문을 들은 적이 없습니다. 만약 모든 중생들이 이와 같이 매우 깊은 경전을 말씀하시는 것을 듣고서 진실하다는 생각을 낸다면, 가장 놀라운 일을 성취하는 것임을 알아야 합니다.

무슨 까닭일까요? 세존이시여, 모든 진실한 생각이라는 것을 여래께선 말씀하시길 진실한 생각이 아니라고 말씀하시니, 이 까닭에 여

---

142 면앙(俛仰) : ①굽어보고 쳐다보다. ②순식간. 삽시간.

143 문루(抆淚) : 눈물을 닦다. =문루(扐淚).

144 희유(希有) : 보기 드문. 놀라운. 진귀한.

145 의리(義利) : 도리와 이익. 현재를 이롭게 하는 것을 의(義), 미래를 이롭게 하는 것을 이(利)라 함.

래께선 진실한 생각이라고 말씀하십니다.

세존이시여, 저는 지금 이와 같은 법문을 말씀하시는 것을 듣고서 깨닫고 믿고 이해하였지만 아직 놀라운 일은 아닙니다.

만약 모든 중생들이 오백년 뒤의 미래에 바른 법이 변질되고[146] 사라질 때에 이와 같이 매우 깊은 법문을 깨달아 믿고 이해하여 받아 지니고 읽고 외우고 마침내 밝게 통달하여 널리 남을 위하여 자세히 설명하고 도리에 맞는 생각을 열어 보인다면, 가장 뛰어나게 놀라운 일을 성취했음을 알아야 합니다.

爾時具壽善現, 聞法威力悲泣墮淚, 俛仰捫淚而白佛言:"甚奇希有, 世尊. 最極希有, 善逝. 如來今者所說法門, 普爲發趣最上乘者作諸義利, 普爲發趣最勝乘者作諸義利. 世尊, 我昔生智以來未曾得聞如是法門. 世尊, 若諸有情聞說如是甚深經典生眞實想, 當知成就最勝希有. 何以故? 世尊, 諸眞實想眞實想者, 如來說爲非想, 是故如來說名眞實想眞實想. 世尊, 我今聞說如是法門, 領悟信解未爲希有. 若諸有情於當來世後時後分後五百歲, 正法將滅時分轉時, 當於如是甚深法門, 領悟信解受持讀誦究竟通利, 及廣爲他宣說開示如理作意, 當知成就最勝希有.

무슨 까닭일까요?

세존이시여,

그 모든 중생들에게는 나라는 생각이 일어나지 않고,

---

146 분전시(分轉時) : 나누어지고 달라질 때. 변질될 때.

중생이라는 생각이 일어나지 않고,

목숨이라는 생각이 일어나지 않고,

사람이라는 생각이 일어나지 않고,

자아라는 생각이 일어나지 않고,

의식으로 생각한다는 생각이 일어나지 않고,

바라문의 학생이라는 생각이 일어나지 않고,

행위의 주체라는 생각이 일어나지 않고,

행위의 객체라는 생각이 일어나지 않기 때문입니다.

까닭이 무엇일까요?

세존이시여,

모든 나라는 생각은 곧 나라는 생각이 아니고,

모든 중생이라는 생각은 곧 중생이라는 생각이 아니고,

목숨이라는 생각은 곧 목숨이라는 생각이 아니고,

사람이라는 생각은 곧 사람이라는 생각이 아니고,

자아라는 생각은 곧 자아라는 생각이 아니고,

의식으로 생각한다는 생각은 곧 의식으로 생각한다는 생각이 아니고,

바라문의 학생이라는 생각은 곧 바라문의 학생이라는 생각이 아니고,

행위의 주체라는 생각은 곧 행위의 주체라는 생각이 아니고,

행위의 객체라는 생각은 곧 행위의 객체라는 생각이 아니기 때문입니다.

무슨 까닭일까요?

모든 부처님께선 모든 생각을 벗어났기 때문에 이렇게 말합니다."

何以故? 世尊, 彼諸有情無我想轉, 無有情想, 無命者想, 無士夫想, 無補特伽羅想, 無意生想, 無摩納婆想, 無作者想, 無受者想轉. 所以者何? 世尊, 諸我想卽是非想, 諸有情想, 命者想, 士夫想, 補特伽羅想, 意生想, 摩納婆想, 作者想, 受者想, 卽是非想. 何以故? 諸佛世尊離一切想, 作是語已."

그때 세존께서 존자 수보리에게 말씀하셨다.

"그렇다, 그렇다, 수보리여. 만약 모든 중생들이 이와 같이 매우 깊은 경전을 말하는 것을 듣고서 놀라지 않고 두려워하지 않고 겁내지 않는다면, 가장 뛰어나게 놀라운 일을 성취할 것임을 알아야 한다.

무슨 까닭인가? 수보리여, 여래는 말하기를 가장 뛰어난 바라밀다(波羅蜜多)는 반야바라밀다(般若波羅蜜多)라고 하기 때문이다.

수보리여, 여래가 말한 가장 뛰어난 바라밀다는 헤아릴 수 없이 많은 모든 부처님들께서 공통적으로 말씀하시기 때문에 가장 뛰어난 바라밀다라고 일컫는다. 여래가 말하기를 가장 뛰어난 바라밀다는 곧 바라밀다가 아니라고 하니, 이 때문에 여래는 가장 뛰어난 바라밀다라고 말한다.

爾時世尊告具壽善現言: "如是如是, 善現. 若諸有情聞說如是甚深經典, 不驚不懼無有怖畏, 當知成就最勝希有. 何以故? 善現, 如來說最勝波羅蜜多, 謂般若波羅蜜多. 善現, 如來所說最勝波羅蜜多, 無量諸佛世尊所共宣說故, 名最勝波羅蜜多. 如來說最勝波羅蜜多, 卽非波羅蜜多, 是故如來說名最勝波羅蜜多.

또 수보리여. 여래는 인욕바라밀다를 인욕바라밀다가 아니라고 말하니, 이 까닭에 여래는 인욕바라밀다라고 말한다.

무슨 까닭인가?

수보리여, 나는 옛날 과거세(過去世)[147]에 가리왕에게 팔다리가 잘린 적이 있다.

나에게는 그때 전혀 나라는 생각도 없었고,

중생이라는 생각도 없었고,

목숨이라는 생각도 없었고,

사람이라는 생각도 없었고,

자아라는 생각도 없었고,

의식으로 생각한다는 생각도 없었고,

바라문의 학생이라는 생각도 없었고,

행위의 주체라는 생각도 없었고,

행위의 객체라는 생각도 없었다.

나는 그때에 전혀 생각이 있는 것도 아니었고 생각이 없는 것도 아니었다.

왜 그러한가?

---

147 과거세(過去世) : ①과거. 옛날. 삼세(三世) 가운데 하나. ②과거의 생애. 전생.

수보리여, 나에게 그때 만약 나라는 생각이 있었다면, 그때 응당 분노라는 생각이 있었을 것이다. 나에게 그때 만약 중생이라는 생각, 목숨이라는 생각, 사람이라는 생각, 자아라는 생각, 의식으로 생각한다는 생각, 바라문의 학생이라는 생각, 행위의 주체라는 생각, 행위의 객체라는 생각이 있었다면, 그때에 응당 분노라는 생각도 있었을 것이다.

復次, 善現. 如來說忍辱波羅蜜多, 卽非波羅蜜多, 是故如來說名忍辱波羅蜜多. 何以故? 善現, 我昔過去世, 曾爲羯利王, 斷支節肉. 我於爾時, 都無我想, 或有情想, 或命者想, 或士夫想, 或補特伽羅想, 或意生想, 或摩納婆想, 或作者想, 或受者想. 我於爾時, 都無有想, 亦非無想. 何以故? 善現, 我於爾時, 若有我想, 卽於爾時, 應有恚想. 我於爾時, 若有有情想, 命者想, 士夫想, 補特伽羅想, 意生想, 摩納婆想, 作者想, 受者想, 卽於爾時, 應有恚想.

무슨 까닭인가?
수보리여, 내가 기억하건대, 과거 오백 번의 생애 가운데 일찍이 나 스스로를 인욕선인(忍辱仙人)이라고 불렀던 적이 있다.
나는 그때에 전혀 나라는 생각이 없었고,
중생이라는 생각이 없었고,
목숨이라는 생각이 없었고,
사람이라는 생각이 없었고,
자아라는 생각이 없었고,

115

의식으로 생각한다는 생각이 없었고,

바라문의 학생이라는 생각이 없었고,

행위의 주체라는 생각이 없었고,

행위의 객체라는 생각이 없었다.

나는 그때에 전혀 생각이 있는 것도 아니었고 생각이 없는 것도 아니었다.

이 까닭에 수보리여. 보살마하살은 모든 생각을 멀리 벗어나 위없는 바르고 평등한 깨달음의 마음을 내어야 한다. 색깔에 머물지 않고 그 마음을 내어야 하고, 색깔 아님에 머물지 않고 그 마음을 내어야 한다. 소리·냄새·맛·촉감·의식에 머물지 않고 그 마음을 내어야 하고, 소리·냄새·맛·촉감·의식 아님에 머물지 않고 그 마음을 내어야 한다. 전혀 머무는 바 없이 그 마음을 내어야 한다.

무슨 까닭인가? 수보리여, 모든 머무름이란 곧 머무름이 아니기 때문이다. 이 까닭에 여래는 말하길 모든 보살들은 마땅히 머무는 바 없이 보시(布施)를 행해야 하니, 색깔·소리·냄새·맛·촉감·의식에 머물지 않고 보시를 행해야 한다고 한다.

何以故? 善現, 我憶過去五百生中, 曾爲自號忍辱仙人. 我於爾時, 都無我想, 無有情想, 無命者想, 無士夫想, 無補特伽羅想, 無意生想, 無摩納婆想, 無作者想, 無受者想. 我於爾時, 都無有想, 亦非無想. 是故, 善現. 菩薩摩訶薩, 遠離一切想, 應發阿耨多羅三藐三菩提心. 不住於色應生其心, 不住非色應生其心. 不住聲香味觸法應生其心, 不住非聲香味觸法應生其心. 都無所住,應生其心. 何以故? 善現, 諸有所住, 則爲非住. 是故如來說諸菩薩, 應無所住而行布施, 不應住色聲香味觸法而行布施.

또 수보리여. 보살마하살은 모든 중생들을 위하여 도리와 이익[148]을 만드는 까닭에 마땅히 이와 같이 무심하게[149] 보시해야 한다.

무슨 까닭인가? 수보리여, 모든 중생이라는 생각은 곧 중생이라는 생각이 아니기 때문이다. 모든 중생을 여래는 중생이 아니라고 말하였다.

수보리여, 여래는 진실하게 말하는 분이며, 올바르게 말하는[150] 분이며, 있는 그대로 말하는[151] 분이며, 다르지 않게 말하는 분이다.

復次, 善現. 菩薩摩訶薩, 爲諸有情, 作義利故, 應當如是棄捨布施. 何以故? 善現, 諸有情想, 卽是非想. 一切有情, 如來卽說, 爲非有情. 善現, 如來, 是實語者, 諦語者, 如語者, 不異語者.

또 수보리여. 여래가 평등하게 깨달은 법이나 말한 법이나 생각한 법을 앞에 드러내면, 곧 그 속은 진실도 아니고 허망도 아니다.

수보리여, 비유하면 마치 사람[152]이 어두운 방에 들어가면 보이는

---

148 의리(義利) : 도리와 이익. 현재를 이롭게 하는 것을 의(義), 미래를 이롭게 하는 것을 이(利)라 함.

149 기사(棄捨) : ①버리다. ②돌아보지 않다. 무관심하다.

150 체어(諦語) : 팔정도(八正道)의 세 번째인 정어(正語)의 옛 번역. 올바른 말.

151 여어(如語) : 여법(如法)한 말. 있는 그대로의 말. 진실하여 허망하지 않은 말.

152 사부(士夫) : ①사람을 말함. 좁은 의미로는 남자. ②힘이 있는 남자. ③영혼.

117

것이 전혀 없는 것과 같으니, 보살이 만약 현실세계[153]에 말려든다면,[154] 다시 말해 현실세계에 말려들어서 보시를 행한다면, 바로 어두운 방 안의 사람과 같음을 마땅히 알아야 한다.

수보리여, 비유하면 눈이 밝은 사람이 밤을 지나고 새벽이 와서 태양이 떠오를 때에 온갖 색깔을 보는 것과 같으니, 보살이 현실세계에 말려들지 않는다면, 다시 말해 현실세계에 말려들지 않고 보시를 행한다면, 바로 이러한 경우와 같음을 마땅히 알아야 한다.

復次, 善現. 如來現前, 等所證法, 或所說法, 或所思法, 卽於其中, 非諦非妄. 善現, 譬如士夫, 入於闇室, 都無所見, 當知菩薩若墮於事, 謂墮於事而行布施, 亦復如是. 善現, 譬如明眼士夫, 過夜曉已, 日光出時, 見種種色, 當知菩薩不墮於事, 謂不墮事而行布施, 亦復如是.

또 수보리여. 만약 착한 남자나 착한 여인이 이 법문(法門)을 받아 지니고, 읽고 외우고, 마침내 통달하고,[155] 나아가 널리 남에게 자세히 설명하여[156] 여법(如法)한 생각[157]을 열어 보인다면, 여래는 깨달음의 지혜로써 이 사람을 잘 알 것이고, 여래는 깨달음의 눈으로써 이 사람을 잘 볼 것이고, 여래는 이 사람을 잘 깨우칠 것이다. 이와 같은 중생들은 모두 헤아릴 수 없는 복을 만들 것이다.

---

153 사(事) : 나타나는 개별적 현상. 차별세계의 모습. 현실세계. 이(理)의 반대.

154 타(墮) : —에 떨어지다. —에 말려들다.(좋지 못한 경우에 떨어짐을 나타냄)

155 통리(通利) : 통달(通達)하다. 사정에 밝게 통하여 거침이 없는 것.

156 선설(宣說) : 하나하나 베풀어 상세히 말하다. 교법(敎法)을 자세히 설명하다.

157 여리작의(如理作意) : ①도리에 맞게 생각하다. 여법(如法)한 생각. ②바른 도리에 맞는 동기. 선한 동기. 바른 법을 듣고서 그것에 통달하도록 뜻을 내는 것.

復次, 善現. 若善男子或善女人, 於此法門, 受持讀誦, 究竟通利, 及廣爲他宣說, 開示如理作意, 則爲如來, 以其佛智, 悉知是人, 則爲如來, 以其佛眼, 悉見是人, 則爲如來, 悉覺是人. 如是有情一切, 當生無量福聚.

또 수보리여. 설사 착한 남자나 착한 여인이 아침에 강가 강의 모래알 수만큼 그 자신을 보시하고, 정오에 다시 강가 강의 모래알 수만큼 그 자신을 보시하고, 저녁에 역시 강가 강의 모래알 수만큼 그 자신을 보시하는데, 이러한 다양한 방법[158]으로 헤아릴 수 없이 많은 세월이 지나도록 그 자신을 보시한다고 하더라도, 만약 이와 같은 법문을 말하는 것을 듣고서 비방하지 않는다면, 이 까닭에 생기는 복은 앞의 복보다도 오히려 헤아릴 수 없이 더 많다.

하물며 이와 같은 법문을 두루 갖추고서 마침내 베껴 쓰고, 받아지니고, 읽고 외우고, 끝내 통달하고, 나아가 두루 남을 위하여 자세히 설명하고 여법한 생각을 열어 보인다면, 이 사람이 만드는 복은 어떻겠느냐?

復次, 善現. 假使善男子或善女人, 日初時分, 以殑伽河沙等, 自體布施, 日中時分, 復以殑伽河沙等, 自體布施, 日後時分, 亦以殑伽河沙等, 自體布施, 由此異門, 經於俱胝那庾多百千劫, 以自體布施, 若有聞說如是法門不生誹謗, 由此因緣所生福聚, 尚多於前無量無數. 何況能於如是法門具足畢竟, 書寫受持讀誦究竟通利, 及廣爲他宣說開示如理作意?

---

158 이문(異門) : ①문파(門派)를 달리 하는 것. 타문(他門), 타파(他派)와 같은 말. ②하나의 것에 대한 각종 동의어. ③다른 방법.

또 수보리여. 이와 같은 법문은 생각할 수 없고 헤아릴 수 없으니, 생각할 수 없는 것을 마땅히 희망해야만 감응(感應)하여 더 나은 쪽으로 나아갈 것이다.[159]

수보리여, 여래가 이와 같은 법문을 하나하나 상세히 말한[160] 것은 모든 중생들을 이롭게 하여 최상승(最上乘)으로 나아가도록 하고자 하였기 때문이고, 모든 중생들을 이롭게 하여 최승승(最勝乘)으로 나아가도록 하고자 하였기 때문이다.

수보리여, 만약 이 법문을 받아 지니고 읽고 외우고 마침내 통달하여 널리 타인에게 자세히 말하고 여법한 생각을 열어 보인다면, 여래는 깨달음의 지혜를 가지고 이 사람을 잘 알 것이고, 여래는 그 깨달음의 눈을 가지고 이 사람을 잘 볼 것이고, 여래는 이 사람을 잘 깨달을 것이다. 이와 같은 중생은 한량없는 복을 모두 성취하고, 생각할 수 없고 헤아릴 수 없고 가없는 복을 모두가 마땅히 성취할 것이다.

復次, 善現. 如是法門, 不可思議, 不可稱量, 應當希冀, 不可思議, 所感異熟. 善現, 如來宣說, 如是法門, 爲欲饒益, 趣最上乘, 諸有情故, 爲欲饒益, 趣最勝乘, 諸有情故. 善現, 若有於此法門, 受持讀誦, 究竟通利, 及廣爲他宣說, 開示如理作意, 卽爲如來, 以其佛智, 悉知是人, 卽爲如來, 以其佛眼, 悉見是人, 則爲如來, 悉覺是人. 如是有情, 一切成就, 無量福聚, 皆當成就, 不可

---

159 이숙(異熟) : ①선(善) 혹은 악(惡)의 원인에 의한 결과가 선도 아니고 악도 아닌 경우. 이류(異類)로 성숙한다는 뜻. ②원인과 결과가 시간적으로 다른 때에 일어남. 이시(異時)에 성숙한다는 뜻.

160 선설(宣說) : 하나하나 베풀어 상세히 말하다. 교법(敎法)을 자세히 설명하다.

思議, 不可稱量, 無邊福聚.

　수보리여, 이와 같은 모든 중생들은 그 어깨에 여래의 위없고 바르고 평등한 깨달음을 짊어질 것이다.

　무슨 까닭인가? 수보리여, 이와 같은 법문은 믿음과 이해가 부족한 중생들이 들을 수 있는 것이 아니고, '나'라는 견해를 가진 자가 들을 수 있는 것이 아니고, 중생이라는 견해를 가진 자가 들을 수 있는 것이 아니고, 목숨이라는 견해를 가진 자가 들을 수 있는 것이 아니고, 사람이라는 견해를 가진 자가 들을 수 있는 것이 아니고, 자아라는 견해를 가진 자가 들을 수 있는 것이 아니고, 의식으로 생각한다는 견해를 가진 자가 들을 수 있는 것이 아니고, 바라문의 학생이라는 견해를 가진 자가 들을 수 있는 것이 아니고, 행위의 주체라는 견해를 가진 자가 들을 수 있는 것이 아니고, 행위의 객체라는 견해를 가진 자가 들을 수 있는 것이 아니다.

　이들이 이러한 법문을 받아 지니고 읽고 외우고 마침내 통달하여 널리 남에게 자세히 설명하고 여법한 생각을 열어 보일 수 있는 경우는 없다.

　또, 수보리여. 만약 어떤 곳에서 이 경전을 열어 보인다면, 이곳은 마땅히 세간과 모든 하늘의 신령들과 아수라 등이 공양해야 하고, 마치 부처님의 탑(塔)[161]처럼 오른쪽으로 돌면서 예경(禮敬)[162]해야 한다.

161　영묘(靈廟) : ①묘소(墓所). 사당(祠堂). ②불탑(佛塔). ③절. 사찰.

162　예경(禮敬) : 부처나 보살 앞에 예배하는 일.

善現, 如是一切有情, 其肩荷擔, 如來無上正等菩提. 何以故? 善現, 如是
法門, 非諸下劣信解有情所能聽聞, 非諸我見, 非諸有情見, 非諸命者見, 非諸
士夫見, 非諸補特伽羅見, 非諸意生見, 非諸摩納婆見, 非諸作者見, 非諸受者
見, 所能聽聞. 此等, 若能受持讀誦, 究竟通利, 及廣爲他宣說, 開示如理作意,
無有是處. 復次, 善現. 若地方所開此經典, 此地方所當爲世間諸天及人阿素洛
等之所供養, 禮敬右遶如佛靈廟.

또 수보리여. 만약 착한 남자와 착한 여인이 이 경전을 받아 지니
고 읽고 외우고 마침내 통달하여 널리 남에게 자세히 설명해 주고 여
법한 생각을 열어 보인다면, 멸시를 당하고 욕을 먹는 경우에는[163] 가
장 심하게 멸시를 당하고 욕을 먹을 것이다.

까닭이 무엇인가? 수보리여, 이 모든 중생들은 과거의 생애[164]에
지은 모든 깨끗하지 못한 업(業)들이 악도(惡道)[165]에 감응함으로써 현
재 생애[166] 속에서 멸시와 비난을 만나기 때문에, 과거의 생애에 지은
모든 깨끗하지 못한 업들이 전부 다 사라지고 위없는 바르고 평등한
깨달음을 얻을 것이다.

무슨 까닭인가? 수보리여, 내가 기억하기로 과거 헤아릴 수 없는
세월 이전의 그 이전에 연등여래응정등각(然燈如來應正等覺)보다 더욱
더 앞선 때에 일찍이 헤아릴 수 없이 많고 많은 모든 부처님들을 나

---

163 경훼(輕毀) : 멸시하고 욕함. 가벼이 여기고 멸시함.
164 숙생(宿生) : =숙세(宿世). 지난 세상의 생애. 곧 과거세.
165 악취(惡趣) : =악도(惡道). 악한 짓이 원인이 되어 태어나는 곳. 3악취·4악취·5악
    취·6악취로 분별.
166 현법(現法) : 현세(現世). 지금 이 세상. 현생(現生).

는 모두 받들어 모셨는데,[167] 이미 받들어 모시고 나니 어긋남[168]이 전혀 없었다.

復次, 善現. 若善男子或善女人, 於此經典, 受持讀誦, 究竟通利, 及廣爲他宣說, 開示如理作意, 若遭輕毁, 極遭輕毁. 所以者何? 善現, 是諸有情, 宿生所造, 諸不淨業, 應感惡趣, 以現法中, 遭輕毁故, 宿生所造, 諸不淨業, 皆悉消盡, 當得無上正等菩提. 何以故? 善現, 我憶過去於無數劫復過無數, 於然燈如來應正等覺先復過先, 曾値八十四俱胝那庚多百千諸佛我皆承事, 旣承事已皆無違犯.

수보리여, 나는 이와 같은 모든 부처님을 전부 받들어 모셨고, 받들어 모시고 나서는 전혀 어긋남이 없었다. 만약 모든 중생들이 미래의 후오백세(後五百歲)[169]에 바른 법이 장차 나누어지고 달라져서[170] 사라질 때에 이 경전을 받아 지니고 읽고 외우고 마침내 통달하여 널리 남을 위하여 자세히 설명하고 여법한 생각을 열어 보인다면, 수보리여, 내가 먼저 얻은 복은 이 복에 비하여 백분의 일에도 미치지 못하고, 천분의 일, 만분의 일, 수억만분의 일에도 미치지 못하고, 애초에 비교할 수조차 없다.

---

167 승사(承事) : 받들어 모시다.

168 위범(違犯) : ①계율을 범하는 것. ②잘못을 저지르는 것. ③풀려 있는 것.

169 후오백세(後五百歲) : ①상법(像法)의 시기를 말함. 정법(正法)이 오백년 지속한 뒤에 상법(像法)이 오백년 계속된다고 함. 석존(釋尊)이 입멸하고 오백년 뒤. ②5오백년(五五百年) 가운데 제오(第五)의 오백년인 투쟁견고(鬪爭堅固)의 시대를 말함.

170 분전시(分轉時) : 나누어지고 달라질 때. 변질될 때.

수보리여, 내가 만약 자세히 말한다면, 그때에 이 착한 남자와 착한 여인이 만든 복, 혹은 이 착한 남자와 착한 여인이 거두어들인 복에 대하여 모든 중생들이라면 곧 갈피를 못 잡고 고민할 것이고 마음이 헷갈려 어지러울 것이다.

수보리여, 여래가 상세히 말한 이와 같은 법문(法門)은 생각할 수 없고 헤아릴 수 없으니, 마땅히 불가사의하게 감응하여 다르게 성숙하기를 희망해야 한다.”

善現, 我於如是諸佛世尊皆得承事, 旣承事已皆無違犯. 若諸有情後時後分後五百歲, 正法將滅時分轉時, 於此經典受持讀誦究竟通利, 及廣爲他宣說開示如理作意. 善現, 我先福聚於此福聚, 百分計之所不能及, 如是千分若百千分, 若俱胝百千分, 若俱胝那庾多百千分, 若數分若計分若算分若喩分, 若鄔波尼殺曇分亦不能及. 善現, 我若具說, 當於爾時, 是善男子或善女人所生福聚, 乃至是善男子是善女人所攝福聚, 有諸有情則便迷悶心惑狂亂. 是故, 善現, 如來宣說如是法門, 不可思議不可稱量, 應當希冀不可思議所感異熟.”

그때 수보리 장로가 다시 부처님께 아뢰었다.

“세존이시여, 보살승(菩薩乘)을 얻겠다고 발심한 모든 사람들은 마땅히 그 마음을 어떻게 머물러야 하고, 그 마음을 어떻게 수행해야 하고, 그 마음을 어떻게 거두어 조복시켜야 합니까?”

부처님께서 수보리에게 말씀하셨다.

"보살승(菩薩乘)을 얻겠다고 발심한 모든 사람들은 마땅히 이와 같은 마음을 내어야 한다. '나는 마땅히 모든 중생들을 남김 없는 묘한 적멸의 세계로 완전히 적멸시켜야 한다. 비록 이와 같이 모든 중생들을 적멸시켰지만 적멸한 중생은 없다.'

무슨 까닭인가? 수보리여, 만약 모든 보살마하살이 중생이라는 생각에 부림을 당한다면 보살마하살이라고 불러서는 안 되기 때문이다.

까닭이 무엇인가? 만약 모든 보살마하살이라면, 중생이라는 생각에 부림을 당한다고 말해서는 안 되기 때문이다.

이와 같이 목숨이라는 생각에도 부림을 당하지 않고, 사람이라는 생각에도 부림을 당하지 않고, 자아라는 생각에도 부림을 당하지 않고, 의식이라는 생각에도 부림을 당하지 않고, 바라문의 학생이라는 생각에도 부림을 당하지 않고, 행위의 주체라는 생각에도 부림을 당하지 않고, 행위의 객체라는 생각에도 부림을 당하지 않음을 알아야 한다.

무슨 까닭인가? 수보리여, 보살승을 얻겠다고 발심하는 것이라고 일컬을 어떤 법도 없기 때문이다."

爾時具壽善現復白佛言: "世尊, 諸有發趣菩薩乘者, 應云何住? 云何修行? 云何攝伏其心?" 佛告善現: "諸有發趣菩薩乘者, 應當發起如是之心: '我當皆令一切有情, 於無餘依妙涅槃界而般涅槃. 雖度如是一切有情令滅度已, 而無有情得滅度者.' 何以故? 善現, 若諸菩薩摩訶薩, 有情想轉, 不應說名菩薩摩訶薩. 所以者何? 若諸菩薩摩訶薩, 不應說言, 有情想轉. 如是命者想, 士夫想, 補特伽羅想, 意生想, 摩納婆想, 作者想, 受者想轉, 當知亦爾. 何以故? 善現, 無有少法名爲發趣菩薩乘者."

부처님께서 수보리에게 말씀하셨다.

"그대의 생각에는 어떠냐? 여래가 옛날 연등여래응정등각(然燈如來應正等覺)이 계신 곳에서 위없는 바르고 평등한 깨달음을 증명(證明)할 수 있는 작은 법이라도 있었겠느냐?"

이렇게 말씀하시자, 수보리 장로가 부처님께 아뢰었다.

"세존이시여, 부처님께서 말씀하신 뜻을 제가 이해한 바로는, 여래께서 옛날 연등여래응정등각이 계신 곳에서 위없는 바르고 평등한 깨달음을 증명할 수 있는 어떤 법도 없었습니다."

이렇게 말하자 부처님께서 수보리 장로에게 말씀하셨다.

"그렇다, 그렇다. 수보리여, 여래에게는 옛날 연등여래응정등각이 계신 곳에서 위없는 바르고 평등한 깨달음을 증명할 수 있는 어떤 법도 없었다.

무슨 까닭인가? 수보리여, 여래에게 옛날 연등여래응정등각이 계신 곳에서 만약 위없는 바르고 평등한 깨달음을 증명할 수 있는 작은 법이라도 있었다면, 연등여래응정등각께서는 나에게 이런 말씀을 하지 않으셨을 것이다. '그대 바라문의 학생은 미래에 석가모니여래응

정등각(釋迦牟尼如來應正等覺)이라고 불릴 것이다.'

수보리여, 여래에게는 위없는 바르고 평등한 깨달음을 증명할 수 있는 어떤 법도 없었다. 이 까닭에 연등여래응정등각께서 나에게 이렇게 말씀하신 것이다. '그대 바라문의 학생은 미래에 석가모니여래응정등각(釋迦牟尼如來應正等覺)이라고 불릴 것이다.'

佛告善現: "於汝意云何? 如來昔於然燈如來應正等覺所, 頗有少法能證阿耨多羅三藐三菩提不?"作是語已, 具壽善現白佛言: "世尊, 如我解佛所說義者, 如來昔於然燈如來應正等覺所, 無有少法能證阿耨多羅三藐三菩提." 說是語已, 佛告具壽善現言: "如是如是. 善現, 如來昔於然燈如來應正等覺所, 無有少法能證阿耨多羅三藐三菩提. 何以故? 善現, 如來昔於然燈如來應正等覺所, 若有少法能證阿耨多羅三藐三菩提者, 然燈如來應正等覺, 不應授我記言: '汝摩納婆, 於當來世, 名釋迦牟尼如來應正等覺.' 善現, 以如來無有少法能證阿耨多羅三藐三菩提, 是故然燈如來應正等覺授我記言: '汝摩納婆, 於當來世, 名釋迦牟尼如來應正等覺.'

까닭이 무엇인가?

수보리여,

여래(如來)라는 말은 진실(眞實)과 진여(眞如)의 동의어(同義語)[171]이며, 여래라는 말은 생겨남 없는 법성(法性)의 동의어이며, 여래라는 말은 육도윤회의 길을 영원히 끊는다는 말과 동의어이며, 여래라는

---

171 증어(增語) : 명칭. 별명. 동의어. 비유어.

말은 마침내 생겨나지 않는다는 말과 동의어이기 때문이다.

무슨 까닭인가?

수보리여, 만약 참으로 생겨남이 없다면 가장 뛰어난 뜻이다.

수보리여, 만약 여래응정등각이 위없는 바르고 평등한 깨달음을 증명할 수 있다고 말한다면, 이 말은 진실하지 못하다는 것을 알아야 한다.

까닭이 무엇인가?

수보리여, 그런 말은 여래가 진실하지 못한 집착을 일으킨다고 욕하는 말이기 때문이다.

까닭이 무엇인가?

수보리여, 여래응정등각이 위없는 바르고 평등한 깨달음을 증명할 수 있는 어떤 법도 없기 때문이다.

수보리여, 여래가 앞에 나타내는 깨달은 법이나 말하는 법이나 생각하는 법들은 그 속에 진실함도 없고 허망함도 없기 때문이다.

이 까닭에 여래는 모든 법이 전부 불법(佛法)이라고 말한다.

수보리여, 모든 법, 모든 법을 여래는 모든 법이 아니라고 말하니, 이 까닭에 여래는 모든 법, 모든 법이라고 말한다."

所以者何? 善現, 言如來者卽是眞實眞如增語, 言如來者卽是無生法性增語, 言如來者卽是永斷道路增語, 言如來者卽是畢竟不生增語. 何以故? 善現, 若實無生卽最勝義. 善現, 若如是說如來應正等覺能證阿耨多羅三藐三菩提者, 當知此言爲不眞實. 所以者何? 善現, 由彼謗我起不實執. 何以故? 善現, 無有少法如來應正等覺能證阿耨多羅三藐三菩提. 善現, 如來現前等所證法, 或所說法, 或所思法, 即於其中非諦非妄. 是故如來說一切法皆是佛法. 善現, 一切法一切法者, 如來說非一切法, 是故如來說名一切法一切法."

　부처님께서 수보리에게 말씀하셨다.
　"비유하면 사람이 큰 몸을 가지고 있는 것과 같다."

　장로 수보리가 부처님께 아뢰었다.
　"세존이시여, 여래께서 말씀하신 사람이 큰 몸을 가지고 있다는 것을 여래께선 사람이 큰 몸을 가지고 있는 것이 아니라고 말씀하시니, 이 까닭에 큰 몸을 가지고 있다고 말씀하십니다."

　부처님께서 수보리에게 말씀하셨다.
　"그렇다, 그렇다. 만약 모든 보살이 '나는 마땅히 헤아릴 수 없는 중생들을 멸도(滅度)해야 한다.'고 말한다면, 그를 보살이라는 이름으로 말해서는 안 된다. 무슨 까닭인가? 수보리여, 보살이라고 일컬을 만한 조그마한 법이라도 있느냐?"

　수보리가 답했다.
　"없습니다, 세존이시여. 보살이라고 일컬을 만한 어떤 법도 없습니다."

부처님께서 수보리에게 말씀하셨다.

"중생, 중생 하는 것을 여래는 중생이 아니라고 말하니, 이 까닭에 중생은 이름일 뿐이다. 이 까닭에 여래는 모든 법을 말하지만, 중생도 없고, 목숨도 없고, 사람도 없고, 자아 등도 없다.

수보리여, 만약 모든 보살이 '나는 마땅히 불국토를 공덕으로 장식할 것이다.'라고 말한다면, 이 말도 마찬가지이다.

무슨 까닭인가? 수보리여, 불국토를 공덕으로 장식한다는 것을 여래는 불국토를 공덕으로 장식하는 것이 아니라고 말하니, 이 까닭에 여래는 불국토를 공덕으로 장식한다고 말한다.

수보리여, 만약 모든 보살이 아(我)와 법(法)이 없음을 깊이 믿고 이해한다면, 여래응정등각은 그들을 보살이라고 말한다."

佛告善現: "譬如士夫具身大身." 具壽善現卽白佛言: "世尊, 如來所說士夫具身大身, 如來說爲非身, 是故說名具身大身." 佛言善現: "如是如是. 若諸菩薩作如是言, '我當滅度無量有情.' 是則不應說名菩薩. 何以故? 善現, 頗有少法名菩薩不?" 善現答言: "不也, 世尊. 無有少法名爲菩薩." 佛告善現: "有情有情者, 如來說非有情, 故名有情. 是故如來說一切法, 無有有情, 無有命者, 無有士夫, 無有補特伽羅等. 善現, 若諸菩薩作如是言, '我當成辦佛土功德莊嚴.' 亦如是說. 何以故? 善現, 佛土功德莊嚴佛土功德莊嚴者, 如來說非莊嚴, 是故如來說名佛土功德莊嚴佛土功德莊嚴. 善現, 若諸菩薩, 於無我法無我法深信解者, 如來應正等覺說爲菩薩菩薩."

부처님께서 수보리에게 말씀하셨다.

"그대의 생각은 어떠냐? 여래에게는 육안(肉眼)[172]이 나타나 있느냐?"

수보리가 답했다.

"그렇습니다, 세존이시여. 여래에게는 육안이 나타나 있습니다."

부처님께서 수보리에게 말씀하셨다.

"그대의 생각은 어떠냐? 여래에게는 천안(天眼)[173]이 나타나 있느냐?"

수보리가 답했다.

"그렇습니다, 세존이시여. 여래에게는 천안이 나타나 있습니다."

부처님께서 수보리에게 말씀하셨다.

"그대의 생각은 어떠냐? 여래에게는 혜안(慧眼)[174]이 나타나 있느

---

172 육안(肉眼) : 5안(眼)의 하나. 중생의 육신에 갖추어 있는 눈. 오안(五眼)은 모든 법의 사(事)·이(理)를 관조하는 5종의 눈으로서, 육안(肉眼)·천안(天眼)·혜안(慧眼)·법안(法眼)·불안(佛眼)의 다섯.

173 천안(天眼) : 5안의 하나. 선정(禪定)을 닦아서 얻게 되는 눈. 미세한 사물까지도 멀리 또 널리 볼 수 있으며, 미래의 일도 미리 알 수 있다고 함.

174 혜안(慧眼) : 5안의 하나. 우주의 진리를 밝게 보는 눈. 곧 만유의 모든 현상은 공(空), 무상(無相), 무작(無作), 무생(無生), 무멸(無滅)이라고 보아 모든 집착을 여의고, 차별의 현상계를 보지 않는 지혜. 이것은 이승(二乘)이 얻는 지혜이므로 중생을 제도하지는 못한다.

냐?"

수보리가 답했다.

"그렇습니다, 세존이시여. 여래에게는 혜안이 나타나 있습니다."

부처님께서 수보리에게 말씀하셨다.

"그대의 생각은 어떠냐? 여래에게 법안(法眼)[175]이 나타나 있느냐?"

수보리가 답했다.

"그렇습니다, 세존이시여. 여래에게는 법안이 나타나 있습니다."

부처님께서 수보리에게 말씀하셨다.

"그대의 생각은 어떠냐? 여래에게는 불안(佛眼)[176]이 나타나 있느냐?"

수보리가 답했다.

"그렇습니다, 세존이시여. 여래에게는 불안이 나타나 있습니다."

佛告善現: "於汝意云何? 如來等現有肉眼不?" 善現答言: "如是, 世尊. 如來等現有肉眼." 佛言善現: "於汝意云何? 如來等現有天眼不?" 善現答言: "如

---

175 법안(法眼) : 5안(眼)의 하나. 일체의 법을 분명하게 비춰 보는 눈. 보살은 이 눈으로 모든 법의 실상(實相)을 잘 알고 중생을 제도함.
176 불안(佛眼) : 5안(眼)의 하나. 모든 법의 진성(眞性)을 보는 부처님의 눈.

是, 世尊. 如來等現有天眼." 佛言善現: "於汝意云何? 如來等現有慧眼不?"
善現答言: "如是, 世尊. 如來等現有慧眼." 佛言善現: "於汝意云何? 如來等現
有法眼不?" 善現答言: "如是, 世尊. 如來等現有法眼." 佛言善現: "於汝意云
何? 如來等現有佛眼不?" 善現答言: "如是, 世尊. 如來等現有佛眼."

부처님께서 수보리에게 말씀하셨다.
"그대의 생각은 어떠냐? 강가 강 속에 있는 모든 모래를 부처는 말
하느냐?"

수보리가 답했다.
"그렇습니다, 세존이시여. 그렇습니다, 선서(善逝)시여. 여래께선
그 모래를 말씀하십니다."

부처님께서 수보리에게 말씀하셨다.
"그대의 생각이 어떠하냐? 강가 강에 있는 모래알 수만큼의 강가
강이 있다고 하고, 그 모든 강가 강에 있는 모래알 수만큼의 세계가
있다고 하자. 그러면 이 모든 세계가 참으로 많지 않으냐?"

수보리가 답했다.
"그렇습니다, 세존이시여. 그렇습니다, 선서시여. 그 모든 세계의
숫자는 매우 많습니다."

부처님께서 수보리에게 말씀하셨다.

"그 모든 세계 속에 있는 온갖 종류의 모든 중생들의 마음의 흐름을 나는 모두 다 알 수 있다. 무슨 까닭인가? 수보리여, 마음의 흐름이라는 것을 여래는 말하기를 마음의 흐름이 아니라고 하니, 이 까닭에 여래는 마음의 흐름이라고 말하기 때문이다.

까닭이 무엇인가? 수보리여, 과거의 마음도 얻을 수 없고, 미래의 마음도 얻을 수 없고, 현재의 마음도 얻을 수 없기 때문이다."

佛告善現:"於汝意云何? 乃至殑伽河中所有諸沙, 如來說是沙不?"善現答言:"如是, 世尊. 如是, 善逝. 如來說是沙."佛言善現:"於汝意云何? 乃至殑伽河中所有沙數, 假使有如是等殑伽河. 乃至是諸殑伽河中所有沙數, 假使有如是等世界. 是諸世界寧爲多不?"善現答言:"如是, 世尊. 如是, 善逝. 是諸世界其數甚多."佛言善現:"乃至爾所諸世界中所有有情, 彼諸有情各有種種, 其心流注我悉能知. 何以故? 善現, 心流注心流注者, 如來說非流注, 是故如來說名心流注心流注. 所以者何? 善現, 過去心不可得, 未來心不可得, 現在心不可得."

부처님께서 수보리에게 말씀하셨다.

"그대의 생각은 어떠냐? 만약 착한 남자나 착한 여인이 삼천대천세계를 칠보(七寶)로써 가득 채워 여래응정등각에게 보시한다면, 이 착한 남자나 착한 여인이 이 일 때문에 만드는 복(福)이 어찌 많지 않겠느냐?"

수보리가 답했다.

"매우 많습니다, 세존이시여. 매우 많습니다, 선서시여."

부처님께서 수보리에게 말씀하셨다.

"그렇다, 그렇다. 그 착한 남자나 착한 여인이 이 일 때문에 만드는 복은 그 양이 매우 많다. 무슨 까닭인가? 수보리여, 만약 복이 있다면, 여래는 복이라고 말하지 않기 때문이다."

부처님께서 수보리에게 말씀하셨다.

"그대의 생각은 어떠냐? 색신(色身)[177]이 둥글고 포동포동한[178] 것으로써 여래를 볼 수 있느냐?"

수보리가 답했다.

"아닙니다, 세존이시여. 색신이 둥글고 포동포동한 것으로써 여래를 볼 수는 없습니다. 무슨 까닭일까요? 세존이시여, 색신이 둥글고 포동포동하다는 것을 여래께선 색신이 둥글고 포동포동한 것이 아니라고 말씀하셨습니다. 이 까닭에 여래께선 색신이 둥글고 포동포동

---

177 색신(色身) : ①지수화풍(地水火風)의 사대(四大)로 이루어진 빛깔과 모습이 있는 육신(肉身). 불·보살의 상호신(相好身). 빛깔도 형상도 없는 법신(法身)에 대하여 빛깔과 모습이 있는 육신(肉身)을 말함. 산스크리트로는 rūpa-kāya이다. ②형체를 가진 부처님의 신체를 뜻한다. 밖으로 드러나서 볼 수가 있는 부처님의 육신, 또는 육체를 갖춘 부처님, 화신(化身)과 같은 것이 되는 것을 가리킨다. 32상을 갖춘 부처님의 모습으로 태어나는 몸[生身]을 말하기도 하다.

178 원실(圓實) : ①(얼굴이) 둥글고 포동포동하다. ②둥글고 알차다.

하다고 말씀하시기 때문입니다."

佛告善現: "於汝意云何? 若善男子或善女人, 以此三千大千世界盛滿七寶
奉施如來應正等覺, 是善男子或善女人, 由是因緣所生福聚寧爲多不?" 善現
答言: "甚多, 世尊. 甚多, 善逝." 佛言善現: "如是, 如是. 彼善男子或善女人,
由此因緣所生福聚其量甚多. 何以故? 善現, 若有福聚, 如來不說福聚福聚."
佛告善現: "於汝意云何? 可以色身圓實, 觀如來不?" 善現答言: "不也, 世尊.
不可以色身圓實, 觀於如來. 何以故? 世尊, 色身圓實色身圓實者, 如來說非圓
實. 是故如來說名色身圓實色身圓實."

부처님께서 수보리에게 말씀하셨다.

"그대의 생각은 어떠하냐? 온갖 모습[179]을 갖춘 것으로써 여래를
볼 수 있느냐?"

수보리가 답했다.

"아닙니다, 세존이시여. 온갖 모습을 갖춘 것으로써 여래를 볼 수
는 없습니다. 무슨 까닭일까요? 세존이시여, 온갖 모습을 갖춘다는
것을 여래께선 말씀하시길 온갖 모습을 갖추는 것이 아니라고 하셨
습니다. 이 까닭에 여래께선 온갖 모습을 갖춘다고 말씀하시기 때문
입니다."

---

179 여기에서 온갖 모습이란 여래와 전륜성왕이 갖추었다고 하는 삼십이상(三十二相)을 가
리킨다.

부처님께서 수보리에게 말씀하셨다.

"그대의 생각이 어떠냐? 여래는 '나에게는 말할 만한 법이 있다.'고 생각하겠느냐? 수보리여, 그대는 지금 그렇게 보아서는 안 된다.

무슨 까닭인가? 수보리여, 만약 여래에게 말할 만한 법이 있다고 한다면, 그것은 여래를 비방하는 것이며 잘 판단한[180] 것이 아니다. 무슨 까닭인가? 수보리여, 법을 말하지만 얻을 법은 없다. 그 때문에 법을 말한다고 일컫는 것이다."

佛告善現：“於汝意云何？ 可以諸相具足, 觀如來不？”善現答言：“不也, 世尊. 不可以諸相具足, 觀於如來. 何以故？世尊, 諸相具足諸相具足者, 如來說爲非相具足. 是故如來說名諸相具足諸相具足.”佛告善現：“於汝意云何？ 如來頗作是念, 我當有所說法耶？善現, 汝今勿當作如是觀. 何以故？善現, 若言如來有所說法, 卽爲謗我, 爲非善取. 何以故？善現, 說法說法者, 無法可得. 故名說法.”

그때 장로 수보리가 부처님께 아뢰었다.

"세존이시여, 미래의 후오백세(後五百歲)에 바른 법이 나누어지고 변하여 사라질 때에 이와 같은 종류[181]의 법을 말하는 것을 듣고서 깊이 믿을 수 있는 중생이 있을까요?"

부처님께서 수보리에게 말씀하셨다.

---

180 선취(善取) : 잘하다. 잘 고르다. 잘 선택하다. 잘 취하다. 잘 판단하다.
181 색류(色類) : 종류(種類). =색목(色目), 색양(色樣).

"그는 중생도 아니고 중생이 아닌 것도 아니다. 무슨 까닭인가? 수보리여, 모든 중생을 여래는 중생이 아니라고 말하니, 이 까닭에 모든 중생이라고 일컫기 때문이다."

爾時具壽善現白佛言:"世尊, 於當來世後時後分後五百歲, 正法將滅時分轉時, 頗有有情, 聞說如是色類法, 已能深信不?"佛言善現:"彼非有情非不有情. 何以故? 善現, 一切有情者, 如來說非有情, 故名一切有情."

부처님께서 수보리에게 말씀하셨다.
"그대의 생각은 어떠냐? 여래응정등각이 위없는 바르고 평등한 깨달음을 증명해 드러낼[182] 만한 조그마한 법이라도 있느냐?"

장로 수보리가 부처님께 아뢰었다.
"세존이시여, 제가 부처님께서 말씀하신 뜻을 이해한 바로는 여래응정등각께서 위없는 바르고 평등한 깨달음을 증명해 드러낼 만한 조그마한 법도 없습니다."

부처님께서 수보리에게 말씀하셨다.
"그렇다, 그렇다. 여기에는 얻을 만한 조그마한 법도 없기 때문에 위없는 바르고 평등한 깨달음이라고 일컫는다. 또 수보리여, 이 법은 평등(平等)하여 그 속에 평등하지 않은 것이 없기 때문에 위없는 바르

---

182 현증(現證) : ①진실을 꿰뚫어 보고 있음. ②깨달음. ③현실의 증거. 현실의 증명. 앞에 나타나 있는 증거. 증거를 드러냄. 드러난 증거.

고 평등한 깨달음이라고 일컫는다.

나의 자성(自性)이 없고, 중생의 자성이 없고, 목숨의 자성이 없고, 사람의 자성이 없고, 자아의 자성이 없고, 의식의 자성이 없고, 주체의 자성이 없고, 객체의 자성이 없고, 평등하기 때문에 위없는 바르고 평등한 깨달음이라고 일컬으니, 모든 선법(善法)[183]들을 증명하여 드러내지 않음이 없고, 모든 선법들을 묘하게 깨닫지 않음이 없다.

수보리여, 선법을 여래는 선법이 아니라고 늘 말하니, 이 까닭에 여래는 선법이라고 일컫는다.

佛告善現: "於汝意云何? 頗有少法, 如來應正等覺, 現證無上正等菩提耶?" 具壽善現白佛言: "世尊, 如我解佛所說義者, 無有少法如來應正等覺現證無上正等菩提." 佛言善現: "如是, 如是. 於中少法無有無得, 故名無上正等菩提. 復次, 善現. 是法平等, 於其中間無不平等, 故名無上正等菩提. 以無我性無有情性無命者性無士夫性無補特伽羅等性平等, 故名無上正等菩提, 一切善法無不現證, 一切善法無不妙覺. 善現, 善法善法者, 如來一切說爲非法, 是故如來說名善法善法.

또 수보리여, 예컨대 착한 남자와 착한 여인이 삼천대천세계만큼의 칠보를 모아서, 그 가운데 수미산만큼을 보시한다고 하자. 또 착한 남자와 착한 여인이 이 반야바라밀다경(般若波羅蜜多經) 속의 사구게(四句偈)라도 받아 지니고 읽고 외우고 마침내 통달하여 널리 타인

---

183 선법(善法) : ↔ 악법(惡法). 좋은 교법(敎法). 5계·10선·3학·6도 등 이치에 맞고, 자기를 이롭게 하는 법.

을 위하여 자세히 설명하고 도리에 알맞은 생각을 열어 보인다고 하자.

수보리여, 수미산만큼의 칠보를 보시한 복은 이 복에 비하면 백분의 일에도 미치지 못하고, 천분의 일에도 미치지 못하고, 십만분의 일에도 미치지 못하고, 백만분의 일에도 미치지 못하고, 백억분[184]의 일에도 미치지 못하고, 숫자로 비교할 수도 없고, 비유할 수도 없고, 아무리 해도[185] 비교가 되지 않는다.”

復次, 善現. 若善男子或善女人, 集七寶聚量等三千大千世界, 其中所有妙高山王持用布施. 若善男子或善女人, 於此般若波羅蜜多經中乃至四句伽他, 受持讀誦究竟通利, 及廣爲他宣說開示如理作意. 善現, 前說福聚於此福聚, 百分計之所不能及, 如是千分若百千分若俱胝百千分, 若俱胝那庾多百千分, 若數分若計分若算分若喻分, 若鳥波尼殺曇分亦不能及.”

부처님께서 수보리에게 말씀하셨다.

“그대의 생각은 어떠냐? 여래가 생각하기를 ‘나는 모든 중생을 제도(濟度)[186] 해야만 한다.’고 하겠느냐? 수보리여, 그대는 지금 그렇게 생각하지 말아야 한다. 무슨 까닭인가? 수보리여, 여래가 제도할 중

---

184 구지(俱胝) : 수(數)의 단위로 10의 7승(乘). 십만, 천만, 혹은 억(億), 만억(萬億), 혹은 경(京)이라 함.

185 오파니살담분(鳥波尼殺曇分) : 숫자 가장 큰 것, 혹은 가장 작은 것. 중국에선 서국수중지극(西國數中之極)이라고 해석한다.

186 도탈(度脫) : ①해탈(解脫). 생사의 바다를 건너서, 미계(迷界)를 벗어나 오계(悟界)에 들어가는 것. ②제도(濟度). 중생을 생사의 바다를 건너 열반의 세계로 인도하는 것.

생은 조금도 없기 때문이다.

수보리여, 만약 여래가 제도할 중생이 있다고 하면, 여래에게는 마땅히 나에 대한 집착이 있어야 할 것이고, 중생에 대한 집착이 있어야 할 것이고, 목숨에 대한 집착이 있어야 할 것이고, 사람에 대한 집착이 있어야 할 것이고, 자아에 대한 집착이 있어야 할 것이다.

수보리여, 나에 대한 집착을 여래는 나에 대한 집착이 아니라고 말하니, 이 까닭에 나에 대한 집착이라는 이름을 말하는 것이고, 나머지에 대한 집착도 마찬가지이다. 그러나 모든 어리석은 중생[187]들에게는 이러한 집착이 매우 심하게[188] 있다.

수보리여, 어리석은 중생을 여래는 어리석은 중생이 아니라고 말하니, 이 까닭에 어리석은 중생이라고 일컫는다."

佛告善現: "於汝意云何? 如來頗作是念, 我當度脫諸有情耶? 善現, 汝今勿當作如是觀. 何以故? 善現, 無少有情如來度者. 善現, 若有有情如來度者, 如來卽應有其我執有有情執有命者執有士夫執有補特伽羅等執. 善現, 我等執者如來說爲非執, 故名我等執. 而諸愚夫異生强有此執. 善現, 愚夫異生者, 如來說爲非生, 故名愚夫異生."

부처님께서 수보리에게 말씀하셨다.

"그대의 생각은 어떠냐? 32가지 모습[189]을 갖춘 것으로써 여래를

---

187 이생(異生) : 범부 중생의 다른 이름. 성자(聖者)와 다른 생류(生類)라는 뜻.

188 강(强) : ①일부러. 고의로. ②매우. 심하게. ③까닭 없이. 이유 없이. 실없이.

189 제상(諸相) : 부처와 전륜성왕의 몸에 갖추어져 있다고 하는 삼십이상(三十二相)을 가

볼 수 있느냐?"

수보리가 답했다.

"제가 부처님께서 말씀하신 뜻을 이해한 바로는 32가지 모습을 갖춘 것으로써 여래를 보아서는 안 됩니다."

부처님께서 수보리에게 말씀하셨다.

"좋고, 좋다. 그렇고, 그렇다. 그대가 말한 것처럼 32가지 모습을 갖춘 것으로써 여래를 보아서는 안 된다. 수보리여, 만약 32가지 모습을 갖춘 것으로써 여래를 본다면, 전륜성왕(轉輪聖王)도 마땅히 여래일 것이다. 이 까닭에 32가지 모습을 갖춘 것으로써 여래를 보아서는 안 된다. 이와 같이 32가지 모습은 32가지 모습이 아닌 것으로써 여래를 보아야 한다."

佛告善現: "於汝意云何? 可以諸相具足觀如來不?" 善現答言: "如我解佛所說義者, 不應以諸相具足觀於如來." 佛言善現: "善哉, 善哉. 如是, 如是. 如汝所說, 不應以諸相具足觀於如來. 善現, 若以諸相具足觀如來者, 轉輪聖王應是如來. 是故不應以諸相具足觀於如來. 如是應以諸相非相觀於如來."

그때 세존께서 게송(偈頌)을 말씀하셨다.

리킴.

"안색으로써 나를 보거나

음성으로써 나를 찾는다면,

그는 삿된 단견(斷見)[190]을 일으켰으니[191]

나를 볼 수 없을 것이다.

부처의 법성(法性)이 곧

도사(導師)[192]의 법신(法身)임을 보아야 하지만,

법성(法性)은 알 수 있는 것이 아니니

그 까닭에 그는 밝힐 수 없는 것이다."

爾時世尊而說頌曰:

"諸以色觀我, 以音聲尋我,

彼生履邪斷, 不能當見我.

應觀佛法性, 卽導師法身,

法性非所識, 故彼不能了."

---

190 단견(斷見) : 만법은 무상(無常)하게 생멸변화하고 사람도 죽으면 몸과 마음이 모두 없
      어져 버린다고 주장하는 견해(見解). 만법의 실상은 영원히 변치 않아서 이 몸도 죽었
      다가는 다시 태어나서 끝없이 지속된다고 주장하는 상견(常見)과 더불어 단상이견(斷
      常二見) 혹은 단상사견(斷常邪見)이라고 한다. 여기선 모습과 소리가 생멸하는 것이
      므로 단견(斷見)이라고 한 것 같다.
191 이 구절을 구마라집(鳩摩羅什)은 '이 사람은 삿된 길을 가니'(是人行邪道)로 번역했다.
192 도사(導師) : 인도하는 스승. 부처님과 보살의 경칭.

부처님께서 수보리에게 말씀하셨다.

"그대의 생각은 어떠냐? 여래응정등각은 온갖 모습을 갖춤으로써 위없는 바르고 평등한 깨달음을 증명하여 나타내느냐?

수보리여, 그대는 지금 그렇게 생각하지 말아야 한다. 무슨 까닭인가? 수보리여, 여래응정등각은 온갖 모습을 갖춤으로써 위없는 바르고 평등한 깨달음을 증명하여 나타내지 않는다.

또 수보리여, 이와 같이 보살승(菩薩乘)을 얻겠다고 발심한 사람이 무너지거나 끊어지는 법을 조금이라도 시설(施設)하느냐?

수보리여, 그대는 지금 그렇게 생각하지 말아야 한다. 보살승을 얻겠다고 발심한 모든 사람은 부서지고 끊어지는 법은 끝내 조금도 시설하지 않는다.

佛告善現: "於汝意云何? 如來應正等覺, 以諸相具足, 現證無上正等覺耶? 善現, 汝今勿當作如是觀. 何以故? 善現, 如來應正等覺, 不以諸相具足, 現證無上正等菩提. 復次, 善現, 如是發趣菩薩乘者, 頗施設少法若壞若斷耶? 善現, 汝今勿當作如是觀. 諸有發趣菩薩乘者, 終不施設少法若壞若斷.

또 수보리여, 예컨대 착한 남자와 착한 여인이 강가 강의 모래알 숫자와 같은 세계를 칠보로 가득 채워서 여래응정등각에게 보시한다고 하자. 만약 보살이 모든 무아(無我)와 무생법(無生法) 속에서 참고 견딜 수 있다면, 이 까닭에 생기는 복은 앞의 보시로 인한 복보다도 훨씬 더 많다. 또 수보리여, 보살은 마땅히 복을 받지[193] 말아야 한다."

장로 수보리가 곧 부처님께 아뢰었다.
"세존이시여, 어찌하여 보살은 복을 받지 말아야 합니까?"

부처님께서 수보리에게 말씀하셨다.
"받는 것은 받는 것이 아니니, 그 때문에 받는다고 말한다. 또 수보리여, 만약 여래가 간다거나 온다거나 머문다거나 앉는다거나 눕는다고 말한다면, 이 사람은 내가 말한 뜻을 이해하지 못한 것이다.
무슨 까닭인가? 수보리여, 여래라는 말은 곧 진실(眞實)과 동의어(同義語)[194]이고 진여(眞如)와 동의어이니, 전혀 오는 바도 없고 가는 바도 없다. 그러므로 여래응정등각이라는 이름을 말하는 것이다.

復次, 善現, 若善男子或善女人, 以殑伽河沙等世界盛滿七寶奉施如來應正等覺. 若有菩薩於諸無我無生法中獲得堪忍, 由是因緣所生福聚甚多於彼. 復次, 善現, 菩薩不應攝受福聚." 具壽善現卽白佛言: "世尊, 云何菩薩不應攝受福聚?" 佛言善現: "所應攝受不應攝受, 是故說名所應攝受. 復次, 善現, 若有說言如來若去若來若住若坐若臥, 是人不解我所說義. 何以故? 善現, 言如來者卽是眞實眞如增語, 都無所去無所從來. 故名如來應正等覺.

---

193 섭수(攝受) : ①얻다. 받다. ②거두어 받아들이다.
194 증어(增語) : ①명칭. 별명. 동의어. 비유어. ②(번역자가) 덧붙인 말.

또 수보리여, 만약 착한 남자와 착한 여인이 삼천대천세계에 있는 먼지의 숫자만큼 많은 세계가 있고 이 헤아릴 수 없는 세계의 모습[195]이 먼지처럼 새까맣게 된다고 하자. 수보리여, 그대의 생각은 어떠냐? 이 먼지들이 어찌 많지 않겠느냐?"

수보리가 답했다.

"이 먼지들은 매우 많습니다, 세존이시여. 매우 많습니다, 선서시여.

무슨 까닭일까요? 세존이시여, 만약 먼지들이 참으로 있다면, 부처님께선 먼지라고 말씀하지 않으셨을 것이기 때문입니다.

까닭이 무엇일까요? 여래께선 먼지는 곧 먼지가 아니라고 말씀하셨으니, 그러므로 이름이 먼지인 것입니다.

여래께선 삼천대천세계는 곧 삼천대천세계가 아니라고 말씀하셨으니, 그러므로 이름이 삼천대천세계인 것입니다.

무슨 까닭일까요? 세존이시여, 만약 세계가 참으로 있다면 한 덩어리[196]일 텐데, 여래께서 말씀하시기를 한 덩어리는 곧 한 덩어리가 아니라고 하셨으니, 그러므로 이름이 한 덩어리인 것입니다."

復次, 善現, 若善男子或善女人, 乃至三千大千世界大地極微塵量等世界, 即

---

195 색상(色像) : ①색신(色身). ②물질적인 것이 나타나는 것. ③눈으로 볼 수 있는 모든 경계(境界).

196 일합집(一合執) : =일합상(一合相). 하나로 합해진 모습. 한덩어리. 분리할 수 없는 하나의 전체.

以如是無數世界色像爲墨如極微聚. 善現, 於汝意云何? 是極微聚寧爲多不?"

善現答言: "是極微聚, 甚多世尊甚多善逝. 何以故? 世尊, 若極微聚是實有者,

佛不應說爲極微聚. 所以者何? 如來說極微聚, 卽爲非聚, 故名極微聚. 如來

說三千大千世界, 卽非世界, 故名三千大千世界. 何以故? 世尊, 若世界是實有

者, 卽爲一合執, 如來說一合執, 卽爲非執, 故名一合執."

부처님께서 수보리에게 말씀하셨다.

"이 한 덩어리는 말할 수 없고 부질없이 논의할[197] 수 없다. 그러나 저 모든 어리석은 중생들은 억지로 법이라고 집착한다.

무슨 까닭인가? 수보리여, 만약 이렇게 생각한다면, 여래는 나라는 견해와 중생이라는 견해와 목숨이라는 견해와 사람이라는 견해와 자아라는 견해와 의식으로 생각한다는 견해와 바라문의 학생이라는 견해와 행위의 주체라는 견해와 행위의 객체라는 견해를 하나하나 상세히 말할 것이다.[198]

그대의 생각은 어떠냐? 이와 같은 말이 바른 말이냐?"

수보리가 말했다.

"아닙니다, 세존이시여. 아닙니다, 선서시여. 그와 같은 말은 바른

---

197 희론(戱論): 희롱(戱弄)의 담론(談論). 부질없이 희롱하는, 아무 뜻도 이익도 없는 말.
  여기에는 사물에 집착하는 미혹한 마음으로 하는 여러 가지 옳지 못한 언론인 애론(愛
  論)과 여러 가지 치우친 소견으로 하는 의론인 견론(見論)의 2종이 있다. 둔근인(鈍根
  人)은 애론, 이근인(利根人)은 견론, 재가인(在家人)은 애론, 출가인(出家人)은 견론,
  천마(天魔)는 애론, 외도(外道)는 견론, 범부(凡夫)는 애론, 2승(乘)은 견론을 고집함.

198 선설(宣說): 하나하나 베풀어 상세히 말하다. 교법(敎法)을 자세히 설명하다.

말이 아닙니다.

까닭이 무엇일까요? 여래께서 말씀하시길, 나라는 견해와 중생이라는 견해와 목숨이라는 견해와 사람이라는 견해와 자아라는 견해와 의식으로 생각한다는 견해와 바라문의 학생이라는 견해와 행위의 주체라는 견해와 행위의 객체라는 견해는

곧 나라는 견해와 중생이라는 견해와 목숨이라는 견해와 사람이라는 견해와 자아라는 견해와 의식으로 생각한다는 견해와 바라문의 학생이라는 견해와 행위의 주체라는 견해와 행위의 객체라는 견해가 아니기 때문에

이름이 나라는 견해와 중생이라는 견해와 목숨이라는 견해와 사람이라는 견해와 자아라는 견해와 의식으로 생각한다는 견해와 바라문의 학생이라는 견해와 행위의 주체라는 견해와 행위의 객체라는 견해인 것이기 때문입니다."

부처님께서 수보리에게 말씀하셨다.
"보살승을 얻겠다고 마음을 낸 모든 이들은 모든 법에 대하여 마땅히 이와 같이 알아야 하고, 이와 같이 보아야 하고, 이와 같이 믿고 이해해야 하고, 이와 같이 법이라는 개념에 머물지 말아야 한다.
무슨 까닭인가? 수보리여, 법이라는 생각을 여래는 법이라는 생각이 아니라고 말하니, 이 까닭에 여래는 법이라는 생각이라고 말하기 때문이다.

佛言善現: "此一合執, 不可言說, 不可戲論. 然彼一切愚夫異生强執是法. 何以故? 善現, 若作是言, 如來宣說我見有情見命者見士夫見補特伽羅見意生見摩納婆見作者見受者見. 於汝意云何? 如是所說爲正語不?"善現答言: "不也, 世尊. 不也, 善逝. 如是所說非爲正語. 所以者何? 如來所說我見有情見命者見士夫見補特伽羅見意生見摩納婆見作者見受者見, 卽爲非見, 故名我見乃至受者見."佛告善現: "諸有發趣菩薩乘者, 於一切法, 應如是知, 應如是見, 應如是信解, 如是不住法想. 何以故? 善現, 法想法想者, 如來說爲非想, 是故如來說名法想法想.

또 수보리여, 예컨대 보살마하살이 헤아릴 수 없이 많은 세계를 칠보로 가득 채워서 여래응정등각에게 보시한다고 하자. 만약 착한 남자와 착한 여인이 이 반야바라밀다경 속의 사구게를 받아 지니고 읽고 외우고 마침내 통달하여 도리에 알맞게 생각하고 나아가 널리 타인을 위하여 자세히 말하고 가르쳐 준다면, 이 까닭에 생기는 복은 앞의 보살마하살의 복보다도 헤아릴 수 없이 더 많다.

어떻게 남에게 자세히 말하여 가르쳐 주는가? 남에게 자세히 말하여 가르쳐 주는 것이 아님과 같기 때문에, 이름이 남에게 자세히 말하여 가르쳐 준다고 하는 것이다."

復次, 善現. 若菩薩摩訶薩, 以無量無數世界盛滿七寶, 奉施如來應正等覺, 若善男子或善女人, 於此般若波羅蜜多經中乃至四句伽他, 受持讀誦究竟通利如理作意, 及廣爲他宣說開示, 由此因緣所生福聚, 甚多於前無量無數. 云何爲他宣說開示？ 如不爲他宣說開示, 故名爲他宣說開示."

그때 세존께선 게송을 말씀하셨다.

"모든 화합하여 이루어진 것은
마치 눈앞의 아지랑이나[199] 불꽃의 환영[200]과 같고,
이슬, 물거품, 꿈, 번개, 구름과 같으니
이와 같이 보아야만 한다."

爾時世尊而說頌曰:

"諸和合所爲, 如星翳燈幻,
露泡夢電雲, 應作如是觀."

부처님께서 이 경(經)을 말씀하셨을 때에 존자 수보리와 모든 비구,
비구니, 남자 신도, 여자 신도, 온갖 세간(世間)의 중생들, 천인(天人),
아수라, 건달바 등이 부처님께서 말씀하신 이 경을 듣고서 모두 크게
기뻐하면서 믿고 받아들여 삼가 행하였다.

대반야바라밀다경 제577권.

---

199 성예(星翳) : =백예(白翳). 각막병에 걸린 후 각막에 남은 상처의 흔적, 또는 그 흔적이
    눈앞에 환상처럼 나타나는 것.
200 등환(燈幻) : 등불을 오래 쳐다보면 눈앞에 생기는 불꽃의 환영(幻影).

時薄伽梵說是經已，尊者善現及諸苾芻苾芻尼鄔波索迦鄔波斯迦，并諸世間天人阿素洛健達縛等，聞薄伽梵所說經已，皆大歡喜信受奉行.

大般若波羅蜜多經　卷第五百七十七

문수반야경

문수사리소설마하반야바라밀경 상권

문수사리소설마하반야바라밀경 하권

대반야바라밀다경 만수실리본-1

대반야바라밀다경 만수실리본-2

문수사리소설마하반야바라밀경

文殊師利所說摩訶般若波羅蜜經

상권

上卷

양 부남국 삼장 만타라선 한역

梁 扶南國 三藏 曼陀羅仙 漢譯

김태완 역주

이와 같이 나는 들었다.

한때에 부처님께서 사위국[201] 기수급고독원[202]에 비구 1천 명 및 보살마하살[203] 1만 명과 함께 계셨다. 그 보살들은 대장엄(大莊嚴)[204]으로써 스스로를 장엄하고 모두 이미 불퇴전(不退轉)[205]의 지위에 머물

201 사위국(舍衛國) : śrāvasti . 실라벌(室羅筏) · 실라벌실저(室羅筏悉底) · 시라바제(尸羅婆提)라고도 음역. 문자(聞者) · 문물(聞物) · 풍덕(豊德) · 호도(好道) 등이라 번역. 중인도 교살라국의 도성(都城). 부처님이 계실때는 바사닉왕 · 유리왕이 살았으며, 성 남쪽에는 유명한 기원정사가 있었다. 또 사위를 나라 이름이라고 하는 것은, 남쪽의 교살라국과 구별하기 위하여 성 이름을 나라 이름으로 한 것. 그 위치에 대해서는 지형, 또는 유물의 발견에 의하여 지금의 콘다 Conda 주의 세트마헤트 Setmahet인 것이 대개 증명되었음.

202 기수급고독원(祇樹給孤獨園) : 기다수급고독원(祇多樹給孤獨園), 줄여서 기수원(祇樹園) · 기원(祇園) · 급고독원(給孤獨園). 중인도 사위성(舍衛城)에서 남으로 1마일 지점에 있었다. 기원정사(祇園精舍)가 있었던 곳으로 부처님이 설법한 유적지. 이곳은 본래 바사닉왕의 태자 기타(祇陀)가 소유한 원림(園林)이었으나, 급고독장자(給孤獨長者)가 그 땅을 사서 석존께 바치고 태자는 또 그 숲을 부처님께 바쳤으므로, 두 사람의 이름을 합하여 이 이름을 지었다.

203 보살마하살(菩薩摩訶薩) : bhodhisattva mahāsattva. 보리살타마하살타(菩提薩埵摩訶薩埵)라고도 음역. 보리살타는 도중생(道衆生) · 각유정(覺有情)이라 번역. 마하살타는 대중생(大衆生) · 대유정(大有情)이라 번역. 도과(道果)를 구하는 이를 도중생이라 하니, 도과를 구하는 이는 성문연각에 통하므로 이들과 구별하기 위하여 다시 대중생이라 한 것. 또 보살에는 많은 계위(階位)가 있으므로 그 중에 10지(地) 이상의 보살을 표시하기 위하여 다시 마하살이라고도 함.

204 대장엄(大莊嚴) : 복덕과 지혜가 모두 훌륭함.

205 불퇴전(不退轉) : 물러나지 않음. 수행의 계위(階位)에서 믿음의 확립이나 법안(法眼)의 획득 등의 단계에 이르면 물러나서 악도에 떨어진다거나 이승지(二乘地)로 떨어진

157

러 있었다. 그 보살들의 이름은 미륵보살(彌勒菩薩) · 문수사리보살(文殊師利菩薩) · 무애변보살(無礙辯菩薩) · 불사담보살(不捨擔菩薩) 등 이와 같은 대보살들이었다. 문수사리동진보살마하살(文殊師利童眞菩薩摩訶薩)[206]은 새벽[207]이 밝아 올 때에 머물던 곳에서 나와 부처님 계신 곳으로 찾아와선 바깥에 서 있었다.

如是我聞. 一時佛在舍衛國祇樹給孤獨園, 與大比丘僧滿足千人, 菩薩摩訶薩十千人俱. 以大莊嚴而自莊嚴, 皆悉已住不退轉地. 其名曰彌勒菩薩, 文殊師利菩薩, 無礙辯菩薩, 不捨擔菩薩, 與如是等大菩薩俱. 文殊師利童眞菩薩摩訶薩, 明相現時從其住處來詣佛所, 在外而立.

그때 존자(尊者) 사리불(舍利弗) · 부루나(富樓那) · 대목건련(大目犍連) · 마하가섭(摩訶迦葉) · 마하가전연(摩訶迦旃延) · 마하구치라(摩訶拘絺羅) 등 이와 같은 여러 대성문(大聲聞)[208]들은 각자 머물던 곳에서 나와 함께 부처님 계신 곳으로 찾아와서 바깥에 서 있었다.

부처님은 대중이 모두 모인 것을 알고서 머물던 곳에서 나와 자리

다거나 깨달아 얻은 법을 다시 잃게 된다거나 하는 일이 결코 없게 되는 것이다.

206 문수를 동진보살(童眞菩薩)이라고 하는 것으로 보아 문수가 동자(童子)의 모습으로 나타난 것이다. 동진(童眞)은 kumāra의 번역으로서 동자(童子)라는 뜻. 동자의 성은 천진난만하기 때문에 진(眞)이라고 함.

207 명상(明相) : aruṇa의 번역. 새벽. 날이 새는 모양. 비구는 명상이 나타날 때인 이른 아침에 아침식사로서 죽을 먹는 것이 그 율제(律制)이다.

208 대성문(大聲聞) : 대승의 보살들에 대하여 소승의 아라한을 가리킴.

158

를 펴고 앉아 사리불에게 말했다.

"그대들은 지금 무슨 까닭에 새벽에 문밖에 서 있는가?"

사리불이 부처님께 아뢰었다.

"세존이시여, 문수사리동진보살(文殊師利童眞菩薩)이 먼저 이곳에
도착하여 문밖에 서 있었습니다. 저희는 사실 뒤늦게 왔습니다."

爾時尊者舍利弗, 富樓那彌多羅尼子, 大目犍連, 摩訶迦葉, 摩訶迦旃延,
摩訶拘絺羅, 如是等諸大聲聞, 各從住處俱詣佛所, 在外而立. 佛知衆會皆悉
集已, 爾時如來從住處出, 敷座而坐, 告舍利弗："汝今何故, 於晨朝時在門外
立?" 舍利弗白佛言："世尊, 文殊師利童眞菩薩, 先已至此住門外立. 我實於後
晚來到耳."

그때 세존이 문수사리에게 물었다.

"네가 사실은 먼저 여기에 왔으니 여래를 만나고자 하느냐?"

문수사리가 곧 부처님께 아뢰었다.

"그렇습니다, 세존이시여. 제가 이곳에 온 것은 사실 여래[209]를 뵙
고자 해서입니다.

무슨 까닭일까요? 저는 여래의 모습을 바르게 보아서 중생에게 이
익을 주려고 합니다.

---

209 여래(如來)는 곧 우리의 마음이다.

저는 여래의 여여한 모습은 다르지 않은 모습이고, 움직이지 않는 모습이고, 조작하지 않는 모습이고, 생겨남이 없는 모습이고, 사라짐이 없는 모습이고, 있지 않은 모습이고, 없지 않은 모습이고, 장소[210]에 있지도 않고, 장소를 벗어나지도 않고, 과거·현재·미래도 아니고, 과거·현재·미래가 아닌 것도 아니고, 두 모습이 아니고, 두 모습이 아닌 것도 아니고, 더러운 모습도 아니고, 깨끗한 모습도 아님을 봅니다.

이와 같이 여래를 바르게 보아 중생에게 이익을 주려 합니다."

부처님이 문수사리에게 말했다.

"만약 그와 같이 여래를 볼 수 있다면, 마음은 취할 것이 없고 또 취하지 않을 것도 없고, 모아서 쌓아 놓은[211] 것도 아니고 모아서 쌓아 놓지 않은 것도 아니니라."

爾時世尊問文殊師利:"汝實先來到此住處, 欲見如來耶?" 文殊師利卽白佛言:"如是世尊. 我實來此欲見如來. 何以故? 我樂正觀利益衆生. 我觀如來如如相, 不異相不動相不作相, 無生相無滅相, 不有相不無相, 不在方不離方, 非三世非不三世, 非二相非不二相, 非垢相非淨相. 以如是等, 正觀如來利益衆生." 佛告文殊師利:"若能如是見於如來, 心無所取亦無不取, 非積聚非不積聚."

---

210 방(方) : 방소(方所). 장소. 곳. 방향.
211 적취(積聚) : 모아서 쌓아 두다. 모아서 쌓아 놓다.

그때 사리불이 문수사리에게 말했다.

"만약 그대가 말한 바와 같이 이러할 수 있다면, 여래를 보는 자는 매우 드물 것이다. 그대가 말한 바와 같이 여래를 본다면, 모든 중생을 위하기 때문에 여래를 보지만 마음에는 중생의 모습을 취하지 않고, 모든 중생을 교화하여 열반(涅槃)[212]으로 향하도록 하지만 역시 열반의 모습을 취하지 않고, 모든 중생을 위하여 대장엄(大莊嚴)[213]을 내지만 마음은 대장엄이라는 모습을 보지 않을 것이기 때문이다."

爾時舍利弗語文殊師利言："若能如是如汝所說, 見如來者甚爲希有. 爲一切衆生故見於如來, 而心不取衆生之相, 化一切衆生向於涅槃, 而亦不取向涅槃相, 爲一切衆生發大莊嚴, 而心不見莊嚴之相."

그때 문수사리동진보살마하살이 사리불에게 말했다.

"그렇습니다. 그렇습니다. 당신이 말한 바와 같습니다. 비록 모든 중생을 위하여 대장엄을 내었지만 마음은 언제나 중생의 모습을 보지 않고, 모든 중생을 위하여 대장엄을 내었지만 중생의 세계[214]는 늘어나지도 않고 줄어들지도 않습니다.

---

212 열반(涅槃) : nirvaṇa의 음역. 의역은 적멸(寂滅)임. 열반적멸(涅槃寂滅)이라고도 번역. 반대 개념은 생사(生死). 삶과 죽음이라는 번뇌망상이 사라진 마음.
213 대장엄(大莊嚴) : 장엄(莊嚴)은 아름답게 장식한다는 말. 여러 가지 아름다운 장식 가운데 특히 복덕과 지혜가 모두 훌륭함을 일러 대장엄이라고 함.
214 중생취(衆生趣) : 중생이 윤회하며 가는 세계. 취(趣)는 중생이 번뇌로 말미암아 말·행동·생각 등으로 악업을 짓고, 그 업인(業因)으로 인하여 가게 되는 국토(國土). 5취·6취의 구별이 있음. 도(道)라고도 함.

가령 한 부처님이 세간에 한 겁(劫)[215]이나 한 겁 이상 머무시고, 이 한 부처님의 세계처럼 다시 헤아릴 수 없고 끝도 없는 갠지스 강의 모래알만큼 많은 온갖 부처님이 계시고, 이와 같은 한 분 한 분의 부처님이 한 겁이나 한 겁 이상 밤낮으로 법을 말씀하셔서 마음에 잠시의 휴식도 없이 각각의 부처님이 헤아릴 수 없는 갠지스 강의 모래알 같이 많은 중생들을 제도하여 모두 열반에 들어가게 한다고 하여도, 중생의 세계는 역시 늘어나지도 않고 줄어들지도 않습니다.

나아가 온 우주의 모든 부처님의 세계도 역시 그와 같아서 모든 부처님 한 분 한 분이 법을 말씀하셔서 중생을 교화하여 헤아릴 수 없는 갠지스 강의 모래알처럼 많은 중생들을 제도하여 모두 열반에 들어가게 하여도, 중생의 세계는 역시 늘어나지도 않고 줄어들지도 않습니다.

무슨 까닭일까요? 중생이라는 정해진 모습[216]을 얻을 수 없기 때문입니다. 이 까닭에 중생의 세계는 늘어나지도 않고 줄어들지도 않습니다."

爾時文殊師利童眞菩薩摩訶薩語舍利弗言："如是. 如是. 如汝所說. 雖爲一切衆生發大莊嚴, 心恒不見有衆生相, 爲一切衆生發大莊嚴, 而衆生趣亦不增

215　겁(劫)：kalpa. 겁파(劫波·劫跛·劫簸)·갈랍파(羯臘波)라 음역. 분별시분(分別時分)·분별시절(分別時節)·장시(長時)·대시(大時)라 번역. ①인도에서는 범천(梵天)의 하루. 곧 인간세계의 4억 3천2백만 년을 1겁이라 함. ②불교에서는 보통 연월일로 써는 헤아릴 수 없는 아득한 시간을 가리킴.

216　정상(定相)：①정해진 모습. 고정된 모습. ②언제나 변함없는 모습. ③선정(禪定)에 든 모습.

不滅. 假使一佛住世, 若一劫若過一劫, 如此一佛世界, 復有無量無邊恒河沙諸佛, 如是一一佛若一劫若過一劫, 晝夜說法心無暫息, 各各度於無量恒河沙衆生, 皆入涅槃, 而衆生界亦不增不減. 乃至十方諸佛世界, 亦復如是, 一一諸佛說法敎化, 各度無量恒河沙衆生, 皆入涅槃, 於衆生界亦不增不減. 何以故? 衆生定相不可得故. 是故, 衆生界不增不減."

사리불이 다시 문수사리에게 말했다.

"만약 중생의 세계가 늘어나지도 않고 줄어들지도 않는다면, 무슨 까닭에 보살은 온갖 중생을 위하여 위없는 바르고 평등한 깨달음[217]을 구하여 늘 법을 말씀하실까?"

문수사리가 말했다.

"만약 모든 중생들이 전부 텅 빈 헛된 모습[218]이라면, 위없는 바르고 평등한 깨달음을 구하는 보살도 없을 것이고, 법을 말해 줄 중생도 없을 것입니다. 무슨 까닭일까요? 제가 말하는 법 속에는 얻을 수

217 아누다라삼약삼보리(阿耨多羅三藐三菩提) : anuttarā-samyak-saṃbodhiḥ의 음사(音寫). 아뇩다라삼먁삼보리(阿耨多羅三藐三菩提)라고도 읽는다. 줄여서 아누삼보리·아누보리(阿耨菩提)라고도 한다. 무상정등정각(無上正等正覺)·무상정등각(無上正等覺)이라 번역. 최상의 바르고 평등한 깨달음. 아누다라는 무상(無上), 삼약삼보리는 정변지(正遍智), 또는 정등정각(正等正覺)이라 번역하니 앞의 것은 구역(舊譯)이고 뒤의 것은 신역(新譯)이다. 줄여서 정각(正覺)이라 한다.

218 공상(空相) : 온갖 법이 모두 공(空)인 모습, 즉 모든 법의 모습은 모두 인연으로 말미암아 생기고 사라지는 실체 없는 헛된 모습. 모든 법은 죄다 인연으로 생긴 것이므로 어느 것이고 그 자성이 있는 것이 아니기에 이를 두고 제법(諸法)은 공상(空相)이라 함.

있는 하나의 법도 없기 때문입니다."

舍利弗復語文殊師利言：“若衆生界不增不減，何故菩薩爲諸衆生，求阿耨多羅三藐三菩提，常行說法？”文殊師利言：“若諸衆生悉空相者，亦無菩薩求阿耨多羅三藐三菩提，亦無衆生而爲說法. 何以故？ 我說法中，無有一法當可得故.”

그때 부처님이 문수사리에게 말했다.
"만약 중생이 없다면, 어찌하여 중생과 중생의 세계가 있다고 말하느냐?"

문수사리가 부처님께 아뢰었다.
"모든 중생 세계의 모습은 모든 부처님 세계의 모습과 같기 때문입니다."

부처님이 다시 물었다.
"중생 세계라는 것에는 크기가 있느냐?"

문수사리가 답했다.
"중생 세계의 크기는 부처님 세계의 크기와 같습니다."

부처님이 다시 물었다.

"중생 세계의 크기에는 장소가 있느냐?"

문수사리가 답했다.
"중생 세계의 크기는 헤아려 볼 수 없습니다."

부처님이 다시 물었다.
"중생 세계의 모습에는 머물 곳이 있느냐?"

문수사리가 답했다.
"중생 세계의 모습에는 머물 곳이 없으니, 마치 허공에 머무는 것과 같습니다."

부처님이 문수사리에게 말했다.
"이와 같이 반야바라밀(般若波羅蜜)[219]을 닦을 때에 어떻게 반야바라밀에 머물러야 하느냐?"

문수사리가 말했다.
"법에 머물지 않음으로써 반야바라밀에 머뭅니다."

---

219 반야바라밀(般若波羅蜜) : Prajñāpāramitā의 음역. 반야바라밀다(般若波羅蜜多)라고도 음역. 지도(智度) · 도피안(到彼岸)이라 번역. 6바라밀의 하나. 반야는 실상(實相)을 비춰 보는 지혜로서, 나고 죽는 이 언덕을 건너 열반의 저 언덕에 이르는 배나 뗏목과 같으므로 바라밀다라 한다.

爾時佛告文殊師利:"若無衆生, 云何說有衆生及衆生界?"文殊師利言:"衆生界相如諸佛界."又問:"衆生界者是有量耶?"答曰:"衆生界量如佛界量."佛又問:"衆生界量有處所不?"答曰:"衆生界量不可思議."又問:"衆生界相爲有住不?"答曰:"衆生無住, 猶如空住."佛告文殊師利:"如是修般若波羅蜜時, 當云何住般若波羅蜜?"文殊師利言:"以不住法, 爲住般若波羅蜜."

부처님이 다시 문수사리에게 물었다.
"어떻게 법에 머물지 않아야 반야바라밀에 머문다고 하느냐?"

문수사리가 말했다.
"모습에 머묾이 없다면 반야바라밀에 머무는 것입니다."

부처님이 다시 문수사리에게 말했다.
"이와 같이 반야바라밀에 머물 때에 온갖 선근(善根)[220]은 어떻게 늘어나고 어떻게 줄어드느냐?"

문수사리가 말했다.
"만약 이와 같이 반야바라밀에 머물 수 있다면, 온갖 선근은 늘어나지도 않고 줄어들지도 않으며, 모든 법 역시 늘어나지도 않고 줄어들지도 않으며, 반야바라밀의 본성과 모습 역시 늘어나지도 않고 줄

---

220 선근(善根) : 깨달음을 가져오는 좋은 원인. 좋은 결과를 가져올 좋은 원인이라는 뜻. 선행(善行)을 나무의 뿌리에 비유한 것. 착한 행업의 공덕 선근을 심으면 반드시 선과 (善果)를 맺는다 함.

어들지도 않습니다.

세존이시여, 이와 같이 반야바라밀을 닦는다면, 범부의 법을 버리지도 않고 성현(聖賢)의 법을 취하지도 않습니다.

무엇 때문일까요? 반야바라밀에서는 취할 수 있는 법도 볼 수 없고, 버릴 수 있는 법도 볼 수 없기 때문입니다. 이와 같이 반야바라밀을 닦는다면 좋아할 열반(涅槃)도 볼 수 없고 싫어할 생사(生死)[221]도 볼 수 없습니다.

무슨 까닭일까요? 생사라는 것을 볼 수 없는데, 어떻게 버리겠습니까? 열반이라는 것을 볼 수 없는데, 어떻게 좋아하겠습니까? 이와 같이 반야바라밀을 닦는다면, 버려야 할 번뇌도 볼 수 없고, 취해야 할 공덕(功德)[222]도 볼 수 없습니다.

모든 법에서 마음은 늘어나지도 않고 줄어들지도 않습니다.

무슨 까닭일까요? 늘어나거나 줄어드는 법의 세계를 볼 수 없기 때문입니다.

세존이시여, 만약 이와 같을 수 있다면, 일러 반야바라밀을 닦는다고 합니다.

---

221 생사(生死) : =생멸(生滅). jāti-maraṇa. 중생의 일생인 시작과 끝을 말함. 즉, 번뇌에 물든 중생의 삶. 상대 개념은 열반(涅槃).

222 공덕(功德) : guṇa. 구나(求那)·구낭(懼囊)·우낭(麌曩)이라고 음역. 좋은 일을 쌓은 공과 불도를 수행한 덕을 말함. 공덕을 해석하는 데 여러 가지 말이 있음. ①복덕과 같은 뜻으로, 복은 복리, 선(善)을 수행하는 이를 도와 복되게 하므로 복이라 하며, 복의 덕이므로 복덕이라 함. ②공(功)을 공능(功能)이라 해석. 선(善)을 수행하는 이를 도와 이롭게 하므로 공이라 하고, 공의 덕이란 뜻으로 공덕이라 함. ③공을 베푸는 것을 공이라 하고, 자기에게 돌아옴을 덕이라 함. ④악(惡)이 다함을 공, 선이 가득 차는 것을 덕이라 함. ⑤덕은 얻었다[得]는 것이니, 공을 닦은 뒤에 얻는 것이므로 공덕이라 함.

세존이시여, 생기거나 사라지는 어떤 법도 보지 않는 것이 곧 반야바라밀을 닦는 것입니다.

세존이시여, 늘어나거나 줄어드는 어떤 법도 보지 않는 것이 곧 반야바라밀을 닦는 것입니다.

세존이시여, 구할 수 있는 법의 모습을 보지 못하는 슬픔이 마음에 없는 것이 곧 반야바라밀을 닦는 것입니다.

세존이시여, 좋거나 나쁜 것을 보지 않으면, 높거나 낮다는 생각을 내지 않고 취하거나 버리지 않습니다.

무슨 이유일까요?

법에는 좋거나 나쁨이 없으니, 온갖 모습을 벗어났기 때문입니다.

법에는 높고 낮음이 없으니, 법의 본성이 평등하기 때문입니다.

법에는 취할 것도 버릴 것도 없으니, 실제(實際)[223]에 머물기 때문입니다.

이것이 반야바라밀을 닦는 것입니다.”

佛復問文殊師利: "云何不住法, 名住般若波羅蜜?" 文殊師利言: "以無住相, 卽住般若波羅蜜." 佛復告文殊師利: "如是住般若波羅蜜時, 是諸善根, 云何增長? 云何損減?" 文殊師利言: "若能如是住般若波羅蜜, 於諸善根無增無減, 於一切法亦無增無減, 是般若波羅蜜性相亦無增無減. 世尊, 如是修般若波羅蜜, 則不捨凡夫法, 亦不取賢聖法. 何以故? 般若波羅蜜不見有法可取可捨. 如是

---

223 실제(實際) : 참된 끝이란 뜻으로 진여법성(眞如法性)을 가리킴. 이는 온갖 법의 끝이 되는 곳이므로 실제, 또 진여의 실리(實理)를 깨달아 그 궁극(窮極)에 이르므로 이렇게 이름.

修般若波羅蜜, 亦不見涅槃可樂生死可厭. 何以故? 不見生死況復厭離, 不見涅槃何況樂著. 如是修般若波羅蜜, 不見垢惱可捨, 亦不見功德可取. 於一切法心無增減. 何以故? 不見法界有增減故. 世尊, 若能如是, 是名修般若波羅蜜. 世尊, 不見諸法有生有滅, 是修般若波羅蜜. 世尊, 不見諸法有增有減, 是修般若波羅蜜. 世尊, 心無怖取, 不見法相有可求者, 是修般若波羅蜜. 世尊, 不見好醜, 不生高下不作取捨. 何以故? 法無好醜離諸相故. 法無高下等法性故. 法無取捨住實際故. 是修般若波羅蜜."

부처님이 문수사리에게 말했다.
"이런 모든 불법을 얻어도 뛰어나지 않으냐?"

문수사리가 말했다.
"저는 모든 법에 뛰어나고 변함없는 모습이 있음을 보지 못합니다. 여래께선 모든 법이 공(空)임을 스스로 깨달으셨으니, 겪어 보셔서 아실[224] 것입니다."

부처님이 문수사리에게 말했다.
"그렇다. 그렇다. 여래는 공(空)인 법을 바르게 깨달아 스스로 체험하였다."

문수사리가 부처님께 아뢰었다.

---

224 증지(證知) : 체험으로 알다. 증험(證驗)하여 알다. 겪어 보아서 알다.

"세존이시여, 이 공(空)인 법 속에 얻을 수 있는 뛰어나고 변함없음이 있을 수 있겠습니까?"[225]

부처님께서 말씀하셨다.
"좋구나. 좋구나. 문수사리야. 네가 말한 바와 같은 것이 참된 법이다."

佛告文殊師利："是諸佛法得不勝乎?"文殊師利言："我不見諸法有勝如相. 如來自覺一切法空, 是可證知."佛告文殊師利："如是. 如是. 如來正覺自證空法."文殊師利白佛言："世尊, 是空法中, 當有勝如而可得耶?"佛言："善哉. 善哉. 文殊師利. 如汝所說是眞法乎."

부처님이 다시 문수사리에게 말했다.
"위없음[226]은 불법(佛法)을 일컫는 것이냐?"

문수사리가 말했다.
"부처님께서 말씀하신 것처럼 위없음은 불법을 일컫습니다. 왜 그럴까요? 얻을 수 있는 법이 없음을 일러 위없음이라고 하기 때문입니다."

문수사리가 말했다.

---

225 야(耶) : 문장의 끝에 붙어서 의문, 추측, 반문, 감탄을 나타내는 어기조사.
226 아누다라(阿耨多羅) : anuttara 의 음역. 무상(無上)이라고 번역.

"이와 같이 반야바라밀을 실천하면 법기(法器)[227]라고 일컫지 않으니, 범부를 교화하는 법도 아니고 부처의 법도 아니고 중생의 선근(善根)을 키우는[228] 법도 아닌 것이 곧 반야바라밀을 실천하는 것이기 때문입니다. 또 세존이시여, 반야바라밀을 실천할 때에는 분별하거나 생각할 수 있는 법이 있음을 보지 못합니다."

佛復謂文殊師利言: "阿耨多羅是名佛法不?" 文殊師利: "如佛所說, 阿耨多羅是名佛法. 何以故? 無法可得, 名阿耨多羅." 文殊師利言: "如是修般若波羅蜜, 不名法器. 非化凡夫法, 亦非佛法非增長法, 是修般若波羅蜜. 復次, 世尊, 修般若波羅蜜時, 不見有法可分別思惟."

부처님이 문수사리에게 말했다.
"그대는 불법을 생각하지 않느냐?"

문수사리가 말했다.
"생각하지 않습니다, 세존이시여. 가령 제가 생각한다 하더라도, 불법을 보지 못하고 또 범부법(凡夫法)[229]인지 성문법(聲聞法)[230]인지 벽

---

227 법기(法器) : 법을 담을 만한 그릇. 즉 불도를 수행할 만한 기량을 갖춘 인재.

228 증장(增長) : 키우다. 자라게 하다. 자기와 타인의 선근(善根)을 키운다는 뜻.

229 범부법(凡夫法) : 범부(凡夫)의 법. 범부란 깨달음을 얻지 못한 평범한 중생(衆生).

230 성문법(聲聞法) : 성문(聲聞)의 법. 성문(聲聞)이란 원래의 뜻은 석가모니의 음성을 들은 불제자를 말함. 대승불교에 상대하여 말할 때에는 성문은 곧 소승불교를 가리킨다. 그 의미는 부처님의 가르침에 의지하여 사성제(四聖諦)의 이치를 이해하고, 차례차례 수행의 단계를 거쳐 아라한이 되기를 바라는 수행자이다.

지불법(辟支佛法)[231]인지를 분별할 수 없습니다. 이와 같은 것을 일러 위없는 불법이라고 합니다.

또 반야바라밀을 실천할 때에는 범부의 모습도 보지 못하고 불법의 모습도 보지 못하고 어떤 법에도 결정된 모습이 있음을 보지 못하니, 이것이 바로 반야바라밀을 실천하는 것입니다.

또 반야바라밀을 실천할 때에는 욕계(欲界)[232]도 보지 못하고 색계(色界)[233]도 보지 못하고 무색계(無色界)[234]도 보지 못하고 적멸계(寂滅界)[235]도 보지 못합니다.

왜 그럴까요? 적멸이라는 모습의 법이 있음을 보지 못하는 것이 곧 반야바라밀을 실천하는 것이기 때문입니다.

---

231 벽지불법(辟支佛法) : 벽지불(辟支佛)의 법. 벽지불(辟支佛)은 pratyekabuddha의 음역으로서, 연각(緣覺)·독각(獨覺)이라 번역. 꽃이 피고 잎이 지는 등의 외연(外緣)에 의하여 스승 없이 혼자 깨닫는 이. 혹은 십이인연법(十二因緣法)을 통찰하여 깨달음을 얻은 이.

232 욕계(欲界) : 윤회하는 중생의 세계인 삼계(三界)의 하나. 지옥·아귀(餓鬼)·축생(畜生)·아수라·인간·6욕천의 총칭. 이런 세계는 식욕·수면욕·음욕이 있으므로 욕계라 함.

233 색계(色界) : 삼계(三界)의 하나. 욕계(欲界)의 위에 있으며, 욕계와 같은 음욕·식욕(食欲) 등의 탐욕은 여의었으나, 아직 무색계와 같이 완전히 물질을 여의어 순 정신적인 것은 되지 못한 중간의 물적(物的)인 세계. 선정(禪定)의 얕고·깊고·거칠고·묘함에 의하여 크게 나누어 4선(禪)으로 하고, 다시 18천(天)으로 나눔.

234 무색계(無色界) : 삼계(三界)의 하나. 욕계(欲界)의 각종 욕망을 모두 벗어나고, 또 색계(色界)의 육체를 벗어난 순 정신적 세계. 욕망을 벗어난 수행자가 색신(色身)에 얽매어 자유를 얻지 못함을 싫어하여 들어가는 세계. 이 세계에는 온갖 욕망과 형색(形色)은 없고 수(受)·상(想)·행(行)·식(識)의 4온(蘊)만 있다. 여기에 공무변처(空無邊處)·식무변처(識無邊處)·무소유처(無所有處)·비상비비상처(非想非非想處)의 사천(四天)이 있다. 이승(二乘)의 수행을 한 자가 들어가는 세계.

235 적멸계(寂滅界) : 멸진정(滅盡定) 즉 열반(涅槃)을 가리킴. 욕계, 색계, 무색계는 중생의 세계이고 적멸계는 부처의 세계이다.

또 반야바라밀을 실천할 때에는 은혜를 짓는 것을 보지 못하고 은혜에 보답하는 것을 보지 못하니, 두 모습을 사유하는 마음에 분별이 없는 것이 곧 반야바라밀을 실천하는 것이기 때문입니다.

또 반야바라밀을 실천할 때에는 취할 수 있는 불법을 보지 못하고 버릴 수 있는 범부법을 보지 못하니, 이것이 곧 반야바라밀을 실천하는 것입니다.

또 반야바라밀을 실천할 때에는 소멸시킬 수 있는 범부법을 보지 못하고 마음에서 깨달아 알아야 할 불법을 보지 못하니, 이것이 곧 반야바라밀을 실천하는 것입니다."

佛告文殊師利:"汝於佛法不思惟耶?"文殊師利言:"不也, 世尊. 如我思惟, 不見佛法, 亦不可分別, 是凡夫法, 是聲聞法, 是辟支佛法. 如是名爲無上佛法. 復次, 修般若波羅蜜時, 不見凡夫相, 不見佛法相, 不見諸法有決定相, 是爲修般若波羅蜜. 復次, 修般若波羅蜜時, 不見欲界, 不見色界, 不見無色界, 不見寂滅界. 何以故? 不見有法是盡滅相, 是修般若波羅蜜. 復次, 修般若波羅蜜時, 不見作恩者, 不見報恩者, 思惟二相, 心無分別, 是修般若波羅蜜. 復次, 修般若波羅蜜時, 不見是佛法可取, 不見是凡夫法可捨, 是修般若波羅蜜. 復次, 修般若波羅蜜時, 不見凡夫法可滅, 亦不見佛法而心證知, 是修般若波羅蜜."

부처님이 문수사리에게 말했다.

"좋구나, 좋구나. 그대는 깊고 깊은 반야바라밀의 모습을 이와 같

이 잘 말하는구나. 이것은 모든 보살마하살이 배우는 법인(法印)[236]이
고 또 성문·연각·유학(有學)[237]·무학(無學)[238]의 사람도 마땅히 이 법
인에서 벗어나지 않고 도과(道果)[239]를 실천해야 한다."

부처님이 문수사리에게 말했다.

"만약 사람이 이 법문을 듣고서 놀라지도 않고 두려워하지도 않는
다면, 그는 일 천 부처님을 따라서 온갖 선근을 심었을 뿐만 아니라
백천만억 부처님이 계신 곳에서 오래도록 덕(德)의 뿌리를 심었기 때
문에 이렇게 깊고 깊은 반야바라밀에서 놀라지 않을 수 있고 두려워
하지도 않을 수 있는 것이다."

佛告文殊師利:"善哉, 善哉. 汝能如是善說甚深般若波羅蜜相. 是諸菩薩摩
訶薩所學法印, 乃至聲聞緣覺學無學人亦當不離是印而修道果." 佛告文殊師
利:"若人得聞是法, 不驚不畏者, 不從千佛所種諸善根, 乃至百千萬億佛所久
植德本, 乃能於是甚深般若波羅蜜, 不驚不怖."

---

236 법인(法印) : Dharma-mudrā . 교법의 표시. 인(印)은 인신(印信)·표장(標章)이란 뜻.
    세상의 공문에 인장을 찍어야 비로소 정식으로 효과를 발생하는 것과 같다. 3법인·4
    법인 등이 있어, 외도(外道)의 법과 다른 것을 나타냄.
237 유학(有學) : ↔ 무학(無學). 아직 배울 것이 남아 있는 수행자로서 아라한과까지 이르
    지 못한 소승(小乘)의 성자(聖者). 성문(聲聞)이 온갖 번뇌를 끊으려고 무루의 계(戒)·
    정(定)·혜(慧) 3학(學)을 닦는 지위. 수행과 증과(證果)의 단계로는 4향(向) 4과(果) 중
    에서 아라한과는 무학(無學). 전의 4향 3과는 유학. =유학성문(有學聲聞).
238 무학(無學) : aśaikṣa, 극과(極果)란 뜻. 모든 번뇌를 끊어 없애고, 소승(小乘) 깨달음의
    극위(極位)인 아라한과(阿羅漢果)를 얻은 이를 말한다. 이 지위에 이르면 더 배울 것이
    없으므로 무학이라 하고, 이 자리를 무학위(無學位)라 한다. =무학성문(無學聲聞).
239 도과(道果) : 불도(佛道)의 결과(結果). 깨달음, 해탈, 열반을 가리킴.

문수사리가 부처님께 아뢰었다.

"세존이시여, 제가 이제 다시 반야바라밀의 뜻을 말하겠습니다."

부처님이 말했다.

"즉시 말하여라."

문수사리가 말했다.

"세존이시여, 반야바라밀을 실천할 때에는, 마땅히 머물러야 할 법도 보지 못하고 머물지 말아야 할 법도 보지 못하고, 취할 수 있는 경계의 모습도 보지 못하고 버릴 수 있는 경계 모습도 보지 못합니다.

무슨 까닭일까요? 여래라면 어떤 법의 모습도 경계의 모습도 보지 않기 때문입니다. 모든 부처님의 경계도 보지 못하는데, 하물며 성문·연각·범부의 경계를 취하겠습니까?

생각하거나 말하는 모습을 취하지 않고, 생각하지도 않고 말하지도 않는 모습도 취하지 않고, 온갖 법에는 조그마한 모습도 있음을 보지 않으며, 생각할 수도 없고 말할 수도 없는 공(空)이라는 법을 스스로 깨달아 밝힙니다.[240]

이와 같은 보살마하살은 모두 이미 헤아릴 수 없는 백천만억의 온갖 부처님께 공양(供養)[241]을 드리고 온갖 선근을 심었기 때문에, 이렇

---

240 자증(自證) : 남에게서 얻는 것이 아니고, 자기가 깨달아 아는 것. 모든 부처의 깨달음
은 자증(自證)이다.

241 공양(供養) : pūjanā. 공시(供施)·공급(供給)·공(供)이라고도 함. 공급하여 자양(資養)
한다는 뜻. 깨끗한 마음으로 음식, 꽃, 향(香), 촛불, 등(燈), 음악 등을 삼보(三寶; 佛,
法, 僧) 혹은 부모나 스승에게 받들어 올리거나, 이웃의 모든 사람들에게 필요한 어떤

175

게 깊고 깊은 반야바라밀에서 놀라지도 않고 두려워하지도 않을 수 있습니다.

또 반야바라밀을 실천할 때에는, 얽매임도 보지 못하고 풀려남도 보지 못하고, 범부에서 삼승(三乘)[242]에 이르기까지 차별되는 모습을 보지 못합니다. 이것이 바로 반야바라밀을 실천하는 것입니다."

文殊師利白佛言: "世尊, 我今更說般若波羅蜜義." 佛言: "便說." "世尊, 修般若波羅蜜時, 不見法是應住是不應住, 亦不見境界可取捨相. 何以故? 如諸如來不見一切法境界相故. 乃至不見諸佛境界, 況取聲聞緣覺凡夫境界? 不取思議相亦不取不思議相, 不見諸法有若干相, 自證空法不可思議. 如是菩薩摩訶薩, 皆已供養無量百千萬億諸佛種諸善根, 乃能於是甚深般若波羅蜜, 不驚不怖. 復次, 修般若波羅蜜時, 不見縛不見解, 而於凡夫乃至三乘不見差別相, 是修般若波羅蜜."

부처님이 문수사리에게 말했다.
"그대는 몇 군데의 온갖 부처님께 공양을 올렸느냐?"

문수사리가 말했다.

물건이나 참다운 진리의 가르침을 베풀어 주는 것을 말한다.

242 삼승(三乘) : 세 가지 탈것, 세 가지 입장, 3가지 길을 걷는 자 또는 깨달음을 성취하는 세 가지 실천법을 일컫는다. 승(乘)은 사람을 태워 깨달음에 이르게 하는 가르침을 비유한 말이다. 성문(聲聞), 연각(緣覺), 보살(菩薩)에 각각 상응하는 가르침 또는 입장으로서 성문승, 연각승, 보살승이라는 3가지 실천 방법을 말한다. 성문승과 연각승은 소승(小乘), 불승(佛乘)으로도 불리는 보살승은 대승(大乘)이라고 한다. 불도를 닦는 모든 사람 또는 입장을 총괄하는 말이기도 하다.

"저와 온갖 부처님은 환상으로 나타나는[243] 모습과 같으니, 공양을 드리거나 공양을 받는 것을 보지 못합니다."

부처님이 문수사리에게 말했다.
"그대는 지금 불승(佛乘)[244]에 머물지 않는 것을 옳다고 여기느냐?"

문수사리가 말했다.
"가령[245] 제가 생각하더라도 하나의 법도 보지 못하는데, 어떻게 불승에 머물 수 있겠습니까?"

부처님이 말했다.
"문수사리여, 그대는 불승을 얻지 않았느냐?"

문수사리가 말했다.
"불승이라는 것은 단지 이름이 있을 뿐, 얻을 수 있는 것이 아니고 볼 수도 없는데, 제가 어떻게 얻겠습니까?"

부처님이 말했다.
"문수사리여, 그대는 막힘 없는 지혜[246]를 얻었느냐?"

---

243 환화(幻化) : 실체가 없는 허깨비가 나타나 보이는 것. 공화(空華)와 같은 경우.
244 불승(佛乘) : 승(乘)은 실어 옮긴다는 뜻. 중생들을 싣고 깨달음의 결과에 이르게 하는 가르침. 부처님이 말씀하신 가르침을 가리키는 말.
245 여(如) : ①예를 들면. ②가령. 만약.
246 무애지(無礙智) : 깨달은 사람의 지혜. 어떤 것에도 걸림이 없고 얽매임이 없는 해탈의

문수사리가 말했다.

"제가 곧 막힘 없음인데, 어떻게 막힘 없음을 가지고 다시 막힘 없음[247]을 얻겠습니까?"

부처님이 말했다.

"그대는 도량(道場)[248]에 앉아 있느냐?"

문수사리가 말했다.

"모든 여래께선 도량에 앉아 있지 않으신데, 제가 지금 어떻게 홀로 도량에 앉겠습니까? 무슨 까닭일까요? 지금 드러나 있는[249] 모든 법은 실제(實際)에 머물기 때문입니다."

부처님이 말했다.

"어떤 것을 일러 실제라고 하느냐?"

문수사리가 말했다.

"신견(身見)[250] 등이 곧 실제입니다."

자유자재함을 누리는 지혜.

247 무애(無閡) : 막힘 없음. 무애(無礙)와 같음.

248 도량(道場) : 도장(道場). 도(道) 즉 깨달음이 있는 곳.

249 현견(現見) : ①직접 보다. 현재 보는 것. 현량(現量)의 특징 중 하나. ②경험하는 바. ③감각적 지각. ④현재 앞에 드러나 있음.

250 신견(身見) : 5견(見)의 하나. 살가야견(薩迦耶見)을 말함. 5온(蘊)이 가(假)로 화합한 신체를 상일주재(常一主宰)하는 뜻이 있는 아(我)라 망집(妄執)하고, 또 아(我)에 속한 기구권속 등을 나의 소유라고 여기는 잘못된 견해. 아견(我見)과 같음.

178

부처님이 말했다.

"어찌하여 신견이 곧 실제이냐?"

문수사리가 말했다.

"신견은 모습과 같아서 진실도 아니고 진실 아님도 아니고, 오는 것도 아니고 가는 것도 아니고, 몸도 아니고 몸 아님도 아니니, 이를 일러 실제라고 합니다."

佛告文殊師利: "汝已供養幾所諸佛?" 文殊師利言: "我及諸佛如幻化相, 不見供養及與受者." 佛告文殊師利: "汝今可不住佛乘耶?" 文殊師利言: "如我思惟, 不見一法, 云何當得住於佛乘?" 佛言: "文殊師利, 汝不得佛乘乎?" 文殊師利言: "如佛乘者, 但有名字, 非可得亦不可見, 我云何得?" 佛言: "文殊師利, 汝得無礙智乎?" 文殊師利言: "我卽無礙, 云何以無礙而得無閡?" 佛言: "汝坐道場乎?" 文殊師利言: "一切如來不坐道場, 我今云何獨坐道場? 何以故? 現見諸法住實際故." 佛言: "云何名實際?" 文殊師利言: "身見等是實際." 佛言: "云何身見是實際?" 文殊師利言: "身見如相, 非實非不實, 不來不去, 亦身非身, 是名實際."

사리불(舍利弗)이 부처님께 아뢰었다.

"세존이시여, 만약 이 뜻을 명확히 밝혀[251] 틀림이 없다면[252] 이를 일러 보살마하살이라고 합니다. 왜 그럴까요? 이와 같이 깊고 깊은

---

251 체료(諦了): 자세히 밝히다. 명확히 깨닫다.
252 결정(決定): ①틀림없이. 반드시. ②마침내. 결국.

반야바라밀의 모습을 듣고서도 마음이 놀라지도 않고 두려워하지도 않고 숨기지도 않고 뉘우치지도 않기 때문입니다."

미륵보살(彌勒菩薩)이 부처님께 아뢰었다.
"세존이시여, 이와 같이 반야바라밀의 완전히 갖추어진[253] 법의 모습을 듣는다면 곧 부처님의 가까이에 앉는 것입니다. 왜 그럴까요? 여래께선 이 법의 모습을 있는 그대로 깨달아 있기[254] 때문입니다."

문수사리가 부처님께 아뢰었다.
"세존이시여, 깊고 깊은 반야바라밀을 듣고서 놀라지도 않고 두려워하지도 않고 숨기지도 않고 뉘우치지도 않을 수 있다면, 이 사람이 바로[255] 부처님을 보는 사람임을 알아야 합니다."

舍利弗白佛言: "世尊, 若於斯義諦了決定, 是名菩薩摩訶薩. 何以故? 得聞如是甚深般若波羅蜜相, 心不驚不怖不沒不悔." 彌勒菩薩白佛言: "世尊, 得聞如是般若波羅蜜具足法相, 是卽近於佛坐. 何以故? 如來現覺此法相故." 文殊師利白佛言: "世尊, 得聞甚深般若波羅蜜, 能不驚不怖不沒不悔, 當知此人卽是見佛."

---

253 구족(具足) : 완전히 갖추다.
254 현각(現覺) : 현등각(現等覺)의 준말. 깨달음. 드러나 있는 그대로의 실상을 보는 깨달음. 완전한 깨달음.
255 즉시(卽是) : 계사(繫辭). —이다. (다른 것이 아니라)바로 —이다.

그때 다시 유무상(有無相) 우바이(優婆夷)[256]가 부처님께 아뢰었다.

"세존이시여, 범부의 법·성문의 법·벽지불의 법·부처의 법 등이 모든 법에는 전혀 모습이 없습니다. 이 까닭에 반야바라밀을 들었다고 해서 그 때문에 놀라거나 두려워하거나 숨기거나 뉘우치는 사람은 아무도 없습니다. 왜 그럴까요? 모든 법은 본래 모습이 없기 때문입니다."

부처님이 사리불에게 말했다.

"착한 남자나 착한 여인이 만약 이와 같은 깊고 깊은 반야바라밀을 듣고서 마음이 전혀 놀라지도 않고 두려워하지도 않고 숨기지도 않고 뉘우치지도 않을 수 있다면, 이 사람은 곧 물러나지 않는 지위에 머물 것임을 알아야 한다.

만약 사람이 이 깊고 깊은 반야바라밀을 듣고서 놀라거나 두려워하지 않고 믿고 즐겨 듣고 받아들여 기뻐하며 싫어하지 않는다면, 이것은 곧 보시바라밀·지계바라밀·인욕바라밀·정진바라밀·선정바라밀·지혜바라밀[257]을 모두 갖출 것이고 또 부처님의 말씀을 잘 분별하여 그 말씀에 따라 실천하는 것을 남에게 보여 줄 수 있을 것이다."

---

256 우바이(優婆夷)：upāsikā. 우바사(優婆斯)·오바시가(鄔波斯迦)라 음역. 근사녀(近事女)·근선녀(近善女)·청신녀(淸信女)라 번역. 속가에 있으면서 불교를 믿는 여자. 착한 일을 행하고 비구니에 친근승사(親近承事)하고 삼귀계(三歸戒)를 받고, 5계를 지키는 여자.

257 이른바 육바라밀(六波羅蜜)이다.

爾時復有無相優婆夷白佛言: "世尊, 凡夫法聲聞法辟支佛法佛法, 是諸法皆無相. 是故於所從聞般若波羅蜜, 皆不驚不怖不沒不悔. 何以故? 一切諸法本無相故." 佛告舍利弗: "善男子善女人, 若聞如是甚深般若波羅蜜, 心得決定不驚不怖不沒不悔, 當知是人卽住不退轉地. 若人聞是甚深般若波羅蜜, 不驚不怖信樂聽受歡喜不厭, 是卽具足檀波羅蜜尸波羅蜜羼提波羅蜜毘梨耶波羅蜜禪波羅蜜般若波羅蜜, 亦能爲他顯示分別如說修行."

부처님이 문수사리에게 말했다.

"그대는 어떤 뜻을 보기에 위없는 바르고 평등한 깨달음을 얻어서 위없는 바르고 평등한 깨달음에 머물게 되었느냐?"

문수사리가 말했다.

"저는 위없는 바르고 평등한 깨달음을 얻지 않았습니다. 저는 부처님의 수레에 머물지 않는데, 어떻게 위없는 바르고 평등한 깨달음을 얻겠습니까? 제가 말하는 것과 같다면, 곧 깨달음의 모습입니다."

부처님이 문수사리를 칭찬하였다.

"훌륭하구나! 훌륭하구나! 그대는 이 깊고 깊은 법 속에서 그 뜻을 잘 말할 줄 아는구나. 그대는 앞선 부처님에게 오랫동안 선근(善根)을 심었기 때문에 모습 없는 법을 가지고 범행(梵行)258을 깨끗이 실천하

---

258 범행(梵行): brahma-carya. 청정(淸淨) · 적정(寂靜)의 뜻, 맑고 깨끗한 행실. 정행(淨行)과 같음. ①더럽고 추한 음욕을 끊는 것을 범행이라 한다. 곧 범천(梵天)의 행이란 말. ②공(空) · 유(有)의 양쪽에 치우쳐 물들지 않고, 맑고 깨끗한 자비심으로 중생의

고 있구나."

문수사리가 말했다.

"만약 모습 있음을 본다면, 모습 없음을 말할 것입니다. 저는 지금 모습 있음을 보지도 않고 또 모습 없음도 보지 않는데, 어떻게 모습 없는 법으로써 범행을 깨끗이 실천한다고 말하겠습니까?"

부처님이 문수사리에게 말했다.

"그대는 성문(聲聞)의 계(戒)를 보느냐?"

문수사리가 답했다.

"봅니다."

부처님이 말했다.

"그대는 어떻게 보느냐?"

문수사리가 말했다.

"저는 범부의 눈으로 보지도 않고, 성인의 눈으로 보지도 않고, 유학(有學)[259]의 눈으로 보지도 않고, 무학(無學)[260]의 눈으로 보지도 않

고통을 건지고 낙을 주는 보살행을 가리킨다. 일반적으로는 불교 수행자의 바른 행위를 가리킨다.

259 유학(有學) : ↔ 무학(無學). 아직 배울 것이 남아 있는 수행자로서 아라한과까지 이르지 못한 소승(小乘)의 성자(聖者).

260 무학(無學) : aśaikṣa. 극과(極果)란 뜻. 모든 번뇌를 끊어 없애고, 소승(小乘) 깨달음의

고, 대인(大人)[261]의 눈으로 보지도 않고, 소인(小人)[262]의 눈으로 보지도 않고, 조복(調伏)[263]한 눈으로 보지도 않고, 조복하지 못한 눈으로 보지도 않으며, 보는 것도 아니고, 보지 않는 것도 아닙니다."

佛告文殊師利:"汝觀何義, 爲得阿耨多羅三藐三菩提, 住阿耨多羅三藐三菩提?"文殊師利言:"我無得阿耨多羅三藐三菩提. 我不住佛乘, 云何當得阿耨多羅三藐三菩提? 如我所說, 卽菩提相."佛讚文殊師利言:"善哉善哉! 汝能於是甚深法中巧說斯義. 汝於先佛久種善根, 以無相法淨修梵行."文殊師利言:"若見有相, 則言無相. 我今不見有相, 亦不見無相, 云何而言以無相法淨修梵行?"佛告文殊師利:"汝見聲聞戒耶?"答曰:"見."佛言:"汝云何見?"文殊師利言:"我不作凡夫見, 不作聖人見, 不作學見, 不作無學見, 不作大見, 不作小見, 不作調伏見, 不作不調伏見, 非見非不見."

사리불이 문수사리에게 말했다.

"그대는 지금 이와 같이 성문의 수레를 보는데, 만약 부처의 수레를 본다면 또 어떨까?"

문수사리가 말했다.

"깨달음의 법을 보지도 않고, 깨달음을 수행하고 깨달음을 얻는 것

극위(極位)인 아라한과(阿羅漢果)를 얻은 이.

261 대인(大人) : 대장부(大丈夫). 전륜성왕이나 부처, 보살을 가리키는 말.

262 소인(小人) : 범부, 중생을 가리킨다.

263 조복(調伏) : 깨달음으로 얻는 반야의 힘에 의하여 몸·입·뜻이 짓는 3업(業)이 사라져서 모든 악행(惡行)을 굴복시키는 것.

을 보지도 않습니다.”

사리불이 문수사리에게 말했다.
“어떤 것을 일러 부처라 하는가? 어떻게 부처를 보는가?”

문수사리가 말했다.
“어떤 것이 ‘나’입니까?”

사리불이 말했다.
“‘나’라는 것은 다만 이름이 있을 뿐인데, 이름의 모습은 공(空)이
다.”

문수사리가 말했다.
“그렇습니다. 그렇습니다. ‘나’는 다만 이름일 뿐인 것과 마찬가지
로 부처 역시 단지 이름일 뿐입니다. 이름의 모습이 공(空)이라면 곧
깨달음입니다. 이름을 가지고는 깨달음을 구할 수 없으니, 깨달음의
모습에는 말할 것이 없기 때문입니다.

왜 그럴까요? 말과 깨달음 둘 모두가 공(空)이기 때문입니다.

또 사리불이시여, 당신은 ‘어떤 것을 일러 부처라 하는가? 어떻게
부처를 보는가?’라고 물었습니다.

생겨나지도 않고, 사라지지도 않고, 오지도 않고, 가지도 않고, 이
름도 아니고, 모습도 아닌 것을 일러 부처라고 합니다. 자신의 참된
모습을 스스로 보는 것처럼 부처를 보는 것도 그렇습니다. 오직 지혜

가 있는 자만이 알 수 있을 뿐이니, 이것을 일러 부처를 본다고 합니다."

舍利弗語文殊師利言:"汝今如是觀聲聞乘, 若觀佛乘, 當復云何?" 文殊師
利言:"不見菩提法, 不見修行菩提及證菩提者." 舍利弗語文殊師利言:"云何
名佛? 云何觀佛?" 文殊師利言:"云何爲我?" 舍利弗言:"我者但有名字, 名字
相空." 文殊師利言:"如是如是. 如我但有名字, 佛亦但有名字. 名字相空, 卽
是菩提. 不以名字而求菩提, 菩提之相無言無說. 何以故? 言說菩提二俱空故.
復次舍利弗, 汝問云何名佛, 云何觀佛者. 不生不滅不來不去, 非名非相, 是名
爲佛. 如自觀身實相, 觀佛亦然. 唯有智者乃能知耳, 是名觀佛."

그때 사리불이 부처님께 아뢰었다.

"세존이시여, 문수사리가 말한 것과 같은 반야바라밀은 처음 배우
기 시작한 보살이 잘 알 수 있는 것이 아닙니다."

문수사리가 말했다.

"처음 배우기 시작한 보살만 알 수 없는 것이 아니라, 모든 이승(二
乘)의 할 일을 다 한 자도 역시 아직 잘 알 수 없습니다. 이와 같이 말
하는 법을 알 수 있는 자는 없습니다.

왜 그럴까요? 깨달음의 모습에는 알 수 있는 법이 참으로 없기 때
문입니다. 볼 것도 없고, 들을 것도 없고, 얻을 것도 없고, 생각할 것
도 없고, 생길 것도 없고, 사라질 것도 없고, 말할 것도 없고, 들을 것

도 없습니다.

이와 같이 깨달음의 본성과 모습은 공적(空寂)하여 깨달을 것도 없고 알 것도 없고 모양도 없고 모습도 없는데, 어떻게 깨달음을 얻는 자가 있겠습니까?"

爾時舍利弗白佛言: "世尊, 如文殊師利所說般若波羅蜜, 非初學菩薩所能了知." 文殊師利言: "非但初學菩薩所不能知, 及諸二乘所作已辦者亦未能了知. 如是說法, 無能知者. 何以故? 菩提之相, 實無有法而可知故. 無見無聞, 無得無念, 無生無滅, 無說無聽. 如是菩提, 性相空寂, 無證無知, 無形無相, 云何當有得菩提者?"

사리불이 문수사리에게 말했다.

"부처님이 법계에서 위없는 바르고 평등한 깨달음을 얻지 않았느냐?"

문수사리가 말했다.

"아닙니다, 사리불이시여. 왜 그럴까요? 부처님이 곧 법계이기 때문입니다. 만약 법계가 법계를 깨닫는다면, 그것은 희론(戲論)[264]입니다.

---

264 희론(戲論) : 희롱(戲弄)의 담론(談論). 부질없이 희롱하는, 아무 뜻도 이익도 없는 말.
여기에는 사물에 집착하는 미혹한 마음으로 하는 여러 가지 옳지 못한 언론인 애론(愛論)과 여러 가지 치우친 소견으로 하는 의론인 견론(見論)의 2종이 있다. 둔근인(鈍根人)은 애론, 이근인(利根人)은 견론, 재가인(在家人)은 애론, 출가인(出家人)은 견론, 천마(天魔)는 애론, 외도(外道)는 견론, 범부(凡夫)는 애론, 2승(乘)은 견론을 고집함.

사리불이시여, 법계의 모습이 곧 깨달음입니다.

왜 그럴까요? 이 법계 속에는 중생의 모습이 없고 모든 법이 공(空)이기 때문입니다. 모든 법이 공이면 곧 깨달음이니, 둘이 없고 분별이 없기 때문입니다.

사리불이시여, 분별이 없으면 아는 자도 없습니다. 만약 아는 자가 없다면, 말하는 일도 없습니다. 말하는 모습이 없으면, 있음도 아니고 없음도 아니고 앎도 아니고 알지 못함도 아닙니다. 모든 법 역시 이와 같습니다.

왜 그럴까요? 모든 법에는 있는 곳을 볼 수 없고, 결정된 본성을 볼 수 없기 때문입니다. 역죄(逆罪)[265]를 더하는 모습은 생각으로 헤아릴 수 없습니다.

무슨 까닭일까요? 모든 법의 실상(實相)은 부서지지 않기 때문입니다. 이와 같이 역죄 역시 본성이 없으니, 하늘나라에 태어나지도 않고 지옥에 떨어지지도 않고 열반에 들어가지도 않습니다.

왜 그럴까요? 모든 업연(業緣)[266]은 전부 실제(實際)에 머물러서 오지도 않고 가지도 않고 원인도 아니고 결과도 아니기 때문입니다.

---

265 역죄(逆罪) : 오역죄(五逆罪), 오무간업(五無間業), 오무간죄(五無間罪)라고도 함. 불교에 대한 5종의 역적중죄. (1)소승의 5역= ①살부(殺父). ②살모(殺母). ③살아라한(殺阿羅漢). ④파화합승(破和合僧). ⑤출불신혈(出佛身血). 혹은 1과 2를 합하여 1로 하고, 다시 제5에 파갈마승(破羯磨僧)을 더하여 5로 함. (2)대승의 5역= ①탑(塔)·사(寺)를 파괴하고 경상(經像)을 불사르고, 3보의 재물을 훔침. ②삼승법(三乘法)을 비방하고 성교(聖敎)를 가볍고 천하게 여김. ③스님들을 욕하고 부려먹음. ④소승의 5역죄를 범함. ⑤인과(因果)의 도리를 믿지 않고, 악구(惡口)·사음(邪淫) 등의 10불선업(不善業)을 짓는 것. 역죄의 공통적 특징은 법을 부수고 훼손하는 것이다.

266 업연(業緣) : 지은 업에 의하여 피할 수 없이 만나는 인연.

무슨 까닭일까요? 법계에는 가장자리가 없고 앞도 없고 뒤도 없기 때문입니다.

이 까닭에 사리불이시여. 만약 무거운 죄를 범한[267] 비구가 지옥에 떨어지지 않고 깨끗이 수행하는 자가 열반에 들어가지 않음을 본다면, 이러한 비구는 응공(應供)[268]도 아니고 응공이 아님도 아니고 번뇌가 사라진 것도 아니고 번뇌가 사라지지 않은 것도 아닙니다.

왜 그럴까요? 모든 법 속에서 평등에 머물러 있기 때문입니다."

舍利弗語文殊師利言: "佛於法界, 不證阿耨多羅三藐三菩提耶?" 文殊師利言: "不也, 舍利弗. 何以故? 世尊卽是法界. 若以法界證法界者, 卽是諍論. 舍利弗, 法界之相卽是菩提. 何以故? 是法界中無衆生相, 一切法空故. 一切法空卽是菩提, 無二無分別故. 舍利弗, 無分別中則無知者. 若無知者, 卽無言說. 無言說相, 卽非有非無非知非不知. 一切諸法亦復如是. 何以故? 一切諸法不見處所, 決定性故. 加逆罪相不可思議. 何以故? 諸法實相不可壞故. 如是逆罪亦無本性, 不生天上不墮地獄亦不入涅槃. 何以故? 一切業緣皆住實際, 不來不去非因非果. 何以故? 法界無邊無前無後故. 是故, 舍利弗, 若見犯重比丘不墮地獄, 淸淨行者不入涅槃, 如是比丘非應供非不應供, 非盡漏非不盡漏. 何以

---

267 범중(犯重) : 무거운 죄를 범하는 것. 소승계(小乘戒)의 사중죄(四重罪)와 대승계(大乘戒)의 십중죄(十重罪)를 범하는 것을 가리킨다. 소승 사중죄란 사음(邪婬) · 절도(竊盜) · 살생(殺生) · 망어(妄語)이고, 대승 십중죄는 소승 사중죄에 술을 파는 것 · 사부대중의 허물을 말하는 것 · 자신을 칭찬하고 남을 비방하는 것 · 베푸는 데에 인색하고 남을 꾸짖고 욕하는 것 · 화를 내면서 참회하지 않는 것 · 불법승(佛法僧) 삼보를 비방하는 것 등 여섯을 더한 것이다.

268 응공(應供) : arhat. 응수공양(應受供養)의 뜻. 범어 아라한(阿羅漢)을 번역한 말. 온갖 번뇌를 끊어서 인간 · 천상의 중생들에게 공양을 받을 만한 덕 있는 사람.

故? 於諸法中住平等故."

사리불이 말했다.
"어떤 것을 일러 물러나지 않는 법인(法忍)[269]이라 하느냐?"

문수사리가 말했다.
"생기고 사라지는 모습이 있는 법을 조금도 보지 못하는 것을 일러 물러나지 않는 법인이라고 합니다."

사리불이 말했다.
"또 어떤 것을 일러 조복시키지 않는 비구(比丘)라 하느냐?"

문수사리가 말했다.
"번뇌가 사라진[270] 아라한을 일러 조복시키지 않는다고 합니다. 왜 그럴까요? 모든 번뇌[271]가 사라져서 다시는 조복시킬 것이 없기 때문에 일러 조복시키지 않는다고 하기 때문입니다.
만약 지나치게 마음을 행하면 일러 범부라고 합니다. 무슨 까닭일 까요? 범부중생(凡夫衆生)은 법계에 순응하지 못하기 때문에 일러 지

---

269 법인(法忍) : 인(忍)은 인허(忍許)의 뜻. 지금까지 믿기 어렵던 법을 잘 받아들이고, 의 혹이 생기지 않는 것. 진리를 비춰 보는 지혜를 법지(法智)라 하니, 법인은 법지를 얻 기 전에 일어나는 인가결정(忍可決定)하는 마음.
270 누진(漏盡) : 번뇌가 다하다. 번뇌가 사라지다. 누(漏)는 마음이 육근(六根)을 따라 새 나간다는 뜻에서 번뇌를 가리킨다.
271 결(結) : bandhana. 결박한다는 뜻. 몸과 마음을 결박하여 자유를 얻지 못하게 하는 번 뇌.

나치다고 하기 때문입니다."

사리불이 말했다.

"훌륭하다! 훌륭하다! 그대는 지금 나에게 번뇌가 사라진 아라한의
참 뜻을 잘 설명하였다."

문수사리가 말했다.

"그렇습니다. 그렇습니다. 제가 바로 번뇌가 사라진 참된 아라한입
니다. 왜 그럴까요? 성문을 구하는 욕망과 벽지불을 구하는 욕망을
끊었기 때문에 일러 번뇌가 사라진 참된 아라한이라고 하기 때문입
니다."

舍利弗言：“云何名不退法忍？”文殊師利言：“不見少法有生滅相，名不退法
忍.”舍利弗言：“云何復名不調比丘？”文殊師利言：“漏盡阿羅漢，是名不調.
何以故？諸結已盡，更無所調，故名不調. 若過心行，名爲凡夫. 何以故？凡夫
衆生不順法界，是故名過.”舍利弗言：“善哉善哉！汝今爲我善解漏盡阿羅漢
義.”文殊師利言：“如是如是. 我卽漏盡眞阿羅漢. 何以故？斷求聲聞欲及辟支
佛欲，以是因緣故名漏盡得阿羅漢.”

부처님이 문수사리에게 말했다.

"모든 보살들이 도량(道場)에 앉아 있을 때에 위없는 바르고 평등한
깨달음을 얻느냐?"

문수사리가 말했다.

"보살이 도량에 앉아서 위없는 바르고 평등한 깨달음을 얻는 일은 없습니다. 왜 그럴까요? 깨달음의 모습에 얻을 수 있는 조그마한 법도 없다면, 일러 위없는 바르고 평등한 깨달음이라고 합니다. 모습 없는 깨달음에 누가 앉을 수 있겠으며, 또한 일어서는 자도 없습니다. 이러한 까닭에 보살이 도량에 앉는 것을 볼 수 없고, 또한 위없는 바르고 평등한 깨달음을 얻지도 않습니다."

문수사리가 부처님께 아뢰었다.

"세존이시여, 깨달음이 곧 오역(五逆)[272]이고, 오역이 곧 깨달음입니다. 왜 그럴까요? 깨달음과 오역은 두 모습이 없기 때문입니다. 배울 것이 없으니 배움이 없는 것, 볼 것이 없으니 보는 일이 없는 것, 분별할 것이 없으니 분별하는 일이 없는 것, 이와 같은 모습을 일러 깨달음이라고 합니다. 오역의 모습을 보는 것 역시 이와 같습니다.

만약 깨달음이 있다고 보고 얻는다고 말한다면, 이러한 무리는 곧 증상만인(增上慢人)[273]임을 알아야 합니다."

佛告文殊師利: "諸菩薩等坐道場時, 覺悟阿耨多羅三藐三菩提不?" 文殊師利言: "菩薩坐於道場, 無有覺悟阿耨多羅三藐三菩提. 何以故? 如菩提相, 無有少法而可得者, 名阿耨多羅三藐三菩提. 無相菩提, 誰能坐者, 亦無起者. 以

---

272 오역(五逆): 오역죄(五逆罪), 오무간업(五無間業), 오무간죄(五無間罪)라고도 함.

273 증상만인(增上慢人): 깨달음을 얻지 못하고서 얻었다고 생각하여 제가 잘난 체 하는 거만함. 분별하고 이해하여 개념으로 불법을 아는 사람.

是因緣, 不見菩薩坐於道場, 亦不覺證阿耨多羅三藐三菩提." 文殊師利白佛
言: "世尊, 菩提卽五逆, 五逆卽菩提. 何以故? 菩提五逆無二相故. 無學無學
者, 無見無見者, 無知無知者, 無分別無分別者, 如是之相名爲菩提. 見五逆
相, 亦復如是. 若言見有菩提而取證者, 當知此輩卽是增上慢人."

그때 세존이 문수사리에게 말했다.

"그대는 '내가 여래이다.'라고 말하는데, '내가 여래가 된다.'라는
뜻이냐?"

문수사리가 말했다.

"아닙니다, 세존이시여. 저는 여래가 아니라고 생각하는데, 여래가
되겠습니까? 여(如)[274]가 된다고 일컬을 수 있는 여(如)의 모습이 없고,
또 여(如)를 알 수 있는 여래의 지혜도 없습니다. 왜 그럴까요? 여래
와 지혜에는 두 모습이 없기 때문입니다. 공(空)이 여래가 되니 다만
이름만 있을 뿐인데, 제가 어떻게 여래라고 여기겠습니까?"

부처님이 문수사리에게 말했다.

"그대는 여래를 의심하느냐?"

---

274 여(如) : ①시간·공간을 초월하여 변하지 않은 자체. 제법(諸法)의 본체(本體). 이체
(理體)·이성(理性)·진여(眞如) 등을 말하는 경우. ②현상 그대로의 모양. 으레 그렇
다(法爾如然)는 것을 말하는 경우. ③평등하여 차별이 없다는 뜻. 일여(一如)·여동(如
同)이라 말하는 경우.

문수사리가 말했다.

"아닙니다, 세존이시여. 저는 여래에게는 결정적인 자성(自性)[275]이 없다고 봅니다. 생겨남도 없고 사라짐도 없기 때문에 의심할 수도 없습니다."

爾時世尊告文殊師利: "汝言我是如來, 謂我爲如來乎?" 文殊師利言: "不也, 世尊. 我謂不是如來, 爲如來耶? 無有如相可名爲如, 亦無如來智能知於如. 何以故? 如來及智無二相故. 空爲如來, 但有名字, 我當云何謂是如來?" 佛告文殊師利: "汝疑如來耶?" 文殊師利言: "不也, 世尊. 我觀如來無決定性. 無生無滅故無所疑."

부처님이 문수사리에게 말했다.

"그대는 지금 여래가 세간에 나타난다고 생각하지 않느냐?"

문수사리가 말했다.

"만약 세간에 나타나는 여래가 있다면, 모든 법의 세계도 역시 나타나야 합니다."

---

275 자성(自性) : 그 자체 독립적으로 존재하는 고유한 본성. 각각의 개별적인 사물은 제각각 다른 존재와는 독립적으로 존재하는 고유한 본성을 가진다는 견해를 가진 사람에게는 자성(自性)이란 본래 없다고 가르치고, 모든 사물은 자성이 없이 모두가 텅 빈 허공과 같다는 견해를 가진 사람에게는 진실한 자성(自性)은 항구불변하니 진실한 자성을 찾으라고 가르친다. 자성에 관하여 있느니 없느니 하는 분별을 떠날 때, 비로소 참된 자성에 도달한 것이다. 아니, 참된 자성에 도달하여야 비로소 자성에 관한 허망한 분별이 소멸한다.

부처님이 문수사리에게 말했다.

"그대는 갠지스 강의 모래알처럼 많은 모든 부처님들이 열반에 들어간다고 생각하느냐?"

문수사리가 말했다.

"모든 부처님의 하나의 모습은 생각으로 헤아릴 수 없습니다."

부처님이 문수사리에게 말했다.

"그렇다. 그렇다. 부처님은 하나의 모습으로서 생각으로 헤아릴 수 없다."

문수사리가 부처님께 아뢰었다.

"세존이시여, 부처님은 지금 세간에 머물러 계십니까?"

부처님이 문수사리에게 말했다.

"그렇다. 그렇다."

문수사리가 말했다.

"만약 부처님이 세간에 머물러 계신다면, 갠지스 강의 모래알처럼 많은 모든 부처님 역시 세간에 머물러 계셔야 합니다. 왜 그럴까요? 모든 부처님들은 전부 하나의 모습이고 생각으로 헤아릴 수 없는 모습인데, 생각으로 헤아릴 수 없는 모습은 생겨나지도 않고 사라지지도 않습니다. 만약 미래의 모든 부처님들이 세간에 나타나신다면, 모든 부처님들도 역시 전부 세간에 나타날 것입니다.

까닭이 무엇일까요? 생각으로 헤아릴 수 없는 곳에는 과거의 모습도 없고 현재의 모습도 없고 미래의 모습도 없습니다. 다만 중생이 집착하여 세간에 나타나는 일이 있다고 생각하고 부처님이 멸도(滅度)²⁷⁶하신다고 생각하는 것입니다."

佛告文殊師利: "汝今不謂如來出現於世耶?" 文殊師利言: "若有如來出現世者, 一切法界亦應出現." 佛告文殊師利: "汝謂恒沙諸佛入涅槃耶?" 文殊師利言: "諸佛一相不可思議." 佛語文殊師利: "如是如是. 佛是一相不思議相." 文殊師利白佛言: "世尊, 佛今住世耶?" 佛語文殊師利: "如是如是." 文殊師利言: "若佛住世, 恒沙諸佛亦應住世. 何以故? 一切諸佛皆同一相不思議相, 不思議相無生無滅. 若未來諸佛出興於世, 一切諸佛亦皆出世. 何以故? 不思議中無過去未來現在相. 但衆生取著, 謂有出世謂佛滅度."

부처님이 문수사리에게 말했다.

"이것이 여래, 아라한, 불퇴전(不退轉)²⁷⁷ 보살의 이해이다. 왜 그런가? 이 세 종류의 사람은 깊고 깊은 법을 듣고서 비방하지도 않고 칭

---

276 멸도(滅度) : 열반(涅槃)을 번역한 말. 나고 죽는 큰 환난을 없애어 번뇌의 바다를 건넜다는 뜻. 해탈(解脫), 적멸(寂滅)과 같은 뜻의 말.

277 아비발치(阿鞞跋致) : avinivartaniya. 아유월치(阿惟越致)라고도 음역하며, 불퇴(不退)·무퇴(無退)·불퇴전(不退轉)·불퇴위(不退位)라 번역. 반드시 성불이 결정되었고 동시에 보살의 지위에서 타락하지 않을 위치. 소승 유부종(有部宗)에서는 예류과(豫流果)를, 대승에서는 초주(初住)·초지(初地)·제팔지(第八地)를 불퇴전이라 함.

찬하지도 않을 수 있기 때문이다."

문수사리가 부처님께 아뢰었다.
"세존이시여, 이와 같이 생각으로 헤아릴 수 없는 법을 누가 비방하겠으며, 누가 칭찬하겠습니까?"

부처님이 문수사리에게 말했다.
"여래는 생각으로 헤아릴 수 없고, 범부 역시 생각으로 헤아릴 수 없다."

문수사리가 부처님께 아뢰었다.
"세존이시여, 범부도 역시 생각으로 헤아릴 수 없습니까?"

부처님이 말했다.
"범부 역시 생각으로 헤아릴 수 없다. 왜 그럴까? 모든 마음의 모습은 전부 생각으로 헤아릴 수 없기 때문이다."

문수사리가 말했다.
"만약 그렇게 말씀하신다면, 여래를 생각으로 헤아릴 수 없으며 범부 역시 생각으로 헤아릴 수 없습니다. 지금 헤아릴 수 없이 많은 온갖 부처님들이 열반을 구하고 있으니 헛되이 스스로 피로할 뿐입니다. 왜 그럴까요? 생각으로 헤아릴 수 없는 법이 곧 열반이어서 다름이 없기 때문입니다."

문수사리가 말했다.

"이와 같이 범부를 생각으로 헤아릴 수 없고, 모든 부처를 생각으로 헤아릴 수 없습니다. 만약 착한 남자와 착한 여인이 선근(善根)을 오래도록 익히고 선지식을 가까이 한다면 밝게 알 수 있을 것입니다."

佛語文殊師利: "此是如來, 阿羅漢, 阿鞞跋致菩薩所解. 何以故? 是三種人, 聞甚深法, 能不誹謗, 亦不讚歎." 文殊師利白佛言: "世尊, 如是不思議法, 誰當誹謗誰當讚歎?" 佛告文殊師利: "如來不思議, 凡夫亦不思議." 文殊師利白佛言: "世尊, 凡夫亦不思議耶?" 佛言: "亦不思議. 何以故? 一切心相皆不思議." 文殊師利言: "若如是說, 如來不思議, 凡夫亦不思議. 今無數諸佛, 求於涅槃, 徒自疲勞. 何以故? 不思議法卽是涅槃等無異故." 文殊師利言: "如是凡夫不思議, 諸佛不思議. 若善男子善女人, 久習善根近善知識乃能了知."

부처님이 문수사리에게 말했다.

"그대는 여래를 중생들 가운데 가장 뛰어난 자로 만들려고 하느냐?"

문수사리가 말했다.

"저는 여래를 모든 중생들 가운데 가장 뛰어난 분으로 만들려고 합니다만, 단지 중생의 모습 역시 얻을 수 없습니다."

부처님이 말했다.
"그대는 여래가 생각으로 헤아릴 수 없는 법을 얻도록 하려느냐?"

문수사리가 말했다.
"저는 여래가 생각으로 헤아릴 수 없는 법을 얻도록 하려고 합니다만, 모든 법에는 성취한 자가 없습니다."

부처님이 문수사리에게 말했다.
"그대는 여래가 법을 말하여 중생을 교화하도록 하려 하느냐?"

문수사리가 부처님께 아뢰었다.
"저는 여래가 법을 말하여 중생을 교화하도록 하려고 합니다만, 말하는 자와 듣는 자를 모두 얻을 수 없습니다. 왜 그럴까요? 법의 세계에 머물기 때문이고, 법의 세계와 중생은 차별되는 모습이 없기 때문입니다."

佛告文殊師利:"汝欲使如來於衆生中爲最勝耶?"文殊師利言:"我欲使如來於諸衆生爲最第一, 但衆生相亦不可得."佛言:"汝欲使如來得不思議法耶?"文殊師利言:"欲使如來得不思議法, 而於諸法無成就者."佛告文殊師利:"汝欲使如來說法敎化耶?"文殊師利白佛言:"我欲使如來說法敎化, 而是說及聽者皆不可得. 何以故? 住法界故, 法界衆生無差別相.”

부처님이 문수사리에게 말했다.
“그대는 여래를 위없는 복밭으로 만들려고 하느냐?”

문수사리가 말했다.
“여래는 다함이 없는 복밭이고 다함이 없는 모습입니다. 다함이 없는 모습은 곧 위없는 복밭입니다. 복밭도 아니고 복밭이 아닌 것도 아닌 것을 일러 복밭이라고 합니다. 밝고 어두운 모습도 없고 생기고 사라지는 모습도 없는 것을 일러 복밭이라고 합니다. 만약 복밭의 모습을 이와 같이 이해할 수 있다면, 좋은 종자를 깊이 심고서 또한 늘어나거나 줄어듦이 없는 것입니다.”

부처님이 문수사리에게 말했다.
“어떻게 종자를 심어야 늘어나지도 않고 줄어들지도 않느냐?”

문수사리가 말했다.
“복밭의 모습은 생각으로 헤아릴 수 없습니다. 만약 사람이 여법(如法)²⁷⁸함 속에서 좋은 것을 닦고서 또한 생각으로 헤아릴 수 없다면, 이와 같이 종자를 심는 것을 일러 늘어남도 없고 줄어듦도 없다고 하니 또한 위없는 가장 뛰어난 복밭입니다.”

---

278 여법(如法) : 법과 같음. 법에 알맞음.

佛告文殊師利: "汝欲使如來爲無上福田耶?" 文殊師利言: "如來, 是無盡福田, 是無盡相. 無盡相卽無上福田. 非福田非不福田, 是名福田. 無有明闇生滅等相, 是名福田. 若能如是解福田相, 深植善種亦無增減." 佛告文殊師利: "云何植種不增不減?" 文殊師利言: "福田之相, 不可思議. 若人於中如法修善亦不可思議, 如是植種名無增無減, 亦是無上最勝福田."

그때 대지(大地)가 부처님의 신통력에 의하여 여섯 종류로 진동하여 덧없는 모습을 나타내었고, 일만 육천 명의 사람들이 모두 무생법인(無生法忍)[279]을 얻었고, 칠백 명의 비구와 삼천 명의 남신도(男信徒)[280]와 사만 명의 여신도(女信徒)[281]와 육욕천(六欲天)[282]의 육십억 나유타(那

---

279 무생법인(無生法忍): 불생법인(不生法忍), 불기법인(不起法忍)이라고도 함. 인(忍)은 인(認)과 같이 인정하고 수용한다는 뜻이니, 법인(法忍)은 법을 인정하고 수용하여 의심하지 않는 것. 『유마경(維摩經)』 중권(中卷) 「입불이법문품(入不二法門品)」 제9에 "생멸(生滅)은 이법(二法)이지만, 법(法)은 본래 생하지 않는 것이어서 지금 멸하지도 않습니다. 이러한 무생법인(無生法忍)을 얻는 것이 바로 불이법문(不二法門)에 들어가는 것입니다."(生滅爲二, 法本不生今則無滅. 得此無生法忍, 是爲入不二法門.)라 하고 있다. 무생법인(無生法忍)은 불생불멸(不生不滅)하는 법(法), 즉 생겨나거나 소멸함이 없는 법을 인정하고 의심 없이 수용한다는 뜻이다.

280 우바새(優婆塞): upāsaka. 7중(衆)의 하나. 오바삭가(鳥波索迦)·오바삭가(鄔波索迦)·우바사가(優波娑迦)라고도 음역. 근사남(近事男)·근선남(近善男)·근숙남(近宿男)·청신사(清信士)라 번역. 속가(俗家)에 있으면서 부처님을 믿는 남자. 착한 일을 하고 선사(善士)를 섬기고 3귀계(歸戒)를 받고, 5계를 지니는 사람.

281 우바이(優婆夷): upāsikā. 우바사(優婆斯)·오바시가(鄔波斯迦)라 음역. 근사녀(近事女)·근선녀(近善女)·청신녀(清信女)라 번역. 속가에 있으면서 불교를 믿는 여자. 착한 일을 행하고 비구니에 친근승사(親近承事)하고 삼귀계(三歸戒)를 받고, 5계를 지키는 여자.

282 육욕천(六欲天): 또는 욕계육천(欲界六天)·6천(天). 3계(界) 중 욕계에 딸린 6종 하늘. 이 하늘 사람들은 모두 욕락이 있으므로 욕천이라 함. ①사왕천(四王天). 수미산 제4층의 4면에 있는 지국천(동)·증장천(남)·광목천(서)·다문천(북)의 4왕과 그에 딸린 천

由他)[283] 천신(天神)들이 번뇌를 멀리 떠나 모든 법 속에서 깨끗한 법안
(法眼)[284]을 얻었다.

문수사리소설마하반야바라밀경 상권(上卷) 끝.

爾時大地以佛神力, 六種震動現無常相, 一萬六千人皆得無生法忍, 七百比
丘三千優婆塞四萬優婆夷六十億那由他六欲諸天, 遠塵離垢於諸法中得法眼淨.

文殊師利所說摩訶般若波羅蜜經卷上

중들. ②도리천(忉利天). 33천이라 번역. 수미산 꼭대기에 제석천을 중심으로 하고 4
방에 8천씩이 있음. ③야마천(夜摩天). 선시천(善時天)·시분천(時分天)이라 번역. 때
를 따라 쾌락을 받으므로 이렇게 이름. ④도솔천(兜率天). 지족(知足)이라 번역. 자기
가 받는 5욕락에 만족한 마음을 내는 까닭. ⑤화락천(化樂天). 또는 낙변화천(樂變化
天). 5욕의 경계를 스스로 변화하여 즐김. ⑥타화자재천(他化自在天). 다른 이로 하여
금 자재하게 5욕 경계를 변화케 함. 6천 중 사왕천은 수미산 허리에 있고, 도리천은 수
미산 꼭대기에 있으므로 지거천(地居天)이라 하고, 야마천 이상은 공중에 있으므로 공
거천(空居天)이라 함.
283 나유타(那庾多) : nayuta. 인도에서 아주 많은 수를 표시하는 수량의 이름. 아유다
(ayuta, 阿由多, 阿諛多)의 백 배. 수천만 혹은 천억·만억이라고도 하여 한결같지 않
다.
284 법안(法眼) : 모든 법의 참된 모습을 분명하게 보는 눈. 보살은 이 눈으로 모든 법의 실
상(實相)을 잘 알고 중생을 제도함.

문수사리소설마하반야바라밀경

文殊師利所說摩訶般若波羅蜜經

하권

下卷

양 부남국 삼장 만타라선 한역

梁 扶南國 三藏 曼陀羅仙 漢譯

김태완 역주

그때 아난다가 자리에서 일어나 오른쪽 어깨를 드러내고 오른쪽 무릎을 땅에 대고는 부처님께 아뢰었다.

"세존이시여, 어떤 인연 때문에 이와 같이 대지가 여섯 종류로 흔들립니까?"

부처님이 아난에게 말했다.

"복밭에 차별되는 모습이 없음을 내가 말했기 때문에 이러한 상서로움이 나타난 것이다. 옛날 모든 부처님 역시 이곳에서 복밭의 모습을 이와 같이 말씀하셔서 중생들을 이롭게 하셨는데, 모든 세계가 여섯 종류로 진동하였다."

사리불이 부처님께 아뢰었다.

"세존이시여, 문수사리는 생각으로 헤아릴 수 없습니다. 왜 그럴까요? 그가 말한 법의 모습은 생각으로 헤아릴 수 없기 때문입니다."

부처님이 문수사리에게 말했다.

"그렇다. 그렇다. 사리불이 말한 것처럼 그대가 말한 것은 진실로 생각으로 헤아릴 수 없다."

문수사리가 부처님께 아뢰었다.

"세존이시여, 생각으로 헤아릴 수 없으면 말할 수 없고, 생각으로 헤아릴 수 있어도 말할 수 없습니다. 이와 같이 생각으로 헤아림과 생각으로 헤아리지 못함의 자성은 모두 말할 수 없습니다. 모든 소리의 모습은 생각으로 헤아릴 수 있는 것도 아니고 생각으로 헤아릴 수 없는 것도 아닙니다."

爾時阿難從座而起, 偏袒右肩右膝著地, 白佛言: "世尊, 何因緣故, 如是大地六種震動?" 佛告阿難: "我說福田無差別相, 故現斯瑞. 往昔諸佛亦於此處, 作如是說福田之相, 利益衆生, 一切世界六種震動." 舍利弗白佛言: "世尊, 文殊師利是不可思議. 何以故? 所說法相不可思議." 佛告文殊師利: "如是如是. 如舍利弗言, 汝之所說實不可思議." 文殊師利白佛言: "世尊, 不可思議不可說, 思議亦不可說. 如是思議不思議性俱不可說. 一切聲相非思議亦非不可思議."

부처님이 말씀하셨다.

"그대는 생각으로 헤아릴 수 없는 삼매(三昧)[285]에 들어갔느냐?"

문수사리가 말했다.

"아닙니다. 세존이시여. 제가 곧 생각으로 헤아릴 수 없는 것이어

---

285 삼매(三昧): samādhi. 삼마제(三摩提 · 三摩帝) · 삼마지(三摩地)라 음역. 정(定) · 등지(等持) · 정수(正受) · 조직정(調直定) · 정심행처(正心行處)라 번역. 산란한 마음을 안정(安定)시켜 흔들리지 않게 하여 망념(妄念)에서 벗어나는 것.

서, 생각하고 헤아릴 줄 아는 마음이라는 것이 있음을 보지 않습니다. 그런데 어떻게 생각으로 헤아릴 수 없는 삼매에 들어간다고 말하겠습니까?

저는 처음 발심하였을 때에 이 삼매에 들어가고자 하였으나, 지금은 생각하여도 마음의 모습이 진실로 없이 삼매에 들어갑니다. 마치 사람이 활쏘기를 배울 때에 오래 익혀서 솜씨기 정교해진 뒤에는 비록 무심하게 쏘아도 오래 익혔기 때문에 쏘는 화살마다 과녁에 적중하는 것처럼, 저 역시 그렇습니다.

처음에 생각으로 헤아릴 수 없는 삼매를 배울 때에는 마음을 하나의 인연에 붙들어 매었습니다만, 오래도록 익혀서 성취하게 되자 또다시 마음으로 생각함이 없어도 늘 삼매를 갖추고 있게 되었습니다."

사리불이 문수사리에게 말했다.
"뛰어나고 묘한 적멸(寂滅)의 삼매가 또 있느냐?"

문수사리가 말했다.
"만약 생각으로 헤아릴 수 없는 삼매란 것이 있다면, 당신은 '적멸의 삼매가 또 있느냐?' 하고 물을 수 있을 것입니다. 제가 이해한 바로는, 생각으로 헤아릴 수 없는 삼매도 오히려 있을 수 없는데, 어떻게 적멸의 삼매가 있느냐고 묻겠습니까?"

佛言: "汝入不思議三昧耶?" 文殊師利言: "不也, 世尊. 我卽不思議, 不見有心能思議者, 云何而言入不思議三昧? 我初發心欲入是定, 而今思惟, 實無心相而入三昧. 如人學射久習則巧後雖無心以久習故箭發皆中, 我亦如是. 初學不思議三昧繫心一緣, 若久習成就, 更無心想恒與定俱." 舍利弗語文殊師利言: "更有勝妙寂滅定不?" 文殊師利言: "若有不思議定者, 汝可問言: '更有寂滅定不?' 如我意解, 不可思議定尚不可得, 云何問有寂滅定乎?"

사리불이 말했다.
"생각으로 헤아릴 수 없는 삼매는 얻을 수 없느냐?"

문수사리가 말했다.
"생각으로 헤아릴 수 있는 삼매라면 그 모습을 얻을 수 있을 것입니다만, 생각으로 헤아릴 수 없는 삼매는 그 모습을 얻을 수 없습니다. 모든 중생은 생각으로 헤아릴 수 없는 삼매를 진실로 이루었습니다.

왜 그럴까요? 모든 마음의 모습은 곧 마음이 아니기 때문에 이를 일러 생각으로 헤아릴 수 없는 삼매라고 하기 때문입니다. 이 까닭에 모든 중생의 모습과 생각으로 헤아릴 수 없는 삼매의 모습은 동등하여 차별이 없습니다."

부처님이 문수사리를 칭찬하며 말했다.
"훌륭하구나. 훌륭하구나. 그대는 모든 부처님께 오랫동안 선근(善根)을 심고서 범행(梵行)을 깔끔하게 실천하였기에 이에 깊고 깊은 삼매를 자세히 말할 수 있구나. 그대는 지금 이와 같은 반야바라밀 속에 편안히 머물고 있구나.”

舍利弗言:“不可思議定不可得耶?”文殊師利言:“思議定者是可得相, 不可
思議定者不可得相. 一切衆生實成就不思議定. 何以故? 一切心相卽非心故,
是名不思議定. 是故一切衆生相及不思議三昧相, 等無分別.”佛讚文殊師利言:
“善哉. 善哉. 汝於諸佛久殖善根淨修梵行, 乃能演說甚深三昧. 汝今安住如是
般若波羅蜜中.”

문수사리가 말했다.

“만약 제가 반야바라밀 속에 편안히 머물러서 이러한 말을 할 수
있다면, 생각이 있는 것이니 곧장 나의 생각에 머무는 것입니다. 만
약 생각이 있어서 나의 생각 속에 머문다면, 반야바라밀에는 곧 머무
는 곳이 있게 됩니다. 반야바라밀이 만약 ‘없음’에 머문다면, 역시 나
의 생각이니 또한 일러 머무는 곳이라고 합니다.

이 두 곳을 벗어나 머묾 없음에 머문다면, 마치 모든 부처님이 적
멸하여 생각으로 헤아릴 수 있는 경계가 아닌 곳에 편안히 머무는 것
과 같습니다. 이와 같이 생각으로 헤아릴 수 없는 것을 일러 반야바
라밀이 머무는 곳이라고 합니다. 반야바라밀이 머무는 곳에서 모든
법은 모습이 없고 모든 법은 조작이 없습니다.

반야바라밀은 곧 생각으로 헤아릴 수 없는 것입니다. 생각으로 헤
아릴 수 없는 것은 곧 법계(法界)[286]입니다. 법계는 곧 모습 없는 것입

---

286 법계(法界) : 계는 나누어지는 한도라는 뜻, 법은 모든 것. 나누어져서 서로 같지 않은
모든 모양의 법의 세계, 곧 삼라만상의 세계를 말함.

니다. 모습 없는 것은 곧 생각으로 헤아릴 수 없는 것입니다. 생각으로 헤아릴 수 없는 것은 곧 반야바라밀입니다. 반야바라밀의 법계는 둘이 없고 다름이 없습니다. 둘이 없고 다름이 없으면 곧 법계입니다. 법계는 곧 모습이 없습니다. 모습이 없는 것은 곧 반야바라밀의 세계입니다. 반야바라밀의 세계는 곧 생각으로 헤아릴 수 없는 세계입니다. 생각으로 헤아릴 수 없는 세계는 곧 생겨남도 없고 사라짐도 없는 세계입니다. 생겨남도 없고 사라짐도 없는 세계는 곧 생각으로 헤아릴 수 없는 세계입니다."

文殊師利言: "若我住般若波羅蜜中, 能作是說, 卽是有想便住我想. 若住有想我想中者, 般若波羅蜜便有處所. 般若波羅蜜若住於無, 亦是我想亦名處所. 離此二處住無所住, 如諸佛住安處寂滅非思議境界. 如是不思議, 名般若波羅蜜住處. 般若波羅蜜處, 一切法無相, 一切法無作. 般若波羅蜜, 卽不思議. 不思議, 卽法界. 法界, 卽無相. 無相, 卽不思議. 不思議, 卽般若波羅蜜. 般若波羅蜜法界, 無二無別. 無二無別, 卽法界. 法界, 卽無相. 無相, 卽般若波羅蜜界. 般若波羅蜜界, 卽不思議界. 不思議界, 卽無生無滅界. 無生無滅界, 卽不思議界."

문수사리가 말했다.

"여래의 세계와 나의 세계는 두 개의 모습이 아닙니다. 이와 같이 반야바라밀을 수행한다면 깨달음을 구하지 않습니다. 왜 그럴까요? 깨달음의 모습이 없으면 곧 반야바라밀이기 때문입니다.

세존이시여, 만약 나의 모습을 알면서도 집착할 수 없다면, 앎이 없고 집착이 없을 것이니 이것은 곧 부처님의 앎입니다. 생각으로 헤아릴 수 없고 앎이 없고 집착이 없다면, 부처님의 앎입니다.

무슨 까닭일까요? 앎의 본체의 본성(本性)은 있는 모습이 없는데, 어떻게 법계를 알겠습니까?[287] 만약 앎의 본성에 본체도 없고 집착도 없다면, 일러서 물건이 없다고 합니다. 만약 물건이 없다면, 있는 곳도 없고 의지함도 없고 머묾도 없습니다. 의지함이 없고 머묾이 없다면, 생겨남도 없고 사라짐도 없습니다. 생겨남도 없고 사라짐도 없다면, 유위(有爲)[288]와 무위(無爲)[289]의 공덕(功德)입니다.

만약 이와 같이 안다면, 생각하는 마음이 없습니다. 생각하는 마음이 없는데, 어떻게 알겠습니까? 유위와 무위의 공덕에 앎이 없으면, 생각으로 헤아릴 수 없습니다. 생각으로 헤아릴 수 없으면, 부처님의 앎입니다. 또 취함도 없고 취하지 않음도 없고, 과거 · 현재 · 미래 · 가고 · 옴 등의 모습을 보지 않고, 생겨나고 사라짐과 온갖 일어나는 일들을 취하지 않고, 또 끊어져 없는 것도 아니고 늘 이어지는 것도 아닙니다. 이와 같이 아는 것을 일러 바른 지혜라고 일컫습니다.

생각으로 헤아릴 수 없는 지혜는 허공과 같아서 이것도 없고 저것

---

287 전(轉) : 알다. 깨닫다. 터득하다.

288 유위(有爲) : saṃskṛta. 위(爲)는 위작(爲作) · 조작(造作)의 뜻. 분별하여 행위하고 조작하는 모든 일을 가리킨다. 이렇게 분별하여 행위하고 조작하는 모든 일들은 반드시 생(生) · 주(住) · 이(異) · 멸(滅)의 변화를 따르는 허망(虛妄)한 일이다.

289 무위(無爲) : asaṃskṛta. 무언가 행해야 할 것이 없음. 모든 법의 진실을 말함. 위(爲)는 위작(爲作) · 조작(造作)의 뜻. 곧 분별로 위작 · 조작을 하지 않고 본래 있는 그대로의 진실을 말함. 열반(涅槃) · 법성(法性) · 실상(實相) 등은 무위의 다른 이름이다.

도 없고, 비교할 수 없고, 좋아함과 싫어함이 없고, 동등한 것이 없고, 모습이 없고, 모양이 없습니다."

文殊師利言: "如來界及我界卽不二相. 如是修般若波羅蜜者, 則不求菩提. 何以故? 菩提相離, 卽是般若波羅蜜故. 世尊, 若知我相而不可著, 無知無著是佛所知, 不可思議無知無著卽佛所知. 何以故? 知體本性無所有相, 云何能轉法界? 若知本性無體無著者, 卽名無物. 若無有物, 是無處所無依無住. 無依無住, 卽無生無滅. 無生無滅, 卽是有爲無爲功德. 若如是知, 則無心想. 無心想者云何當知? 有爲無爲功德無知, 卽不思議. 不思議者, 是佛所知. 亦無取無不取, 不見三世去來等相, 不取生滅及諸起作, 亦不斷不常. 如是知者是名正智. 不思議智如虛空, 無此無彼不可比類, 無好惡無等等無相無貌."

부처님이 문수사리에게 말했다.
"만약 이와 같이 안다면, 물러나지 않는 지혜라고 일컫는다."

문수사리가 말했다.
"지혜를 이루지[290] 않는 것을 일러 물러나지 않는 지혜라고 합니다. 마치 금덩이를 먼저 망치로 두들겨 보아야 비로소 그 금이 좋은지 나쁜지를 알게 되지만 만약 두드려 손질하지 않는다면 알 수가 없는 것과 같으니, 물러나지 않는 지혜의 모습 역시 이와 같습니다.
경계에서 (물러남이 없는 지혜를) 행하고자 한다면, 생각하지 않고 집

---

290 작지(作智) : 지혜를 이루다. 지혜를 실행하다. 지혜로 삼다. 지혜로 여기다.

착하지 않고 일으키지 않고 만들지 않음이 모두 갖추어져야 움직이지 않고 생겨나지 않고 사라지지 않음이 이에 비로소 나타날 것입니다."

佛告文殊師利："若如是知, 名不退智." 文殊師利言："無作智名不退智. 猶如金鋌先加鎚打方知好惡, 若不治打無能知者, 不退智相亦復如是. 要行境界, 不念不著無起無作具足, 不動不生不滅爾乃顯現."

그때 부처님이 문수사리에게 말했다.
"모든 여래께서 자기의 지혜를 스스로 말씀하셨다면, 누가 믿을 수 있겠느냐?"

문수사리가 말했다.
"이와 같은 지혜는 열반(涅槃)[291]의 법도 아니고 생사(生死)[292]의 법도 아니며, 적멸(寂滅)[293]이 실행되는 것이고 움직임 없음이 실행되는 것이며, 탐욕 · 분노 · 어리석음을 끊지도 않고 끊지 않는 것도 아닙니다.
왜 그럴까요? 다함 없고 사라지지 않으면서 삶과 죽음에서 벗어나

---

291 열반(涅槃)：nirvāṇa의 음역. 의역은 적멸(寂滅)임. 열반적멸(涅槃寂滅)이라고도 번역. 반대 개념은 생사(生死). 삶과 죽음이라는 번뇌망상이 사라진 마음.

292 생사(生死)：=생멸(生滅). jāti-maraṇa. 중생의 일생인 시작과 끝을 말함. 즉, 번뇌에 물든 중생의 삶. 상대 개념은 열반(涅槃).

293 적멸(寂滅)：고요히 사라짐. 열반(涅槃; nirvāṇa)을 번역한 말. 분별망상(分別妄想)인 번뇌가 모두 소멸하여 이법(二法)의 시끄러운 갈등이 없는 고요한 불이중도(不二中道).

지도 않고 벗어나지 않는 것도 아니며, 도(道)를 닦는 것도 아니고 도를 닦지 않는 것도 아니기 때문입니다. 이와 같이 이해한다면 일러 바른 믿음이라고 합니다."

부처님이 문수사리에게 말했다.
"좋구나. 좋구나. 그대가 말한 것처럼 이 뜻을 깊이 이해하고 있구나."

爾時佛告文殊師利言: "如諸如來自說己智, 誰當能信?" 文殊師利言: "如是智者, 非涅槃法非生死法, 是寂滅行是無動行, 不斷貪欲瞋恚愚癡, 亦非不斷. 何以故? 無盡無滅不離生死亦非不離, 不修道非不修道. 作是解者名爲正信."
佛告文殊師利言: "善哉. 善哉. 如汝所說, 深解斯義."

그때 마하가섭(摩訶迦葉)[294]이 부처님께 아뢰었다.
"세존이시여, 미래에 만약 이와 같이 깊고 깊은 바른 법을 말한다면, 누가 믿고 이해하여 들은 대로 받아들여 행할 수 있겠습니까?"

---

294 가섭(迦葉) : 석가의 십대(十大) 제자 중 한 사람. 음을 따서 마하가섭(摩訶迦葉), 의역하여 대음광(大飮光)·대구씨(大龜氏)라고도 한다. 석가를 만나 가르침을 받고 제자가 되어 8일 만에 바른 지혜의 경지를 깨쳐 아라한과(阿羅漢果)를 얻었다고 한다. 욕심이 적고 족한 줄을 알아 항상 엄격한 계율로 두타(頭陀: 금욕 22행)를 행하고, 교단(敎團)의 우두머리로서 존경을 받았으며, 석가의 아낌을 받았으므로 십대 제자 중 두타제일(頭陀第一)이라 하였다. 석가의 사후(死後) 그는 500명의 아라한을 모아 스스로 그 우두머리가 되어, 아난(阿難)과 우바리(優婆離)로 하여금 경(經)과 율(律)을 결집(結集)하도록 하였다.

부처님이 가섭에게 말했다.

"지금 이 모임 속에 있는 비구·비구니·남신도·여신도로서 이 경(經)을 들은 자가 미래에 만약 이 법을 듣는다면, 반드시 깊고 깊은 반야바라밀을 믿고 이해할 수 있을 것이니 곧 읽고 외우고 믿고 이해하고 받아 지닐 수 있을 것이고, 또 남에게 잘 가려서 자세히 말할 수 있을 것이다.

비유하면 장자(長者)[295]가 마니보(摩尼寶)[296]를 잃어버려서 걱정하고 고민하다가 뒤에 다시 찾으면 마음이 매우 기쁜 것과 같으니, 이와 같이 가섭이여, 비구·비구니·남신도·여신도들도 역시 이와 같아서 믿고 좋아하는 마음이 있을 것이다.

만약 이 법을 듣지 못한다면, 번뇌를 일으킬 것이다. 만약 이 법을 들을 때에 믿고 이해하고 받아 지닐 수 있어서 읽고 외우는 것을 늘 좋아하고 매우 즐거워한다면, 이 사람은 부처님을 만나는 것이고 또 모든 부처님을 가까이 하여 공양을 드리는 것임을 알아야 한다."

爾時摩訶迦葉白佛言: "世尊, 於當來世, 若說如是甚深正法, 誰能信解如聞

---

295 장자(長者) : 범어 śreṣṭha, gṛhapāti. 호족·부귀한 사람이나 덕행이 수승한 사람을 존칭하는 말이다. 인도에서 좋은 집안에 나서 많은 재산을 가지고 덕을 갖춘 사람을 가리키는 말.

296 마니보(摩尼寶) : maṇi. 마니(摩尼)·말니(末尼)로 음역. 주(珠)·보(寶)·무구(無垢)·여의(如意)로 번역. 마니주(摩尼珠)·마니보주(摩尼寶珠)·보주(寶珠)·여의주(如意珠)라고 한다. 투명한 구슬. 이 구슬은 용왕의 뇌 속에서 나온 것이라 하며, 사람이 이 구슬을 가지면 독이 해칠 수 없고, 불에 들어가도 타지 않는 공덕이 있다고 한다. 혹은 제석천왕이 금강저(金剛杵)를 가지고 아수라와 싸울 때에 부서진 금강저가 남섬부주에 떨어진 것이 변하여 이 구슬이 되었다고도 한다.

受行?"佛告迦葉:"今此會中比丘比丘尼優婆塞優婆夷得聞此經者, 如是人等
於未來世若聞是法, 必能信解於甚深般若波羅蜜, 乃能讀誦信解受持, 亦爲他
人分別演說. 譬如長者失摩尼寶憂愁苦惱, 後若還得, 心甚歡喜, 如是迦葉, 比
丘比丘尼優婆塞優婆夷等, 亦復如是, 有信樂心. 若不聞法, 則生苦惱. 若得聞
時信解受持, 常樂讀誦甚大歡喜, 當知此人卽是見佛, 亦卽親近供養諸佛."

부처님이 가섭에게 말했다.

"비유하면 마치 도리천(忉利天)²⁹⁷에서 파리질다라(波利質多羅)²⁹⁸ 나
무의 싹이 처음 나올 때에 도리천의 모든 천신(天神)들이 이 나무를

---

297 도리천(忉利天) : 범어 Trāyastriṃśa의 음역. 욕계 6천 중의 하나. 수미산 정상의 33천
을 말함. 그 세계의 왕을 제석천(帝釋天)이라고 한다. 달리야달리사천(怛唎耶怛唎奢
天) · 다라야등릉사천(多羅夜登陵舍天)이라고도 쓰며, 33천이라 번역. 남섬부주(南瞻部
洲) 위에 8만 유순 되는 수미산 꼭대기에 있다. 중앙에 선견성(善見城)이라는, 4면이 8
만 유순씩 되는 큰 성이 있고, 이 성 안에 제석천(帝釋天)이 있고, 사방에는 각기 8성이
있는데 그 권속 되는 하늘 사람들이 살고 있다고 한다. 사방 8성인 32성에 선견성을 더
하여 33이 된다. 이 33천은 반달의 3재일(齋日)마다 성밖에 있는 선법당(善法堂)에 모여
서 법답고 법답지 못한 일을 평론한다고 한다. 이 하늘의 중생들은 음욕을 행할 때에는
변하여 인간과 같이 되지만, 다만 풍기(風氣)를 누설하기만 하면 열뇌(熱惱)가 없어진다
고 한다. 키는 1유순, 옷의 무게는 6수(銖), 목숨 1천세. 그 하늘의 1주야는 인간의 백년.
처음 태어났을 때는 인간의 6세 되는 아이와 같으며, 빛깔이 원만하고 저절로 의복이 입
혀졌다고 한다. 부처님이 일찍이 하늘에 올라가서 어머니 마야 부인을 위하여 석 달 동
안 설법하고, 3도(道)의 보계(寶階)를 타고 승가시국에 내려왔다고 한다.
298 파리질다라수(波利質多羅樹) : Pārijāta. 파리야달라구타라(波利耶呾羅拘陀羅) · 파의질
투(波疑質妬) · 파리질라(波利質羅) · 파리야달라비타라(波唎耶呾羅毘陀羅)라고도 음역.
향변수(香遍樹)라 번역. 콩과에 딸린 식물. 인도 히말라야 산 아래 스리랑카 · 미얀마 ·
말레이시아 · 자바 · 폴리네시아 등지에 남. 수간(樹幹)은 높고, 껍질은 엷은 회색. 작은
가시가 많음. 잎은 우상엽(羽狀葉). 꽃은 주머니 모양으로 크고 붉으며 아름다운 꽃이
핌. 이 나무는 도리천(忉利天) 제석(帝釋)의 궁전인 선견성(善見城) 동북쪽에 있다고 함.

보고서 모두들 크게 기뻐하는 것과 같으니, 이 나무는 오래지 않아서 반드시 무성하게 자라날 것이기 때문이다.

만약 비구·비구니·남신도·여신도가 반야바라밀을 듣고서 믿음과 이해를 낼 수 있다면, 역시 이와 같아서 이 사람은 오래지 않아서 모든 불법(佛法)을 무성하게 키울 것이다.

미래에 비구·비구니·남신도·여신도가 반야바라밀을 듣고서 믿고 받아들이고 읽고 외우며 마음이 뉘우치고 절망하지[299] 않는다면, 이 사람은 이미 이 모임에서 이 경(經)을 들었던 것임을 알아야 한다.

또한 마을이나 도회지에서 남에게 이 경을 말하여 유포시킬 수 있다면, 이 사람은 부처님이 보호함[300]을 알아야 한다.

이와 같이 깊고 깊은 반야바라밀 속에서 믿고 좋아하여 의심이 없을 수 있다면, 이 착한 남자나 착한 여인은 과거의 모든 부처님에게 오래도록 많은 선근(善根)을 배워 익혀서 심었다.

비유하면 마치 어떤 사람이 손으로 구슬에 구멍을 뚫다가 문득 매우 진귀한 진짜 마니보(摩尼寶)를 발견하여 마음이 크게 기뻐하는 것과 같으니, 이 사람은 틀림없이 이미 그 보물을 본 적이 있음을 알아야 한다.

佛告迦葉: "譬如忉利天上波利質多羅樹皰初出時, 是中諸天見是樹已皆大

---

299 회몰(悔沒): 후회하여 마음이 무너지다. 뉘우치고 절망하다.
300 호념(護念): 명심하여 지키는 것. 모든 불·보살·하늘·귀신들이 선행을 닦는 중생이나 수행자에 대하여 온갖 마장을 제거하여 보호하며, 깊이 기억하여 버리지 않는 것. 가피(加被), 가지(加持)와 비슷함.

歡喜, 此樹不久必當開敷. 若比丘比丘尼優婆塞優婆夷, 得聞般若波羅蜜, 能生信解, 亦復如是. 此人不久亦當開敷一切佛法. 於當來世, 有比丘比丘尼優婆塞優婆夷, 聞般若波羅蜜, 信受讀誦心不悔沒, 當知是人已從此會聽受是經. 亦能爲人聚落城邑廣說流布, 當知是人佛所護念. 如是甚深般若波羅蜜中, 有能信樂無疑惑者, 是善男子善女人, 於過去諸佛, 久已修學殖衆善根. 譬如有人以手穿珠, 忽遇無上眞摩尼寶, 心大歡喜, 當知是人必已曾見.

이와 같이 가섭이여,

만약 착한 남자나 착한 여인이 다른 법을 배우고 익히다가 문득 깊고 깊은 반야바라밀을 듣고서 기뻐할 수 있다면, 역시 이와 같아서 이 사람은 이미 반야바라밀을 들은 적이 있기 때문임을 알아야 한다.

만약 어떤 중생이 깊고 깊은 반야바라밀을 듣고서 마음이 믿고 받아들여 크게 기뻐할 수 있다면, 이와 같은 사람들도 일찍이 직접 무수한 온갖 부처님들을 가까이서 뵙고 반야바라밀을 듣고서 이미 배우고 익혔기 때문이다.

비유하면, 마치 어떤 사람이 앞서 마을과 도회지를 두루 구경한 뒤에 만약 다른 사람이 그 마을과 도회지에 있는 정원과 여러 가지 연못과 꽃과 과실과 숲과 남녀 백성들은 모두 좋아할 만하다고 찬탄하는 말을 듣는다면 이 사람은 듣자마자 곧 크게 기뻐할 것이고, 다시 이 마을의 정원과 여러 예쁜 장식과 다양한 꽃과 연못과 온갖 달콤한 과실과 여러 가지 진귀하고 묘한 모든 사랑스럽고 즐거운 일들을 말하도록 권한다면, 이 사람은 듣고서 거듭 깊이 즐거워할 것이니 이와 같은 사람은 모두 일찍이 그것들을 보았기 때문이다.

만약 착한 남자와 착한 여인이 반야바라밀을 듣고서 믿는 마음으로 받아들이고 즐거워하면서 듣기를 좋아하여 싫증 내지 않고 다시 말해 주기를 권한다면, 이러한 사람들은 이미 문수사리를 따라서 일찍이 이와 같은 반야바라밀을 들었기 때문임을 알아야 한다.”

如是迦葉, 若善男子善女人修學餘法, 忽然得聞甚深般若波羅蜜能生歡喜, 亦復如是, 當知此人已曾聞故. 若有衆生得聞甚深般若波羅蜜, 心能信受生大歡喜, 如是人等亦曾親近無數諸佛, 從聞般若波羅蜜已修學故. 譬如有人先所經見城邑聚落後, 若聞人讚歎彼城所有園苑種種池泉華果林樹男女人民皆可愛樂, 是人聞已卽大歡喜, 更勸令說是城園苑衆好嚴飾雜華池泉多諸甘果, 種種珍妙一切愛樂, 是人得聞重甚歡喜, 如是之人皆曾見故. 若善男子善女人, 有聞般若波羅蜜, 信心聽受能生歡喜, 樂聞不厭而更勸說, 當知此輩已從文殊師利, 曾聞如是般若波羅蜜故.”

가섭이 부처님께 아뢰었다.

“세존이시여, 만약 미래에 착한 남자와 착한 여인이 이 깊고 깊은 반야바라밀을 듣고서 믿고 즐거이 받아들인다면, 이러한 모습 때문에 이 사람은 역시 과거 부처님이 계신 곳에서 일찍이 듣고 닦고 배웠음을 알아야 합니다.”

문수사리가 부처님께 아뢰었다.

"세존이시여, 부처님께서는 온갖 법은 조작함이 없고 모습이 없고 무엇보다도 고요히 사라졌음을 말씀하십니다. 만약 착한 남자와 착한 여인이 이와 같이 듣고서 그 뜻을 들은 대로 말한 대로 자세히 밝힌다면, 모든 여래께서 찬탄하실 것입니다. 법의 모습에 어긋나지 않는 것이 곧 부처님의 말씀이고, 또 분명한 반야바라밀의 모습이고, 또 분명하게 모두 갖추어진 불법이라고 일컫고, 생각으로 헤아릴 수 없는 실상(實相)에 통달하는 것입니다."

迦葉白佛言: "世尊, 若將來世善男子善女人, 得聞是甚深般若波羅蜜, 信樂聽受, 以是相故, 當知此人亦於過去佛所曾聞修學." 文殊師利白佛言: "世尊, 佛說諸法無作無相第一寂滅. 若善男子善女人, 有能如是諦了斯義如聞如說, 爲諸如來之所讚歎. 不違法相是卽佛說, 亦是熾然般若波羅蜜相, 亦名熾燃具足佛法, 通達實相不可思議."

부처님이 문수사리에게 말했다.

"나는 본래 보살의 길을 갈 때에 온갖 선근을 실천하였다.

되돌아가지 않는 지위[301]에 머물고자 한다면, 반야바라밀을 배워야 한다. 위없는 바르고 평등한 깨달음[302]을 이루고자 한다면, 반야바라밀을 배워야 한다. 만약 착한 남자와 착한 여인이 모든 법의 모습을

---

301 아비발치(阿鞞跋致) : avinivartanīya. 불퇴(不退) · 무퇴(無退) · 불퇴전(不退轉) · 불퇴위(不退位)라 번역. 반드시 성불이 결정된 동시에 보살의 지위에서 타락하지 않을 위치.

302 아누다라삼약삼보리(阿耨多羅三藐三菩提) : anuttarā-samyak-saṃbodhiḥ의 음사(音寫). 무상정등정각(無上正等正覺) · 무상정등각(無上正等覺)이라 번역. 최상의 바르고 평등한 깨달음.

알고자 하고 모든 중생의 마음세계가 전부 동등(同等)함을 알고자 한다면, 반야바라밀을 배워야 한다.

문수사리야, 모든 불법이 완전히 갖추어져 막힘이 없음을 배우고자 한다면, 반야바라밀을 배워야 한다. 모든 부처님이 위없는 바르고 평등한 깨달음을 이룰 때의 상호(相好)[303]와 위의(威儀)[304]와 헤아릴 수 없는 법식(法式)을 배우고자 한다면, 반야바라밀을 배워야 한다. 모든 부처님이 위없는 바르고 평등한 깨달음을 이루지 않은 모든 법식과 온갖 위의를 알고자 한다면, 반야바라밀을 배워야 한다.

무슨 까닭인가? 이 공(空)인 법(法) 가운데에서는 어떤 부처나 깨달음 등도 볼 수 없기 때문이다.

佛告文殊師利: "我本行菩薩道時, 修諸善根. 欲住阿鞞跋致地, 當學般若波羅蜜. 欲成阿耨多羅三藐三菩提, 當學般若波羅蜜. 若善男子善女人, 欲解一切法相, 欲知一切衆生心界皆悉同等, 當學般若波羅蜜. 文殊師利, 欲學一切佛法具足無礙, 當學般若波羅蜜. 欲學一切佛成阿耨多羅三藐三菩提時相好威儀無量法式, 當學般若波羅蜜. 欲知一切佛不成阿耨多羅三藐三菩提一切法式及諸威儀, 當學般若波羅蜜. 何以故? 是空法中, 不見諸佛菩提等故.

만약 착한 남자와 착한 여인이 이와 같은 모습들에 의혹(疑惑)이 없

---

303 상호(相好) : 용모, 형상. 상(相)은 몸에 드러나게 잘생긴 부분, 호(好)는 상(相) 중의 세상(細相)에 대하여 말함. 이 상호가 모두 완전하여 하나도 모자람이 없는 것을 불신(佛身)이라 함. 불신에는 32상(相)과 80종호(種好)가 있다 함.

304 위의(威儀) : 위엄 있는 용모. 곧 손을 들고 발을 내딛는 것이 모두 규칙에 맞고 방정하여 숭배할 생각을 내게 하는 태도.

음을 알고자 한다면, 반야바라밀을 배워야 한다.

왜 그런가? 반야바라밀은 온갖 법이 생겨나거나 사라지거나 더럽거나 깨끗하거나 함을 나타내지 않기 때문이다. 이 까닭에 착한 남자와 착한 여인은 마땅히 이와 같이 하여 반야바라밀을 배워야 한다.

모든 법에는 과거의 모습도 없고 현재의 모습도 없고 미래의 모습도 없음을 알고자 한다면, 반야바라밀을 배워야 한다.

무엇 때문인가? 법계의 본성과 모습에는 과거·현재·미래가 없기 때문이다.

모든 법이 함께 법계의 마음으로 들어가 막힘이 없음을 알고자 한다면, 반야바라밀을 배워야 한다. 법륜(法輪)을 세 번 굴려 열두 번 법문(法門)을 행함에[305] 또 스스로 깨달아 알지만 집착하지 않고자 한다면, 반야바라밀을 배워야 한다. 자비로운 마음이 모든 중생을 고루 덮어 한량이 없으면서도 중생의 모습을 생각하지 않으려 한다면, 반야바라밀을 배워야 한다. 모든 중생을 따지지 않으면서 또 따지지 않는 모습도 가지지 않으려 한다면, 반야바라밀을 배워야 한다. 옳은 곳이나 그른 곳에서 열 가지 지혜의 힘[306]으로 두려움 없이 부처님의

---

305 삼전십이행(三轉十二行) : 부처님이 녹야원에서 성문(聲聞)에 대하여 사성제(四聖諦)의 법문을 시전(示轉)·권전(勸轉)·증전(證轉) 세 번 말씀하신 것. 상근(上根)은 시전으로써, 중근(中根)은 권전으로써, 하근(下根)은 증전으로써 각각 깨닫는다 함. 또 이 3전은 견도(見道)·수도(修道)·무학도(無學道)에 배대한다. ①시전(示轉). 이것은 고(苦), 이것은 집(集), 이것은 멸(滅), 이것은 도(道)라고 그 모양을 보인 것. ②권전(勸轉). 고(苦)를 알라, 집(集)을 끊으라, 멸(滅)을 증득하라, 도(道)를 닦으라고 권한 것. ③증전(證轉). 석존이 스스로 고를 알아 집을 끊고, 멸을 증득하려고, 도를 닦은 것을 보여 다른 이들로 하여금 증득(證得)케 하는 것.

306 십력(十力) : (1)부처님께만 있는 열 가지 심력(心力). ①처비처지력(處非處智力). ②업

지혜에 머물러 막힘없는 말솜씨를 얻음을 알려고 한다면, 반야바라밀을 배워야 한다."

若善男子善女人, 欲知如是等相無疑惑者, 當學般若波羅蜜. 何以故? 般若波羅蜜, 不見諸法若生若滅若垢若淨. 是故, 善男子善女人, 應作如是學般若波羅蜜. 欲知一切法無過去未來現在等相, 當學般若波羅蜜. 何以故? 法界性相無三世故. 欲知一切法同入法界心無罣礙, 當學般若波羅蜜. 欲得三轉十二行法輪亦自證知而不取著, 當學般若波羅蜜. 欲得慈心遍覆一切衆生而無限齊亦不作念有衆生相, 當學般若波羅蜜. 欲得於一切衆生不起諍論亦復不取無諍論相, 當學般若波羅蜜. 欲知是處非處十力無畏住佛智慧得無礙辯, 當學般若波羅蜜."

그때 문수사리가 부처님께 아뢰었다.

"세존이시여, 제가 바른 법을 보니, 할 일도 없고, 모습도 없고, 얻을 것도 없고, 이익도 없고, 생겨나지도 않고 사라지지도 않고, 오지도 않고 가지도 않고, 아는 자도 없고, 보는 자도 없고, 행하는 자도 없고, 반야바라밀을 볼 수도 없고, 반야바라밀의 경계를 볼 수도 없

이숙지력(業異熟智力). ③정려해탈등지등지지력(靜慮解脫等持等至智力). ④근상하지력(根上下智力). ⑤종종승해지력(種種勝解智力). ⑥종종계지력(種種界智力). ⑦변취행지력(遍趣行智力). ⑧숙주수념지력(宿住隨念智力). ⑨사생지력(死生智力). ⑩누진지력(漏盡智力). 이는 『구사론(俱舍論)』 제27권, 『순정리론(順正理論)』 제75권 등에 의함. (2)보살에게 있는 열 가지 지력(智力). ①심심력(深心力). ②증상심심력(增上深心力). ③방편력. ④지력. ⑤원력. ⑥행력. ⑦승력(乘力). ⑧신변력. ⑨보리력. ⑩전법륜력(轉法輪力). 『화엄경(華嚴經)』 제39권, 『신역화엄경』 제56권에 있음.

고, 깨닫는 것도 아니고 깨닫지 않는 것도 아니고, 희론(戱論)[307]하지도 않고, 분별도 없고, 모든 법은 끝도 없고 끝이 없는 것도 아니고, 범부의 법도 없고, 성문(聲聞)의 법도 없고, 벽지불(辟支佛)의 법도 없고, 부처의 법도 없고, 얻는 것도 아니고 얻지 않는 것도 아니고, 삶과 죽음을 버리지도 않고 열반을 얻지도 않고, 생각으로 헤아리는 것도 아니고 생각으로 헤아리지 않는 것도 아니고, 만드는 것도 아니고 만들지 않는 것도 아닙니다. 법의 모습이 이와 같으니, 어떻게 반야바라밀을 배워야 하는지 알지 못하겠습니다."

爾時文殊師利白佛言:"世尊, 我觀正法, 無爲無相無得無利, 無生無滅無來無去, 無知者無見者無作者, 不見般若波羅蜜, 亦不見般若波羅蜜境界, 非證非不證, 不作戱論無有分別, 一切法無盡離盡, 無凡夫法無聲聞法, 無辟支佛法佛法, 非得非不得, 不捨生死不證涅槃, 非思議非不思議, 非作非不作. 法相如是, 不知云何當學般若波羅蜜."

그때 부처님이 문수사리에게 말했다.

"만약 모든 법의 모습을 이와 같이 알 수 있다면, 이를 일러 반야바라밀을 마땅히 배운다고 일컫는다. 보살마하살이 만약 자재삼매(自在

---

307 희론(戱論): 희롱(戱弄)의 담론(談論). 부질없이 희롱하는, 아무 뜻도 이익도 없는 말. 여기에는 사물에 집착하는 미혹한 마음으로 하는 여러 가지 옳지 못한 언론인 애론(愛論)과 여러 가지 치우친 소견으로 하는 의론인 견론(見論)의 2종이 있다. 둔근인(鈍根人)은 애론, 이근인(利根人)은 견론, 재가인(在家人)은 애론, 출가인(出家人)은 견론, 천마(天魔)는 애론, 외도(外道)는 견론, 범부(凡夫)는 애론, 2승(乘)은 견론을 고집함.

三昧)[308]인 깨달음[309]을 배우고자 하고, 삼매를 얻고 나서 모든 깊고 깊은 불법(佛法)을 비추어 밝히고 모든 부처님의 이름을 알고 또 모든 부처님 세계를 장애 없이 완전히 통달하고자 한다면, 마땅히 문수사리가 말한 것과 같은 반야바라밀 속에서 배워야 한다."

문수사리가 부처님께 말씀드렸다.
"세존이시여, 무슨 까닭에 반야바라밀이라고 일컫습니까?"

부처님이 말했다.
"반야바라밀은 가장자리가 없고 마지막이 없고, 이름이 없고 모습이 없고, 생각으로 헤아리지 못하고, 의지함이 없고, 물가[310]가 없고, 해로움도 없고 복됨도 없고, 어둠도 없고 밝음도 없고, 범위[311]가 없고 무한한 숫자의 법계와 같으니, 이를 일러 반야바라밀이라 하고, 또 보살마하살이 가는 곳이라고도 한다.

가는 곳도 아니고 가지 않는 곳도 아니고 전부 일승(一乘)[312]으로 들

---

308 자재삼매(自在三昧) : 자재(自在)는 깨달은 이의 마음이 허공을 지나는 바람처럼 경계에 장애를 받지 않고 자유로운 것을 나타낸 말. 삼매(三昧, samādhi)는 깨달은 이의 마음이 산란함에서 벗어나 흔들리지 않게 안정(安定)되어 망념(妄念)에서 벗어나는 것. 즉, 자재삼매는 깨달음의 속성을 나타내는 말.

309 보리(菩提) : bodhi. 도(道)·지(智)·각(覺)이라 번역. 2개의 뜻이 있다. ①불교 최고의 이상(理想)인 부처님의 정각(正覺)의 지혜. 깨달음. ②부처님의 정각의 지혜를 얻기 위하여 닦는 도(道). 깨달음에 이르는 길.

310 주저(洲渚) : 파도가 밀려가 닿는 곳. 물가. 주정(洲汀). 가장자리. 경계선.

311 분제(分齊) : ①분위차별(分位差別)이니, 차별한 범위(範位). 또는 상당(相當)한 위치. ②적당한 한도. 분수(分數). ③범위. 정도.

312 일승(一乘) : 일불승(一佛乘)과 같음. 승(乘)은 타는 것, 곧 수레나 배(船)를 말하며, 중

어감을 일러 가는 곳이 아니라고 한다.

무슨 까닭인가? 생각도 없고 조작함도 없기 때문이다."

爾時佛告文殊師利:"若能如是知諸法相, 是名當學般若波羅蜜. 菩薩摩訶
薩, 若欲學菩提自在三昧, 得是三昧已, 照明一切甚深佛法及知一切諸佛名字,
亦悉了達諸佛世界無有障礙, 當如文殊師利所說般若波羅蜜中學."文殊師利白
佛言:"世尊, 何以故, 名般若波羅蜜?"佛言:"般若波羅蜜, 無邊無際, 無名無
相, 非思量, 無歸依, 無洲渚, 無犯無福, 無晦無明, 猶如法界無有分齊亦無限
數, 是名般若波羅蜜, 亦名菩薩摩訶薩行處. 非處非不行處, 悉入一乘, 名非行
處. 何以故? 無念無作故."

문수사리가 부처님께 아뢰었다.

"세존이시여, 마땅히 어떻게 행하여야 위없는 바르고 평등한 깨달
음을 재빨리 얻을 수 있을까요?"

부처님이 말했다.

"문수사리여, 반야바라밀이 말하는 행과 같으면 위없는 바르고 평
등한 깨달음을 재빨리 얻을 수 있다. 다시 일행삼매(一行三昧)[313]가 있

생들을 깨달음으로 실어 나르는 불교의 가르침 즉 교법(敎法)을 가리킴. 교법에는 소
승·대승·3승·5승의 구별이 있는데, 일체 중생이 모두 성불한다는 입장에서 그 구
제하는 교법이 하나뿐이고, 또 절대 진실한 것이라고 주장하는 것이 일승(一乘)이다.
『법화경』에서 일불승(一佛乘)을 말한다.

313 일행삼매(一行三昧)에 대한 다른 경전의 언급은 다음과 같다 : "다시 일행삼매가 있으
니, 이 삼매에 머무는 자는 온갖 법에 둘이 있음을 보지 않는다."(復有一行三昧, 住是

는데, 만약 착한 남자나 착한 여인이 이 삼매를 닦는다면 또한 위없는 바르고 평등한 깨달음을 재빨리 얻을 수 있다."

문수사리가 말했다.
"세존이시여, 어떤 것을 일러 일행삼매라고 합니까?"

부처님이 말했다.
"하나의 모습인 법계에 얽매여 법계와 관계하면[314] 이를 일러 일행삼매라 한다. 만약 착한 남자나 착한 여인이 일행삼매에 들어가고자 한다면, 마땅히 먼저 반야바라밀을 들어야 하고, 말한 대로 실천하고 배운 뒤에 일행삼매에 들어갈 수 있으니, 마치 법계가 물러나지도 않

三昧者不見諸法有二.)(무라차(無羅叉) 한역(漢譯) 『방광반야경(放光般若經)』 제4권 「마하반야바라밀문문마하연품(摩訶般若波羅蜜問摩訶衍品)」 제19) "어떤 것을 일러 일행삼매라 하는가? 이 삼매에 머물러 모든 삼매의 이 언덕과 저 언덕을 보지 않으면, 이를 일러 일행삼매라 한다. 어떤 것을 일러 불일행삼매(不一行三昧)라 하는가? 이 삼매에 머물러 모든 삼매가 하나의 모습임을 보지 않으면, 이를 일러 불일행삼매라 한다."(云何名一行三昧? 住是三昧不見諸三昧此岸彼岸, 是名一行三昧. 云何名不一行三昧? 住是三昧不見諸三昧一相, 是名不一行三昧.)(구마라집(鳩摩羅什) 한역 『마하반야바라밀경(摩訶般若波羅蜜經)』 제5권 「문승품(問乘品)」 제18)

314 계연(繫緣): 관계를 맺어 얽매이다. 얽매여 관계를 맺다. 『아비달마구사론(阿毘達磨俱舍論)』 제19권 「분별수면품(分別隨眠品)」 제5-1에 다음의 내용이 있다. "온갖 번뇌가 있는 것은 욕계(欲界)에 얽매여 색계(色界)와 관계하여 얽매이는 것이다. 온갖 번뇌가 있는 것은 욕계에 얽매여 무색계(無色界)와 관계하여 얽매이는 것이다. 온갖 번뇌가 있는 것은 욕계에 얽매여 색계와 무색계에 관계하여 얽매이는 것이다. 온갖 번뇌가 있는 것은 색계에 얽매여 무색계와 관계하여 얽매이는 것이다."(有諸隨眠, 是欲界繫, 緣色界繫. 有諸隨眠, 是欲界繫, 緣無色界繫. 有諸隨眠, 是欲界繫, 緣色無色界繫. 有諸隨眠, 是色界繫, 緣無色界繫.)

고 부서지지도 않고 생각으로 헤아릴 수도 없고 걸림도 없고 모습도 없음에 관계하고 있는 것과 같다.

착한 남자나 착한 여인이 일행삼매에 들어가고자 한다면, 마땅히 한적한 곳³¹⁵에 머물러 온갖 시끄러운 뜻을 버리고 모습을 취하지 않고 마음을 하나의 부처님께 얽어매고 오로지 부처님의 이름만을 부르며, 부처님이 계신 곳을 따라 몸을 단정히 하고 정면으로 향하여 한 부처님을 생각생각 이어갈 수 있다면, 이 생각 속에서 과거 · 현재 · 미래의 모든 부처님을 볼 수 있을 것이다.

왜 그런가? 한 부처님의 공덕이 헤아릴 수 없고 가없음을 생각한다면, 또한 헤아릴 수 없는 모든 부처님의 공덕과 둘이 아니다.

생각으로 헤아릴 수 없는 불법(佛法)은 분별 없음과 같은데, 모두 일여(一如)³¹⁶를 타고서 가장 바른 깨달음을 이루어 헤아릴 수 없는 공덕과 헤아릴 수 없는 말씀씨를 모두 갖춘다. 이와 같이 일행삼매에 들어가는 자는 갠지스 강의 모래알 숫자처럼 많은 모든 부처님의 법계에 차별되는 모습이 없음을 남김 없이 다 안다. 아난(阿難)³¹⁷은 불

---

315 공한처(空閑處) : araṇya. 아란야(阿蘭若) · 아련야(阿練若)라 음역. 마을에서 3백~6백 보(步)쯤 떨어진 곳으로 한적(閑寂)하여 비구들의 수행에 알맞은 곳.

316 일여(一如) : 일(一)은 하나, 여(如)는 꼭 같다는 뜻. 하나로서 같다. 차별없이 평등하다. 법계의 실상(實相)을 가리키는 말. 여여(如如)와 같음.

317 아난(阿難) : 석가의 10대 제자 중 한 사람이다. 아난다(阿難陀)라고도 한다. 아난다라는 인도말은 환희 · 기쁨을 뜻한다. 아난은 석가의 사촌 동생이다. 석가가 깨달음을 얻은 뒤에 귀향하였을 때, 난다(難陀) · 아나율(阿那律) 등과 함께 그를 따라 출가하였다고 한다. 대중들의 천거에 의하여 아난다가 20여 년 동안 시자(侍者)를 맡아 가까이서 석가를 모시면서 그의 말을 가장 많이 들었으므로, 다문제일(多聞第一) 아난다로 불렸다. 석가가 80세에 숨을 거둘 때 곁에서 지켜보았으며, 석가가 죽은 후 가섭의 지휘 아래 이루어진 경(經)의 편찬, 즉 결집(結集)에 참가하여 지대한 업적을 남겼는데, 경법

법을 듣고서 빼어난 기억력[318]과 말솜씨와 지혜를 얻어서 비록 성문
(聲聞) 가운데에서 가장 뛰어났지만, 여전히 헤아림[319]에 머물러서 한
계와 장애가 있었다. 만약 일행삼매를 얻으면, 모든 경전의 법문(法
門)을 하나하나 분별하여 모두 밝게 알아서 전혀 막힘이 없고, 밤낮
으로 언제나 말하는 지혜와 말솜씨가 끝내 단절되지 않을 것이다. 만
약 많이 들어서 말솜씨가 뛰어난 아난과 비교한다면, 아난의 말솜씨
와 지혜는 일행삼매를 얻은 이의 말솜씨와 지혜에 십만[320]분의 일에
도 미치지 못할 것이다.

보살마하살은 마땅히 이렇게 생각해야 한다. '나는 어떻게 헤아릴
수 없는 공덕과 끝없는 이름의 일행삼매에 이를 수 있을까?'"

文殊師利白佛言: "世尊, 當云何行能速得阿耨多羅三藐三菩提?" 佛言: "文
殊師利, 如般若波羅蜜所說行, 能速得阿耨多羅三藐三菩提. 復有一行三昧,
若善男子善女人修是三昧者, 亦速得阿耨多羅三藐三菩提." 文殊師利言: "世
尊, 云何名一行三昧?" 佛言: "法界一相繫, 緣法界, 是名一行三昧. 若善男子
善女人, 欲入一行三昧, 當先聞般若波羅蜜, 如說修學然後能入一行三昧, 如法
界緣不退不壞不思議無礙無相. 善男子善女人, 欲入一行三昧, 應處空閑 捨諸
亂意 不取相貌 繫心一佛 專稱名字, 隨佛方所 端身正向, 能於一佛 念念相續,
卽是念中 能見過去未來現在諸佛. 何以故? 念一佛功德無量無邊, 亦與無量諸

(經法)이 후대에 전하는 것은 그의 공이 크다.

318 염총지(念總持) : 빼어난 기억력. 뛰어난 기억력.

319 양수(量數) : ①수를 계산함. 헤아림. 분별. ②수량(數量).

320 백천(百千) : 백 곱하기 천, 즉 십만의 숫자를 나타내지만, 실제로는 단순히 많다는
뜻.

佛功德無二. 不思議佛法等無分別, 皆乘一如成最正覺, 悉具無量功德無量辯才. 如是入一行三昧者, 盡知恒沙諸佛法界無差別相. 阿難所聞佛法, 得念總持辯才智慧, 於聲聞中雖爲最勝, 猶住量數則有限礙. 若得一行三昧, 諸經法門一一分別, 皆悉了知決定無礙, 晝夜常說智慧辯才終不斷絶. 若比阿難多聞辯才, 百千等分不及其一. 菩薩摩訶薩應作是念: ‘我當云何逮得一行三昧不可思議功德無量名稱?’”

부처님이 말했다.

“보살마하살은 마땅히 일행삼매를 생각하며 늘 부지런히 정진하여 게으르지 않아야 한다. 이와 같이 차례차례 점차 배우고 익히면 생각으로 헤아릴 수 없는 공덕이 증명되는 일행삼매에 들어갈 수 있을 것이지만, 바른 법을 헐뜯고 내버리거나 악업(惡業)이 무거운 죄와 장애가 됨을 믿지 않는다면 이 삼매에 들어갈 수 없다.

또 문수사리여, 비유하면 어떤 사람이 마니주(摩尼珠)321를 얻어 구슬 세공인에게 그것을 보여 주니, 그 세공인이 말하기를 ‘이것은 가치를 헤아릴 수 없는 참된 보물인 마니주입니다.’라고 했는데, 그는 곧 그 세공인에게 부탁하기를 ‘나를 위하여 이 구슬을 연마하여 광택을 잃지 않도록 해 주세요.’라고 하였다면, 구슬 세공인이 구슬을 연마하며 닦을 때에 그 구슬의 광택이 구슬의 안팎으로 투명하게 빛나는 것과 같으니,

문수사리여, 만약 착한 남자나 착한 여인이 헤아릴 수 없는 공덕과

---

321 마니주(摩尼珠) : mani. 마니보(摩尼寶)와 같음.

끝없는 이름의 일행삼매를 배워 익힌다면, 배워 익힐 때에 온갖 법의 모습을 알고 밝게 통달하여 막힘이 없어서 공덕이 늘어나는 것 역시 이와 같다.

문수사리여, 비유하면 태양의 광명이 허공에 두루 가득하여 줄어드는 모습이 없는 것과 같으니, 만약 일행삼매를 얻는다면, 모든 공덕을 전부 갖출 수 있어서 모자람이 없는 것 역시 이와 같아서 불법을 밝게 비추는 것이 마치 태양의 빛과 같다.

문수사리여, 내가 말하는 법은 모두 하나의 맛이고 벗어난 맛이고 해탈의 맛이고 적멸의 맛이다. 만약 착한 남자나 착한 여인이 일행삼매를 얻는다면, 그가 하는 말 역시 하나의 맛이고 벗어난 맛이고 해탈의 맛이고 적멸의 맛일 것이며, 바른 법에 알맞아서 잘못된 모습이 없을 것이다.

문수사리여, 만약 보살마하살이 이 일행삼매를 얻는다면, 깨달음을 얻도록 돕는 법을 모두 다 갖추어서 재빨리 위없는 바르고 평등한 깨달음을 얻을 것이다.

또 문수사리여, 보살마하살이 법계에 분별되는 모습이 있음을 보지 않고 하나의 모습도 보지 않는다면, 생각으로 헤아릴 수 없는 모습의 위없는 바르고 평등한 깨달음을 재빨리 얻을 것이다.

이 깨달음 속에는 얻을 부처가 없으니, 이와 같이 아는 자는 위없는 바르고 평등한 깨달음을 재빨리 얻을 것이다. 만약 모든 법이 전부 불법임을 믿고서 놀라거나 두려워하지 않고 의심하지도 않는다면, 이와 같이 할 수 있는 자는 위없는 바르고 평등한 깨달음을 재빨리 얻을 것이다."

佛言: "菩薩摩訶薩, 當念一行三昧 常勤精進而不懈怠. 如是次第漸漸修學,
則能得入一行三昧不可思議功德作證, 除謗正法不信惡業重罪障者, 所不能入.
復次文殊師利, 譬如有人得摩尼珠示其珠師, 珠師答言: '此是無價眞摩尼寶.'
卽求師言: '爲我治磨勿失光色.' 珠師治已隨其磨時, 珠色光明映徹表裏, 文殊
師利, 若有善男子善女人, 修學一行三昧不可思議功德無量名稱, 隨修學時, 知
諸法相, 明達無礙功德增長, 亦復如是. 文殊師利, 譬如日輪光明遍滿無有滅
相, 若得一行三昧, 悉能具足一切功德無有缺少, 亦復如是, 照明佛法如日輪
光. 文殊師利, 我所說法皆是一味離味, 解脫味寂滅味. 若善男子善女人得是一
行三昧者, 其所演說亦是一味離味, 解脫味寂滅味, 隨順正法無錯謬相. 文殊師
利, 若菩薩摩訶薩得是一行三昧, 皆悉滿足助道之法, 速得阿耨多羅三藐三菩
提. 復次文殊師利, 菩薩摩訶薩, 不見法界有分別相及以一相, 速得阿耨多羅三
藐三菩提相不可思議. 是菩提中亦無得佛, 如是知者速得阿耨多羅三藐三菩提.
若信一切法悉是佛法, 不生驚怖亦不疑惑, 如是忍者, 速得阿耨多羅三藐三菩
提."

문수사리가 부처님께 아뢰었다.
"세존이시여, 이와 같은 이유 때문에 위없는 바르고 평등한 깨달음
을 재빨리 얻는 것입니까?"

부처님이 말했다.

"위없는 바르고 평등한 깨달음을 얻는 것은 어떤 원인 때문에 얻는 것도 아니고 원인 아닌 것 때문에 얻는 것도 아니다.

왜 그런가? 생각으로 헤아릴 수 없는 세계는 어떤 원인에 의하여 얻을 수도 없고, 원인 아닌 것에 의하여 얻을 수도 없기 때문이다.

만약 착한 남자나 착한 여인이 이와 같은 말을 듣고서 게으름을 부리지 않는다면, 이 사람은 이전에 앞선 부처님께 여러 가지 선근을 심었음을 알아야 한다. 이 까닭에 비구나 비구니가 이 깊고 깊은 반야바라밀을 듣고서 놀라거나 두려워하지 않는다면 부처님을 따라 출가한 것이다. 만약 남신도(男信徒)나 여신도(女信徒)가 이와 같이 깊고 깊은 반야바라밀을 듣고서 마음이 놀라거나 두려워하지 않는다면 참된 귀의할 곳을 성취한 것이다.

문수사리여, 만약 착한 남자나 착한 여인이 깊고 깊은 반야바라밀을 익히지 않는다면 불승(佛乘)을 닦지 않는 것이니, 비유하면 땅 위에 있는 모든 약초와 나무가 전부 땅에 의지하여 자라는 것과 같다.

문수사리여, 보살마하살도 역시 그와 같아서 모든 선근(善根)이 전부 반야바라밀에 의지하여 자랄 수 있기 때문에 위없는 바르고 평등한 깨달음에서 어긋나지 않는 것이다."

文殊師利白佛言:"世尊, 以如是因, 速得阿耨多羅三藐三菩提耶?"佛言: "得阿耨多羅三藐三菩提, 不以因得不以非因得. 何以故? 不思議界, 不以因得 不以非因得. 若善男子善女人聞如是說不生懈怠, 當知是人已於先佛種諸善根. 是故比丘比丘尼, 聞說是甚深般若波羅蜜, 不生驚怖, 卽是從佛出家. 若優婆塞優婆夷, 得聞如是甚深般若波羅蜜, 心不驚怖, 卽是成就眞歸依處. 文殊師利, 若善男子善女人, 不習甚深般若波羅蜜, 卽是不修佛乘, 譬如大地一切藥木皆依地生長. 文殊師利, 菩薩摩訶薩, 亦復如是. 一切善根皆依般若波羅蜜而得增長, 於阿耨多羅三藐三菩提, 不相違背."

그때 문수사리가 부처님께 아뢰었다.

"세존이시여, 이 염부제(閻浮提)[322]의 성읍(城邑)과 마을의 어느 곳에서 이와 같이 깊고 깊은 반야바라밀을 말해야 합니까?"

부처님이 문수사리에게 말했다.

"지금 이 모임 가운데 있는 사람이 만약 반야바라밀을 듣고서 모두 맹서(盟誓)하여 말하기를 '미래에 늘 반야바라밀과 딱 들어맞기를 바란다.'고 하고서 이러한 믿음과 이해를 따라 미래에 이 경(經)을 들을 수 있다면, 이 사람은 다른 작은 선근 속에서 이 경을 듣고 받아들여 즐거워하는 것이 아님을 알아야 한다.

문수사리여, 만약 다시 어떤 사람이 그대를 따라 이 반야바라밀을 듣는다면 마땅히 이렇게 말할 것이다. '이 반야바라밀 속에는 성문(聲

---

322 염부제(閻浮提) : Jambu-dvipa. 수미산 남쪽에 있는 대륙으로 4대주의 하나이다. 수미산(須彌山)을 중심으로 인간세계를 동서남북 네 주로 나누었을 때, 염부제는 남주이다. 인간세계는 여기에 속한다고 한다. 여기 16의 대국, 500의 중국, 10만의 소국이 있다고 하며 이곳에서 주민들이 누리는 즐거움은 동북의 두 주보다 떨어지지만 모든 부처가 출현하는 곳은 오직 이 남주뿐이라고 한다. 북쪽은 넓고 남쪽은 좁은 지형으로 염부나무가 번성한 나라란 뜻이다. 원래는 인도를 가리키는 말이었는데, 후세에는 인간세계를 아울러 지칭하는 말이 되었다.

聞)과 벽지불(僻支佛)의 법도 없고 부처의 법도 없고 또 범부의 생멸법
(生滅法) 등도 없구나.'"

爾時文殊師利白佛言: "世尊, 此閻浮提城邑聚落, 當於何處演說如是甚深般
若波羅蜜?" 佛告文殊師利: "今此會中若有人聞般若波羅蜜, 皆發誓言: '於未
來世常得與般若波羅蜜相應.' 從是信解, 未來世中能聽是經, 當知此人不從餘
小善根中來, 所能堪受聞已歡喜. 文殊師利, 若復有人從汝聽是般若波羅蜜, 應
作是言: '此般若波羅蜜中, 無聲聞辟支佛法佛法, 亦無凡夫生滅等法.'"

문수사리가 부처님께 아뢰었다.

"세존이시여, 만약 비구·비구니·남신도·여신도가 저에게 와서
'여래께선 어떻게 반야바라밀을 말씀하십니까?' 하고 묻는다면, 저는
이렇게 대답할 것입니다. '모든 법에는 논쟁할 모습이 없는데, 여래
께서 어떻게 반야바라밀을 말씀하시겠습니까?'

왜 그럴까요? 논쟁할 수 있는 법이 있음을 보지 못하고 또 아는 능
력이 있는 중생의 마음이 없기 때문입니다.

또 세존이시여, 저는 다시 궁극의 실제(實際)[323]를 말할 것입니다.

무슨 까닭일까요? 모든 법의 모습은 함께 실제로 들어가기 때문에
아라한에게도 다른 뛰어난 법은 없습니다. 왜 그럴까요? 아라한의
법과 범부의 법이 같지도 않고 다르지도 않기 때문입니다.

---

323 실제(實際) : 참된 끝이란 뜻으로 진여법성(眞如法性)을 가리킴. 이는 온갖 법의 끝이
되는 곳이므로 실제, 또 진여의 실리(實理)를 깨달아 그 궁극(窮極)에 이르므로 이렇게
이름.

또 세존이시여, 이와 같이 법을 말하여도 이미 열반을 얻은 중생도 없고 지금 열반을 얻는 중생도 없고 앞으로 열반을 얻을 중생도 없습니다. 무슨 까닭일까요? 결정된 중생의 모습은 없기 때문입니다."

文殊師利白佛言："世尊, 若比丘比丘尼優婆塞優婆夷, 來問我言：'云何如來說般若波羅蜜?' 我當答言：'一切諸法無諍論相, 云何如來當說般若波羅蜜?' 何以故? 不見有法可與法諍論, 亦無衆生心識能知. 復次世尊, 我當更說究竟實際. 何以故? 一切法相同入實際, 阿羅漢無別勝法. 何以故? 阿羅漢法凡夫法, 不一不異故. 復次世尊, 如是說法, 無有衆生已得涅槃今得當得. 何以故? 無有決定衆生相故."

문수사리가 말했다.

"만약 사람이 반야바라밀을 듣고자 한다면, 저는 이렇게 말할 것입니다. 이 법을 듣는 자는 생각하지도 않고 붙잡지도 않고 듣는 것도 없고 얻는 것도 없는 것이니, 마치 환상 속의 사람이 분별하지 않는 것과 같아야 합니다.

이와 같이 말하는 것이 참으로 법을 말하는 것입니다. 이 까닭에 듣는 자는 두 모습을 짓지 말아야 하니, 온갖 견해를 버리지 않고 불법(佛法)을 닦으며, 불법을 취하지 않고 범부의 법을 버리지 않습니다.

무슨 까닭일까요? 부처님과 범부라는 두 법의 모습은 공(空)이어서 취할 것도 없고 버릴 것도 없기 때문입니다.

만약 사람이 저에게 묻는다면, 저는 마땅히 이렇게 말하여 이와 같이 위로하고 이와 같이 세울 것입니다.

착한 남자나 착한 여인은 마땅히 이와 같이 묻고 이와 같이 머물러서 마음이 물러나지도 않고 가라앉지도 않아야, 법에 알맞게[324] 반야바라밀을 따라서[325] 말하게 될 것입니다."

文殊師利言："若人欲聞般若波羅蜜, 我當作如是說. 其有聽者, 不念不著無聞無得, 當如幻人無所分別. 如是說者是眞說法. 是故聽者莫作二相, 不捨諸見而修佛法, 不取佛法不捨凡夫法. 何以故? 佛及凡夫二法相空, 無取捨故. 若人問我, 當作是說, 如是安慰如是建立. 善男子善女人, 應如是問作如是住, 心不退不沒, 當如法相隨順般若波羅蜜說."

그때 세존이 문수사리를 찬탄하였다.

"좋구나, 좋구나. 그대가 말한 바와 같다. 만약 착한 남자나 착한 여인이 온갖 부처님을 보고자 한다면, 마땅히 이와 같은 반야바라밀을 배워야 한다. 만약 온갖 부처님을 가까이에서 모시고 법에 알맞게 공양을 드리려고 한다면, 마땅히 이와 같은 반야바라밀을 배워야 한다. 만약 여래는 나의 세존이라고 말하고자 한다면, 마땅히 이와 같은 반야바라밀을 배워야 한다. 만약 여래는 나의 세존이 아니라고 말하고자 하여도, 역시 이와 같은 반야바라밀을 배워야 한다. 만약 위없는 바르고 평등한 깨달음을 이루고자 한다면, 마땅히 이와 같은 반

---

324 여법(如法) : 법과 같음. 법에 알맞음.

325 수순(隨順) : ①따르다. 순응(順應)하다. ②합당하다.

야바라밀을 배워야 한다. 만약 위없는 바르고 평등한 깨달음을 이루지 않고자 하여도, 역시 이와 같은 반야바라밀을 배워야 한다. 만약 모든 삼매(三昧)를 성취하고자 한다면, 이와 같은 반야바라밀을 배워야 한다. 만약 모든 삼매를 성취하지 않고자 하여도, 역시 이와 같은 반야바라밀을 배워야 한다.

왜 그런가? 무작삼매(無作三昧)³²⁶에는 다른 모습이 없기 때문이고, 모든 법은 생겨나지도 않고 나타나지도 않기 때문이다.

만약 모든 법이 거짓된 이름³²⁷임을 알고자 한다면, 마땅히 이와 같은 반야바라밀을 배워야 한다. 만약 모든 중생이 깨달음에 이르는 길 ³²⁸을 닦으면서 깨달음의 모습을 구하지 않고 마음이 물러나 가라앉지 않음을 알고자 한다면, 마땅히 이와 같은 반야바라밀을 배워야 한다.

무슨 까닭인가? 모든 법이 전부 깨달음의 모습이기 때문이다.

만약 모든 중생의 행위(行爲)가 행위가 아닌 모습이고, 행위가 아님은 곧 깨달음이고, 깨달음은 곧 법계이고, 법계는 곧 실제(實際)여서 마음이 물러나 가라앉지 않음을 알고자 한다면, 마땅히 이와 같은 반

---

326 무작삼매(無作三昧) : 무원삼매(無願三昧)와 같음. 유(有)와 무(無) 어디에도 집착하지 않고, 그 무엇도 구하지 않는 삼매. 공삼매(空三昧), 무상삼매(無相三昧), 무작삼매(無作三昧)를 삼삼매(三三昧)라고 함.

327 가명(假名) : 또는 가(假). ①가짜로 이름을 붙인다는 뜻. 온갖 사물(事物)의 이름은 본래부터 있는 것이 아니고, 후천적으로 가정하여 붙인 것이므로, 모든 이름은 실체와는 맞지 않는 가정한 이름에 불과. ②다른 것을 빌려서 이름을 얻는다는 뜻. 삼라만상은 모두 인연의 화합으로 생긴 것이며, 하나도 진실한 자체가 있는 것이 아니므로, 진실한 체가 없으면 모든 법도 차별할 수가 없고, 이름을 빌려서만 차별되는 모든 법이 있게 됨. 이름을 여의고는 차별되는 모든 법이 없으므로 가명이라 함.

328 보리도(菩提道) : ①깨달음. 도(道)는 보리(菩提)의 번역어. ②깨달음에 이르는 길.

야바라밀을 배워야 한다. 만약 모든 여래는 신령스러이 통하고 변화하여 모습이 없고 막힘이 없고 머무는 곳도 없음을 알고자 한다면, 마땅히 이와 같은 반야바라밀을 배워야 한다."

爾時世尊歎文殊師利: "善哉善哉. 如汝所說. 若善男子善女人欲見諸佛, 應學如是般若波羅蜜. 欲親近諸佛如法供養, 應學如是般若波羅蜜. 若欲言如來是我世尊, 應學如是般若波羅蜜. 若言如來非我世尊, 亦應學如是般若波羅蜜. 若欲成阿耨多羅三藐三菩提, 應學如是般若波羅蜜. 若欲不成阿耨多羅三藐三菩提, 亦應學如是般若波羅蜜. 若欲成就一切三昧, 應學如是般若波羅蜜. 若欲不成就一切三昧, 亦應學如是般若波羅蜜. 何以故? 無作三昧無異相故, 一切法無生無出故. 若欲知一切法假名, 應學如是般若波羅蜜. 若欲知一切衆生修菩提道不求菩提相心不退沒, 應學如是般若波羅蜜. 何以故? 一切法皆菩提相故. 若欲知一切衆生行非行相, 非行卽菩提, 菩提卽法界, 法界卽實際, 心不退沒, 應學如是般若波羅蜜. 若欲知一切如來神通變化無相無礙亦無方所, 應學如是般若波羅蜜."

부처님이 문수사리에게 말했다.

"만약 비구 · 비구니 · 남신도 · 여신도가 악도(惡道)[329]에 떨어지지 않으려 한다면, 마땅히 반야바라밀의 하나의 사구게(四句偈)[330]라도 배워 기억하고 외우고 남에게 풀어서 말함에 실상(實相)에 알맞아야 한

329 악도(惡道) : 악취(惡趣)와 같음. 나쁜 일을 지은 탓으로 장차 태어날 곳. 업을 지어 윤회하는 길. 지옥 · 아수라 · 축생 · 아귀 · 인간 · 천상 등 여섯 가지 윤회의 길. 지옥 · 아귀 · 축생을 특히 삼악도(三惡道)라 하여 악도 중에서도 가장 나쁜 길이라고 한다.
330 사구게(四句偈) : 네 개의 구절로 이루어진 게송(偈頌).

다. 이와 같은 착한 남자나 착한 여인은 반드시 위없는 바르고 평등한 깨달음을 얻어서 깨달음의 나라에 머물 것임을 알아야 한다.

만약 이와 같은 반야바라밀을 듣고서 놀라지도 않고 두려워하지도 않고 마음에 믿음과 이해가 생긴다면, 이러한 자들은 부처님이 인가(印可)[331]하심을 알아야 한다. 이 인가는 부처님이 행하는 대승(大乘)의 법인(法印)[332]이다.

만약 착한 남자나 착한 여인이 이 법인을 배운다면, 악도를 뛰어넘고 또 성문(聲聞)이나 벽지불(僻支佛)의 길에 들어가지 않고 뛰어넘을 것이기 때문이다."

佛告文殊師利: "若比丘比丘尼優婆塞優婆夷, 欲得不墮惡趣, 當學般若波羅蜜一四句偈受持讀誦爲他解說隨順實相. 如是善男子善女人, 當知決定得阿耨多羅三藐三菩提則住佛國. 若聞如是般若波羅蜜, 不驚不畏心生信解, 當知此輩佛所印可. 是佛所行大乘法印. 若善男子善女人學此法印, 超過惡趣, 不入聲聞辟支佛道, 以超過故."

그때 제석(帝釋)이 삼십삼천(三十三天)[333]에서 하늘의 묘한 꽃인 우발

---

331 인가(印可): 인가(認可)하다. 인증(認證)하여 허가(許可)하다. 인정(認定)하다.

332 법인(法印): Dharma-mudrā. 교법을 확인하는 도장. 종지(宗旨)와 같음. 인(印)은 인신(印信)·표장(標章)이란 뜻. 세상의 공문에 인장을 찍어야 비로소 정식으로 효과를 발생하는 것과 같다. 3법인·4법인 등이 있어, 외도(外道)의 법과 다른 것을 나타냄.

333 삼십삼천(三十三天): 욕계의 6천의 제2천인 도리천(忉利天)을 가리키는 이름. '도리'는 33의 음사(音寫)이며 삼십삼천(三十三天)으로 의역한다. 도리천은 세계의 중심인 수미산(須彌山: Sumeru)의 정상에 있으며 제석천(帝釋天: Indra)의 천궁(天宮)이 있다. 사방에 봉우리가 있으며, 그 봉우리마다에 8천이 있기 때문에 제석천과 합하여 33천이

240

라화(優鉢羅華)・구물두화(拘物頭華)・분타리화(分陀利華)・천만타라화(天曼陀羅華) 등과 하늘의 전단향(栴檀香)과 기타 말향(末香)과 여러 가지 황금 보물로써 하늘의 음악과 무용[334]을 만들어서 반야바라밀과 모든 여래와 문수사리에게 공양하기 위하여 그 위에 흩뿌렸다.

이렇게 공양을 올리고 나서 제석은 "저는 반야바라밀의 법인(法印)을 늘 듣기를 원합니다."라고 소원하였다. 제석[335]은 또 이렇게 소원하였다.

"염부제에 사는 착한 남자와 착한 여인이 불법(佛法)을 확실히 정한 이 경전을 늘 듣고서 모두 믿고 이해하고 받아들여 지니고 읽고 외우고 남에게 자세히 설명해 주도록 하고, 모든 하늘의 신령들이 이들을 보호하기를 원합니다."

그때 부처님이 제석에게 말했다.

된다. 이 33이란 숫자는 불교 고유의 것이 아니라, 이미 『베다[吠陀] : Veda』에 천(天)・공(空)・지(地)의 3계에 33신(神)이 있다고 기록되어 있었다. 이러한 사상이 불교에 수용되어 하나의 우주관을 형성하고 있는 것이다. 후세 대승불교의 정토(淨土) 신앙은 이 도리천 사상이 발전한 형태라고 볼 수 있다.

334 기악(伎樂) : ①음악과 무용. ②노래와 춤에 종사하는 사람.

335 석제환인(釋提桓因) : śakra-devānām indra. 석가제바인다라(釋迦提婆因陀羅)・석가라인다라(釋迦羅因陀羅)・석가제환인다라(釋迦提桓因陀羅)・석가인다라(釋迦因陀羅)・사갈라인다라(賒羯羅因陀羅)・석가제바인제(釋迦提婆因提)・석가제바인달라(釋迦提婆因達羅)라 음역. 석가는 이름이니 능(能), 제바는 천(天), 인다라는 주(主) 또는 제(帝)라 번역. 곧 능천주(能天主)라 함. 수미산 꼭대기에 있는 도리천의 주(主)인 제석천을 말함. 줄여서 석제(釋帝)・제석(帝釋). 석제환인의 석은 석가에서, 제환은 제바에서, 인은 인다라에서 온 이름.

"교시가(憍尸迦)[336]여, 그렇다, 그렇다. 착한 남자와 착한 여인은 모든 부처님의 깨달음을 반드시 얻을 것이다."

문수사리가 부처님께 아뢰었다.
"세존이시여, 이와 같이 받아들여 지니는 착한 남자와 착한 여인은 큰 이익과 헤아릴 수 없는 공덕을 얻을 것입니다."

爾時帝釋三十三天, 以天妙華優鉢羅華拘物頭華分陀利華天曼陀羅華等天栴檀香及餘末香種種金寶作天伎樂, 爲供養般若波羅蜜并諸如來及文殊師利, 以散其上. 作是供養已, "願我常聞般若波羅蜜法印." 釋提桓因復作是願, "願閻浮提善男子善女人, 常使得聞是經決定佛法, 皆令信解受持讀誦爲人演說, 一切諸天爲作擁護." 爾時佛告釋提桓因言: "憍尸迦, 如是如是. 善男子善女人當得決定諸佛菩提." 文殊師利白佛言: "世尊, 如是受持善男子善女人, 得大利益功德無量."

그때 부처님은 신통력을 가지고 모든 땅덩이를 여섯 종류로 뒤흔들었다. 부처님은 그때 빙그레 웃으며 큰 빛을 나타내어 삼천대천세계를 두루 비추었다.

문수사리가 부처님께 아뢰었다.
"세존이시여, 이것은 여래께서 반야바라밀을 인가하시는 모습이로

---

336 교시가(憍尸迦) : Kauśika. 또는 교지가(憍支迦). 제석(帝釋)의 성(姓).

군요."

    부처님이 말했다.

    "문수사리여, 그렇다, 그렇다. 반야바라밀을 말하고 나서 모두 이런 상서로움을 나타내는 것은 반야바라밀을 인가하기 때문에 사람들로 하여금 받아들여 지니되 칭찬이나 비난을 하지 못하도록 하는 것이다.

    무슨 까닭인가? 모습 없는 법인(法印)은 칭찬도 비난도 할 수 없기 때문이다. 나는 지금 이 법인을 가지고 모든 천마(天魔)[337]가 침범할 틈을 얻지[338] 못하도록 한다."

    부처님이 이렇게 말하자, 그때 모든 대보살과 사부대중(四部大衆)[339]은 반야바라밀을 말하는 것을 듣고서 즐거워하며 받들어 행했다.

    문수사리소설마하반야바라밀경 하권 끝.

---

337 천마(天魔) : 천자마(天子魔), 또는 마천마왕(魔王). 욕계의 꼭대기에 있는 제6천의 주인으로 파순(波旬)이라는 이름으로 경에 등장함. 수행하는 사람을 보면 자기네 권속들을 없애고 궁전을 파괴할 것이라 생각하고, 마군을 이끌어 수행하는 이를 시끄럽게 하며 깨달음을 방해하므로 천마라 한다. 부처님이 보리수 아래 앉아 수도할 때에 천마가 와서 깨달음을 방해하려 하였으나, 부처님이 자정(慈定)에 들어 항복받았다 함.

338 득편(得便) : 기회를 얻다. 형편이 되다. 틈을 타다.

339 사부대중(四部大衆) : 사부중(四部衆), 사중(四衆)이라고도 한다. 불교의 교단을 형성하는 네 부류의 사람들을 가리킨다. 출가(出家)의 남승(男僧)인 비구(比丘)와 여승(女僧)인 비구니(比丘尼), 재가(在家)의 남신도인 우바새와 여신도인 우바이 등 넷이다.

爾時以佛神力，一切大地六種震動．佛時微笑放大光明，遍照三千大千世界．文殊師利白佛言："世尊，卽是如來印般若波羅蜜相．"佛言："文殊師利，如是如是．說般若波羅蜜已皆現此瑞，爲印般若波羅蜜故，使人受持令無讚毀．何以故？無相法印不可讚毀．我今以是法印，令諸天魔不能得便．"佛說是已，爾時諸大菩薩及四部衆，聞說般若波羅蜜，歡喜奉行．

文殊師利所說摩訶般若波羅蜜經卷下

대반야바라밀다경 만수실리분 -1

大般若波羅蜜多經 曼殊室利分

삼장법사 현장 한역

三藏法師 玄奘 漢譯

김태완 역주

이와 같이 나는 들었다.

한때에 부처님[340]께서 쉬라바스티[341]의 제타숲[342]에 있는 급고독원[343]에서 비구[344]의 큰 무리 십만[345]여 명과 함께 계셨다. 그 비구들은 모두 아라한[346]이었는데 오직 아난다[347]만이 아직 학인(學人)[348]에 머물러

340 박가범(薄伽梵) : 세존(世尊)이라는 뜻인 bhagavān의 음역.

341 실라벌(室羅筏) : śrāvasti의 음역. 중인도 가비라국 서북쪽에 있던 도성(都城). 사위성(舍衛城)이라고도 번역함.

342 서다림(誓多林) : Jetavana. 서다림(逝多林), 기다림(祈陀林)이라고도 번역. Jeta 태자가 소유한 숲이라는 뜻. 기원정사(祇園精舍)가 이 숲에 있다.

343 급고독원(給孤獨園) : 기수급고독원(祇樹給孤獨園), 기다수급고독원(祇多樹給孤獨園)을 줄여서 기수원(祇樹園) · 기원(祇園) · 급고독원(給孤獨園)이라 함. 중인도 사위성(舍衛城)에서 남으로 1마일 지점에 있다. 기원정사(祇園精舍)가 있는 곳으로 부처님이 설법한 유적지. 이곳은 본래 바사닉왕의 태자 기타(祇陀)가 소유한 원림(園林)이었으나, 급고독장자(給孤獨長者)가 그 땅을 사서 석존께 바치고 태자는 또 그 숲을 부처님께 바쳤으므로, 두 사람의 이름을 합하여 이 이름을 지었다.

344 필추(苾芻) : 비구(比丘)의 다른 음역(音譯).

345 백천(百千) : 백 곱하기 천, 즉 십만의 숫자를 나타내지만, 실제로는 단순히 많다는 뜻.

346 아라한(阿羅漢) : arhan. 소승의 교법을 수행하는 성문(聲聞) 4과의 가장 윗자리. 응공(應供) · 살적(殺賊) · 불생(不生) · 이악(離惡)이라 번역.

347 아난다(阿難陀) : 석가의 10대 제자 중 한 사람이다. 줄여 아난(阿難)이라고도 한다. 아난다라는 인도말은 환희 · 기쁨(慶喜)을 뜻한다. 석가의 사촌 동생이다. 석가가 성도(成道) 후 귀향하였을 때, 난다(難陀) · 아나율(阿那律) 등과 함께 그를 따라 출가하였다고 한다. 대중들의 천거에 의하여 아난다가 20여 년 동안 시자(侍者)를 맡아 가까이서 석가를 모시면서 그의 말을 가장 많이 들었으므로, 다문제일(多聞第一) 아난다로 불렸다. 석가가 80세에 숨을 거둘 때 곁에서 지켜보았으며, 석가가 죽은 후 가섭의 지휘 아래 이루어진 경(經)의 편찬, 즉 결집(結集)에 참가하여 지대한 업적을 남겼는데, 경법(經法)이 후대에 전해진 것은 그의 공이 크다.

348 유학(有學) : ↔ 무학(無學). 아직 배울 것이 남아 있는 수행자로서 아라한까지 이르지 못한 소승(小乘)의 성자(聖者). 성문(聲聞)이 온갖 번뇌를 끊으려고 무루의 계(戒) ·

있었고, 사리자³⁴⁹ 등이 그들의 우두머리³⁵⁰였다. 또 보살마하살³⁵¹의 무리 만여 명도 함께 있었는데, 그들은 모두 불퇴전(不退轉)³⁵²의 공덕이라는 갑옷과 투구로써 스스로를 장식하였다. 미륵보살,³⁵³ 문수보살

정(定)·혜(慧) 3학(學)을 닦는 지위. 수행과 증과(證果)의 단계로는 4향(向) 4과(果) 중에서 아라한과는 무학(無學). 전의 4향 3과는 유학. =유학성문(有學聲聞).

349 사리자(舍利子) : Śariputra. 석가모니의 제자. 사리불(舍利弗)이라 음역(音譯), 추자(鶖子)라 번역. 소위 10대 제자 중 수제자로, 지혜가 가장 뛰어나 지혜제일(智慧第一)로 칭송되었다.

350 상수(上首) : 한 좌석 중에서 맨 첫 자리에 앉는 이. 또는, 한 대중 가운데 가장 우두머리. 수좌(首座). 상좌(上座). 상석자(上席者). 장로(長老).

351 보살마하살(菩薩摩訶薩) : bhodhisattva mahāsattva. 자세히는 보리살타마하살타(菩提薩埵摩訶薩埵)라고도 음역. 보리살타는 도중생(道衆生)·각유정(覺有情)이라 번역. 마하살타는 대중생(大衆生)·대유정(大有情)이라 번역. 도과(道果)를 구하는 이를 도중생이라 하니, 도과를 구하는 이는 성문연각에 통하므로 이들과 구별하기 위하여 다시 대중생이라 한 것. 또 보살에는 많은 계위(階位)가 있으므로 그 중에 10지(地) 이상의 보살을 표시하기 위하여 다시 마하살이라고도 함.

352 불퇴전(不退轉) : 물러나지 않음. 수행의 계위(階位)에서 믿음의 확립이나 법안(法眼)의 획득 등의 단계에 이르면 물러나서 악도에 떨어진다거나 이승지(二乘地)로 떨어진다거나 깨달아 얻은 법을 다시 잃게 된다거나 하는 일이 결코 없게 되는 것이다.

353 미륵(彌勒) : Maitreya. 대승(大乘)의 보살. 매달려야(梅呾麗耶)·매달례야(昧怛隸野)라 음역하고, 자씨(慈氏)라 번역한다. 이름은 아일다(阿逸多)인데, 무승(無勝)·막승(莫勝)이라 번역한다. 미래에 성불하리라는 수기를 받아 도솔천에 올라가 있으면서 지금 그곳에서 천인들을 교화하지만, 석가세존(釋迦世尊)이 입멸 후 56억 7천만 년을 지나 다시 이 사바세계에 출현하여 화림원(華林園) 안의 용화수(龍華樹) 아래서 성도하여, 3회의 설법으로써 석존의 교화에서 빠진 모든 중생을 제도한다고 한다. 석존의 업적을 돕는다는 뜻으로 보처(補處)의 미륵이라 한다.

354 문수보살(文殊菩薩) : Mañjuśri. 대승 보살. 구역(舊譯)에서는 문수사리(文殊師利)·만수시리(滿殊尸利)라 하고, 신역(新譯)에서는 만수실리(曼殊室利)라 한다. 묘덕(妙德)·묘수(妙首)·보수(普首)·유수(濡首)·경수(敬首)·묘길상(妙吉祥) 등으로도 번역된다. 문수(文殊) 혹은 만수(曼殊)는 묘(妙)의 뜻, 사리(師利) 혹은 실리(室利)는 두(頭)·덕(德)·길상(吉祥)의 뜻. 보현보살과 짝하여 석가모니불의 보처로서 왼쪽에 있어 지혜를 맡고 있다.

³⁵⁴, 무애변보살,³⁵⁵ 불사선액보살³⁵⁶ 등이 그들의 우두머리였다.

如是我聞. 一時薄伽梵, 在室羅筏, 住誓多林給孤獨園, 與大苾芻衆百千人 俱. 皆阿羅漢, 唯阿難陀猶居學地, 舍利子等而爲上首. 復與菩薩摩訶薩衆十千 人俱, 皆不退轉功德甲冑而自莊嚴, 慈氏菩薩, 妙吉祥菩薩, 無礙辯菩薩, 不捨 善軛菩薩而爲上首.

문수사리³⁵⁷동자보살(童子菩薩)³⁵⁸은 해가 나올 때쯤 자기가 머물던 곳에서 나와 여래(如來)³⁵⁹가 계신 곳으로 찾아가서 밖에 서 있었다.

355　무애변보살(無礙辯菩薩) : 걸림 없는 말솜씨를 지닌 보살.

356　불사선액보살(不捨善軛菩薩) : 불방일(不放逸), 정진(精進) 등과 같은 좋은 습관이 몸 에 밴 것 좋은 멍에 즉 선액(善軛)을 버리지 않는 보살.

357　만수실리(曼殊室利) : Mañjuśrī의 음역. 문수사리(文殊師利)와 같음.

358　앞 문장에 언급된 묘길상보살(妙吉祥菩薩) 즉 문수보살과는 또 다른 동자보살로서의 문수사리(文殊師利)를 등장시키고 있다. 여기에서는 문수보살과 차별되는 뜻에서, 문 수사리동자보살은 문수동자로 번역한다.

359　여래(如來) : Tathāgata. 부처님의 10가지 이름 가운데 하나. 다타아가타(多陀阿伽陀) · 다타아가도(多陀阿伽度) · 달타벽다(怛他蘗多)라 음역. 이 말 뜻에 대하여는 이 말을 조성하는 두 단어(單語)로 나누어 볼 수 있음. 첫말을 tathā 또는 tatha, 둘째 말을 gata 또는 agata라고 하는 차이가 있음. tathā는 '진실' · '진리'란 뜻. tatha는 '같이', 곧 '여 시'(如是) 또는 '여실'(如實)의 뜻. gata는 '가다'(逝)의 뜻. agata는 '도달' · '오다'(來)의 뜻. 그러므로 만일 tatha+gata라 하면 지금까지의 부처님들처럼 같은 길을 걸어서 열반의 피안(彼岸)에 간 사람이란 뜻으로 곧 선서(善逝) · 도피안(到彼岸) 등과 같은 뜻이고, tatha+agata라 하면 지금까지의 모든 부처님들처럼 같은 길을 걸어서 동일한 이상경 (理想境)에 도달한 사람이란 뜻. 또 이 밖에도 agata를 오다(來)의 뜻이라 하면 여래(如 來)라는 것은 부처님들과 같은 길을 걸어서 이 세상에 내현(來現)한 사람, 또는 여실한 진리에 수순하여 이 세상에 와서 진리를 보여 주는 사람이란 뜻. 한역(漢譯)에서는 이 뜻에 의하여 여래를 해석하되 여실(如實)하게 즉 진실하게 온 사람이라는 뜻.

장로³⁶⁰ 사리자, 대가다연나,³⁶¹ 대가섭,³⁶² 대목건련,³⁶³ 부루나,³⁶⁴ 집
대장(執大藏)³⁶⁵ 등 이와 같은 여러 대성문(大聲聞)³⁶⁶의 승려들도 역시
이때에 각자 자기의 처소에서 나와 여래가 계신 곳에 이르러 밖에 서
있었다.

---

360 구수(具壽) : ①—씨(氏). ②비구(比丘)에 대한 경어(敬語). ③장로(長老). 나이 많은 비
구를 부를 때 씀.

361 대가다연나(大迦多衍那) : =대가전연(大迦旃延). Mahākātyāyana. 부처님의 10대 제자
가운데 하나. 마하가전연(摩訶迦旃延)·마하가다연나(摩訶迦多衍那)라고도 음역하며,
문식(文飾)·불공(佛空)이라 번역. 남인도 바라문 출신. 불제자 중에서 논의(論議) 제
일이다.

362 대가섭(大迦葉) : Mahākaśyapa. 부처님의 10대 제자 중의 하나. 마하가섭(摩訶迦葉)이
라고도 하며, 대음광(大飮光)·대귀씨(大龜氏)라 번역. 본래 바라문으로서 석존이 성
도한 지 3년쯤 뒤에 부처님께 귀의하였다. 두타(頭陀) 제일. 부처님의 심인(心印)을 전
해 받았다. 석존이 입멸한 뒤 5백 아라한을 데리고 제1결집(結集)을 하면서 그 우두머
리가 되었다.

363 대목건련(大目揵連) : Mahāmaudgalyāyana. 목건련(目犍連). 기원전 6-5세기 인도의
승려. 석가의 10대 제자(大弟子)의 한 사람으로, 목건라야나(目揵羅夜那)·목가략자
(目伽略子) 등으로 음사(音寫)하며, 대채숙씨(大採菽氏)라고 번역한다. 석가모니 십대
제자 가운데 신통제일(神通第一)이라 불린다.

364 만자자(滿慈子) : 부루나(富樓那). Pūrṇa. 구족하게는 부루나미다라니자(富樓那彌多羅
尼子)·부라나매저려야부다라(富羅拏梅低黎夜富多羅)·부나만타불다라(富那曼陀弗多
羅)라 음역, 만원자(滿願子)·만축자(滿祝子)·만자자(滿慈子)라 번역. 말솜씨가 훌륭
하여 십대 제자 중에 설법제일(說法第一)이라 불렸다.

365 집대장(執大藏) : 대장경(大藏經)을 관장하는 사람이라는 뜻.

366 성문(聲聞) : 원래의 뜻은 석가모니의 음성을 들은 불제자를 말함. 대승불교에 상대하
여 말할 때에는 성문은 곧 소승불교를 가리킨다. 그 의미는 부처님의 가르침에 의지하
여 사성제(四聖諦)의 이치를 이해하고, 차례차례 수행의 단계를 거쳐 아라한이 되기를
바라는 수행자이다. 불이법문(不二法門)에 서서 수행의 단계를 말하지 않는 대승의 보
살과는 달리, 출세와 속세, 깨달음과 어리석음을 분별하여 하나를 버리고 하나를 취하
는 점차적인 수행의 단계를 거치는 소승불교를 대표하는 것이 바로 성문이다. 그러므
로 성문은 분별하여 취하고 버리는 길을 따르는 무리이다.

曼殊室利童子菩薩, 明相現時出自住處, 詣如來所在外而立. 具壽舍利子,
大伽多衍那, 大迦葉波, 大採菽氏, 滿慈子, 執大藏, 如是一切大聲聞僧, 亦於
此時各從住處, 詣如來所在外而立.

그때 세존(世尊)[367]께선 여러 대중이 다 와서 모인 것을 알고서 머물
던 곳에서 나와 평소 깔던 자리를 펼치고 가부좌를 틀고 앉아서 사리
자에게 물으셨다.

"그대는 지금 무슨 까닭에 새벽인데도 문밖에 서 있느냐?"

그때 사리자가 말했다.

"세존이시여, 문수사리동자보살이 먼저 이곳으로 왔고, 저희들은
뒤에 왔습니다."

그러자 세존께서 문수동자에게 물으셨다.

"착한 남자여, 사실 그대가 먼저 이곳으로 왔으니, 부처를 보고 절
을 올리고 가까이에서 만나고자 한 것이냐?"

문수동자가 앞으로 나와 부처님께 아뢰었다.

"그렇습니다, 세존이시여. 그렇습니다, 선서(善逝)[368]시여.

---

367 세존(世尊) : Bhagavat, Lokanātha, Lokajyeṣṭha. 박가범(薄伽梵), 바가범(婆伽梵), 로
    가나타(路迦那他), 로가야슬타(路伽惹瑟吒)라 음역. ①부처님 10호(號)의 하나. 부처님
    은 온갖 공덕을 원만히 갖추어 세간을 이롭게 하며 세간에서 존중을 받으므로 세존이
    라 하고, 또 세상에서 가장 높다는 것을 이렇게 이름. ②석가모니를 일컬음.
368 선서(善逝) : sugata. 부처님 열 가지 이름의 하나. 수가타(須伽陀)라 음역, 호거(好

251

무슨 까닭일까요? 저는 여래를 뵙고 절을 올리고 가까이에서 모시는 것을 싫어한 적이 없었으니, 저는 모든 중생을 이익 되게 하고 안락하게 하려[369] 하였기 때문에 사실 이곳에 먼저 왔습니다.

세존이시여, 제가 지금 이곳에 와서 여래를 가까이서 모시고 절을 올리고 우러러보는 것은 오로지 모든 중생들을 이익 되고 안락하게 하려 하기 때문이지, 부처님의 깨달음을 얻으려 하기 때문이 아니고, 여래의 몸을 보기를 즐거워하기 때문이 아니고, 참된 법계(法界)[370]에 소동을 일으키려[371] 하기 때문이 아니고, 온갖 법의 자성(自性)[372]을 분별하려 하기 때문이 아니고, 그 밖의 여러 가지 일 때문이 아닙니다.

제가 뵙는 여래는 곧 진여(眞如)[373]의 모습이어서, 움직임도 없고 조

去)·묘왕(妙往)이라고 번역. 인(因)으로부터 과(果)에 가기를 잘하여 돌아오지 않는다는 뜻. 부처님은 여실히 저 언덕에 가서 다시 생사해(生死海)에 빠지지 않기 때문에 이렇게 이름.

369 이락(利樂) : 이락유정(利樂有情). 유정(有情) 즉 중생을 이익 되게 하고 안락하게 함. 보살의 이타행(利他行).

370 법계(法界) : 3종의 뜻이 있다. ①계(界)는 인(因)이라는 뜻, 법(法)은 성법(聖法)이니, 성법을 내는 원인이 되는 것. 곧 진여(眞如). ②계는 성(性)이라는 뜻. 법은 일체 모든 법이니, 만유 제법의 체성이 되는 것. 곧 진여. ③계는 나누어지는 한도라는 뜻, 법은 모든 것. 나누어져서 서로 같지 않은 모든 모양의 법의 세계, 곧 삼라만상의 만유(萬有)를 말함.

371 요동(擾動) : 소동을 일으키다. 혼란스럽게 하다.

372 자성(自性) : 그 자체 독립적으로 존재하는 고유한 본성. 각각의 개별적인 사물은 제각각 다른 존재와는 독립적으로 존재하는 고유한 본성을 가진다는 견해를 가진 사람에게는 자성(自性)이란 본래 없다고 가르치고, 모든 사물은 자성이 없이 모두가 텅 빈 허공과 같다는 견해를 가진 사람에게는 진실한 자성(自性)은 항구불변하니 진실한 자성을 찾으라고 가르친다. 자성에 관하여 있느니 없느니 하는 분별을 떠날 때, 비로소 참된 자성에 도달한 것이다. 아니, 참된 자성에 도달하여야 비로소 자성에 관한 허망한 분별이 소멸한다.

373 진여(眞如) : Tathatā. 궁극적으로 추구해야 할 대승불교의 이상. 우주 만유에 보편한

작함도 없고, 분별되지도 않고 분별하는[374] 것도 아니고, 장소에 머물러 있지도 않고 장소를 떠나 있지도 않고, 있는 것도 아니고 없는 것도 아니고, 늘 있지도 않고 사라져 없어지지도 않고, 과거 · 현재 · 미래에 있지도 않고 과거 · 현재 · 미래를 떠나 있지도 않고, 생기지도 않고 사라지지도 않고, 가지도 않고 오지도 않고, 물들지도 않고 물들지 않지도 않고, 둘도 아니고 둘이 아닌 것도 아니니, 생각할 수도 없고 말할 수도 없습니다.

만약 이러한 진여의 모습으로 여래를 본다면, 이를 일러 참으로 부처님을 뵙는다고 하고, 또 여래에게 절을 올리고 공경하며 가까이 모시는 것은 사실 중생들에게 이익을 주고 안락을 주기 위함이라고도 합니다."

부처님께서 문수동자에게 물었다.
"그대가 이렇게 보면 무엇이 보이느냐?"

문수동자가 말했다.
"세존이시여, 제가 이렇게 보면 아무것도 보이는 것이 없으며, 어

상주 불변하는 본체. 이것은 우리의 생각이나 개념으로 미칠 수 없는 진실한 경계. 오직 성품을 증득한 사람만이 알 수 있는 것이며, 거짓이 아닌 진실이라는 뜻과 변천하지 않는 여상(如常)하다는 뜻으로 진여라 함. 경론(經論)에는 진여의 다른 이름으로 법계(法界) · 법성(法性) · 평등성(平等性) · 실제(實際) · 허공계(虛空界) · 부사의계(不思議界) · 무상(無相) · 승의(勝義) · 실상묘유(實相妙有) · 여여(如如) · 불성(佛性) · 여래장(如來藏) · 중도(中道) · 제일의제(第一義諦) 등을 말한다.

374 이분별(異分別) : 분별과 같음. 분별의 산스크리트 vikalpa에서 접두사 vi를 이(異)이라고 한역한 것. 분별, 허망분별, 망상, 생각.

떤 법의 모습도 취함이 없습니다."

부처님께서 말씀하셨다.

"좋구나, 좋구나. 동자여. 그대는 이와 같이 여래를 볼 줄 알아서, 어떤 법도 마음에 취하지 않고 또 취하지 않음도 없으니, 만법을 모으지도 않고 흩뜨리지도 않는구나."

爾時世尊知諸大衆皆來集已, 從住處出, 敷如常座結跏趺坐, 告舍利子: "汝今何故, 於晨朝時在門外立?" 時舍利子白言: "世尊, 曼殊室利童子菩薩先來住此, 我等後來." 爾時世尊知而故問曼殊室利言: "善男子, 汝實先來至此住處, 爲欲觀禮親近佛耶?" 曼殊室利前白佛言: "如是, 世尊. 如是, 善逝. 何以故? 我於如來觀禮親近嘗無厭足, 爲欲利樂諸有情故實先來此. 世尊, 我今來至此處, 親近禮敬觀如來者, 專爲利樂一切有情, 非爲證得佛菩提故, 非爲樂觀如來身故, 非爲擾動眞法界故, 非爲分別諸法性故, 亦不爲餘種種事故. 我觀如來卽眞如相, 無動無作, 無所分別, 無異分別, 非卽方處非離方處, 非有非無, 非常非斷, 非卽三世非離三世, 無生無滅, 無去無來, 無染不染, 無二不二, 心言路絕. 若以此等眞如之相, 觀於如來, 名眞見佛, 亦名禮敬親近如來, 實於有情能爲利樂." 佛告曼殊室利童子: "汝作是觀, 爲何所見?" 曼殊室利白言: "世尊, 我作是觀, 都無所見, 於諸法相亦無所取." 佛言: "善哉, 善哉. 童子. 汝能如是觀於如來, 於一切法, 心無所取, 亦無不取, 非集非散."

그때 사리자가 문수동자에게 말했다.

"당신[375]이 이와 같이 여래를 가까이 모시고 절을 올리고 공경하며 바라볼 수 있다니, 매우 희유한 일이다.

비록 언제나 모든 중생을 자비심으로 불쌍히 여기지만[376] 중생에게서 아무것도 얻는 것이 없다. 비록 모든 중생을 교화하고 인도(引導)하여 열반으로 향하게 할 수 있지만, 집착함이 없다. 비록 모든 중생을 이익 되게 하고 안락하게 하기 위하여 갑옷을 입고 투구를 쓰지만, 그 속에서 모아 쌓거나 부수어 흩는 방편을 일으키지 않는다."

그때 문수동자가 사리자에게 말했다.

"그렇습니다, 그렇습니다. 존자(尊者)께서 말씀하신 바와 같습니다. 저는 모든 중생을 이익 되고 안락하게 만들기 위하여 갑옷을 입고 투구를 쓰고 그들을 열반으로 향하게 합니다만, 사실은 중생을 교화하여 열반을 체험하게 함에 얻음도 없고 집착함도 없습니다.

또 사리자시여, 제가 참으로 중생을 이익 되게 하고 안락하게 만들고자 하여 갑옷을 입고 투구를 쓰는 것은 아닙니다. 까닭이 무엇일까요? 모든 중생의 세계는 늘어나지도 않고 줄어들지도 않기 때문입니다.

가령 이 하나의 불국토 속에 갠지스 강의 모래알 숫자만큼의 온갖 부처님이 있어서 한 분 한 분의 부처님이 그곳에 대겁(大劫) 동안 머물면서 밤낮으로 언제나 그곳에서 법문(法門)을 말씀하시고 하나하나의 법문 속에서 각자 그 불국토에 있는 온갖 중생들을 제도하여 모두

---

375   인(仁) : 비슷한 신분의 사람, 혹은 약간 윗사람을 상대하여 일컫는 호칭. 2인칭.
376   자민(慈愍) : 자비로움으로 불쌍히 여기다. 동정(同情)하다.

무여열반(無餘涅槃)[377]에 들어가게 할 수 있고, 이와 같은 불국토에 있는 이와 같은 일이 나머지 우주의 곳곳에 있는 갠지스 강의 모래알만큼 많은 세계에서도 역시 그와 같이 있다고 한다면, 비록 그곳에 있는 모든 부처님들이 그곳의 시간을 지나면서 그곳의 법을 말씀하시어 그곳에 있는 모든 중생들을 제도하여 전부 무여열반에 깨달아 들어가도록 하더라도, 중생의 세계는 역시 늘어나지도 않고 줄어들지도 않습니다.

무슨 까닭일까요? 모든 중생은 자성(自性)이 없기 때문에 한계가 없고 한계가 없기 때문에 늘어날 수도 없고 줄어들 수도 없습니다."

사리자가 말했다.

"문수동자여, 만약 모든 중생이 자성이 없기 때문에 한계가 없고 한계가 없기 때문에 늘어날 수도 없고 줄어들 수도 없다면, 왜 보살은 큰 깨달음을 구하여 중생들을 위하여 늘 묘법(妙法)[378]을 말하려 하는가?"

문수동자가 말했다.

---

377 무여열반(無餘涅槃) : parinirvāṇa. 반열반(般涅槃)이라 음역하고, 원적(圓寂)이라고도 번역한다. 남김 없는 완전한 소멸이란 뜻이다. 살아생전의 깨달음을 아직 육체가 남아 있어 육체의 요구에 응해야 한다는 뜻에서 유여열반(有餘涅槃)이라고 하고, 육체의 구속에서 해방되는 것을 무여열반(無餘涅槃)이라고 한다. 그러므로 무여열반은 육체의 죽음을 가리키기도 한다.

378 묘법(妙法) : 미묘한 법문. 묘(妙)는 불가사의(不可思議), 법은 교법(敎法). 부처님의 설교(說敎) 전체를 말한다. 제법실상(諸法實相)을 말한 법문(法門)을 묘법이라 한다.

"사리자시여, 저는 중생이라는 것이 전혀 있을 수 없다고 말하는데, 어떻게 큰 깨달음을 구하여 중생들을 위하여 늘 묘법을 말하려는 보살이 있겠습니까?

왜 그럴까요? 사리자시여, 어떤 법도 끝내 얻을 수 없기 때문입니다."

時舍利子謂曼殊室利言："仁能如是親近禮敬觀於如來, 甚爲希有. 雖常慈愍一切有情, 而於有情都無所得. 雖能化導一切有情令趣涅槃, 而無所執. 雖爲利樂諸有情故擐大甲冑, 而於其中不起積集散壞方便." 時曼殊室利白舍利子言："如是, 如是. 如尊所說. 我爲利樂諸有情故, 擐大甲冑令趣涅槃, 實於有情及涅槃界所化所證無得無執. 又舍利子, 非我實欲利樂有情擐大甲冑. 所以者何？諸有情界無增無減. 假使於此一佛土中, 有如殑伽沙數諸佛, 一一皆住爾所大劫, 晝夜常說爾所法門, 一一法門各能度脫爾所佛土諸有情類, 悉皆令入無餘涅槃, 如此佛土有如是事, 餘十方面各如殑伽沙等世界亦復如是, 雖有爾所諸佛世尊, 經爾所時說爾所法, 度脫爾所諸有情類, 皆令證入無餘涅槃, 而有情界亦無增減. 何以故？以諸有情自性離故, 無邊際故不可增減." 舍利子言："曼殊室利, 若諸有情自性離故, 無邊際故無增減者, 何緣菩薩求大菩提, 欲爲有情常說妙法？"曼殊室利言："舍利子, 我說有情都不可得, 何有菩薩求大菩提, 欲爲有情常說妙法？何以故？舍利子, 諸法畢竟不可得故."

부처님이 문수동자에게 물었다.

"만약 어떤 중생도 전혀 있을 수 없다면, 어찌하여 온갖 중생세계가 펼쳐져 있느냐?"

문수동자가 아뢰었다.
"세존이시여, 중생세계는 다만 허망하게 펼쳐져 있을 뿐입니다."

부처님이 물었다.
"문수동자여, 만약 그대에게 '중생세계는 몇[379]이나 되느냐?' 하고 묻는다면, 그대는 그 물음에 어떻게 답할 것이냐?"

문수동자가 말했다.
"세존이시여, 저는 이렇게 답하겠습니다. '불법(佛法)[380]의 숫자와 같습니다.'"

부처님이 물었다.
"문수동자여, 만약 그대에게 '중생세계는 크기가 얼마만한가?'라고 묻는다면, 그대는 그 물음에 또 어떻게 답할 것이냐?"

문수동자가 말했다.
"세존이시여, 저는 이렇게 답하겠습니다. '중생세계의 크기는 모든 부처님의 경계와 같습니다.'"

---

379 기하(幾何) : 얼마. 몇.
380 불법(佛法) : 부처님이 말씀하신 교법(敎法). 부처님이 가르치신 진리.

부처님이 물었다.

"문수동자여, 만약 그대에게 '모든 중생세계는 무엇에 속하는가?' 라고 묻는다면, 그대는 또 어떻게 대답하겠느냐?"

문수동자가 말했다.

"세존이시여, 저는 이렇게 답하겠습니다. '그 세계가 무엇에 속하는지는 부처님이라도 생각하기 어렵습니다.'"

부처님이 물었다.

"문수동자여, 만약 '중생세계는 어디에 머물러 있는가?'라고 묻는다면, 그대는 또 어떻게 답할 것이냐?"

문수동자가 말했다.

"세존이시여, 저는 이렇게 답하겠습니다. '만약 더러움을 벗어나 마땅히 머물러야 할 법에 이른다면,[381] 중생의 세계가 곧 마땅히 머물러야 할 법입니다.'"

부처님이 물었다.

"문수동자여, 그대는 반야바라밀다[382]를 실천하여[383] 어디에 머물

---

381 제(際) : ①때. 기회. ②끝. 가장자리. ③만나다. ④이르다. 닿다. 미치다.

382 반야바라밀다(般若波羅蜜多) : Prajñāpāramitā의 음역. 반야바라밀(般若波羅蜜)이라고도 음역. 지도(智度)·도피안(到彼岸)이라 번역. 6바라밀의 하나. 반야는 실상(實相)을 비춰 보는 지혜로서, 나고 죽는 이 언덕을 건너 열반의 저 언덕에 이르는 배나 뗏목과 같으므로 바라밀다라 한다.

383 수(修) : 행하다. 실천하다. 익히다. 닦다. 수행하다.

것이냐?"

문수동자가 말했다.
"세존이시여, 저는 깊고 깊은 반야바라밀다를 실천하여 전혀 머묾
이 없습니다."

부처님이 물었다.
"문수동자여, 머묾이 없는데 어떻게 깊고 깊은 반야바라밀다를 실
천할 수 있느냐?"

문수동자가 말했다.
"세존이시여, 저는 머묾이 없는 까닭에 반야바라밀다를 실천할 수
있습니다."

佛告曼殊室利童子: "若諸有情都不可得, 云何施設諸有情界?" 曼殊室利白
言: "世尊, 有情界者, 但假施設." "曼殊室利, 設有問汝: '有情界者爲有幾何?'
汝得彼問, 當云何答?" "世尊, 我當作如是答: '如佛法數, 彼界亦爾.'" "曼殊室
利, 設復問汝: '有情界者其量云何?' 汝得彼問, 復云何答?" "世尊, 我當作如
是答: '有情界量如諸佛境.'" "曼殊室利, 設有問言: '諸有情界爲何所屬?' 汝得
彼問, 復云何答?" "世尊, 我當作如是答: '彼界所屬如佛難思.'" "曼殊室利, 設
有問言: '有情界者爲何所住?' 汝得彼問, 復云何答?" "世尊, 我當作如是答:
'若離染際所應住法, 卽有情界所應住法.'" "曼殊室利, 汝修般若波羅蜜多, 爲

何所住?”“世尊, 我修甚深般若波羅蜜多, 都無所住.”“曼殊室利, 無所住者, 云何能修甚深般若波羅蜜多?”“世尊, 我由無所住故, 能修般若波羅蜜多.”

부처님이 물었다.

"문수동자여, 그대는 반야바라밀다를 실천하여 좋음과 나쁨에서 어떤 늘어남과 줄어듦이 있느냐?"

문수동자가 말했다.

"세존이시여, 저는 깊고 깊은 반야바라밀다를 실천하여 선과 악에서 늘어남도 없고 줄어듦도 없습니다. 세존이시여, 저는 깊고 깊은 반야바라밀다를 실천하여 어떤 법에서도 늘어남도 없고 줄어듦도 없습니다.

세존이시여, 반야바라밀다가 세간(世間)에 나타나는 것은 어떤 법을 늘어나게 하거나 줄어들게 하기 때문이 아닙니다. 세존이시여, 깊고 깊은 반야바라밀다를 배우는[384] 것은 중생[385]의 법을 버리기 위함도 아니고, 불법을 거두어들이기[386] 위함도 아닙니다.

까닭이 무엇일까요? 깊고 깊은 반야바라밀다는 법을 버리거나 취하기 때문에 생기는 것이 아니기 때문입니다.

세존이시여, 깊고 깊은 반야바라밀다를 배우는 것은 삶과 죽음이라는 허물을 싫어하여 벗어나기 위함이 아니고 열반의 공덕을 좋아

---

384 수학(修學) : (학문을) 배우다. 배워 익히다.

385 이생(異生) : 범부 중생의 다른 이름. 성자(聖者)와 다른 생류(生類)라는 뜻.

386 섭수(攝受) : ①얻다. 받다. ②거두어 받아들이다.

하기 위함도 아닙니다.

까닭이 무엇일까요? 이 법을 배우면 삶과 죽음을 보지 못하는데, 어떻게 삶과 죽음을 싫어하여 떠나는 일이 있겠습니까? 또 열반을 보지 못하는데, 어떻게 열반을 좋아하는 일이 있겠습니까?

세존이시여, 깊고 깊은 반야바라밀다를 배우면, 모든 법에서 열등함 · 우수함 · 잃음 · 얻음 · 취함 · 버림이 있음을 보지 못합니다. 세존이시여, 깊고 깊은 반야바라밀다를 배우면, 어떤 법도 늘일 수도 없고 줄일 수도 없습니다.

까닭이 무엇일까요? 늘어나거나 줄어드는 것은 참된 법계가 아니기 때문입니다.

세존이시여, 만약 이와 같이 배울 수 있다면, 깊고 깊은 반야바라밀다를 참되이 배운다고 합니다.

"曼殊室利, 汝修般若波羅蜜多, 於善於惡何增何減?" "世尊, 我修甚深般若波羅蜜多, 於善於惡無增無減. 世尊, 我修甚深般若波羅蜜多, 於一切法亦無增減. 世尊, 般若波羅蜜多出現世間, 不爲增減一切法故. 世尊, 修學甚深般若波羅蜜多, 不爲棄捨異生等法, 不爲攝受一切佛法. 所以者何? 甚深般若波羅蜜多, 不爲捨法得法故起. 世尊, 修學甚深般若波羅蜜多, 不爲厭離生死過失, 不爲欣樂涅槃功德. 所以者何? 修此法者, 不見生死, 況有厭離? 不見涅槃, 況有欣樂? 世尊, 修學甚深般若波羅蜜多, 不見諸法有劣有勝有失有得可捨可取. 世尊, 修學甚深般若波羅蜜多, 不得諸法可增可減. 所以者何? 非眞法界有增有減. 世尊, 若能如是修者, 名眞修學甚深般若波羅蜜多.

또 세존이시여, 만약 반야바라밀다를 실천하여 모든 법이 늘어나지도 않고 줄어들지도 않는다면, 일러 깊고 깊은 반야바라밀다를 참되이 배운다고 합니다.

만약 반야바라밀다를 실천하여 모든 법이 생겨나지도 않고 사라지지도 않는다면, 일러 깊고 깊은 반야바라밀다를 참되이 배운다고 합니다.

만약 반야바라밀다를 실천하여 모든 법에서 늘어남과 줄어듦을 보지 못한다면, 일러 깊고 깊은 반야바라밀을 참되이 배운다고 합니다.

만약 반야바라밀을 실천하여 모든 법에서 생겨남과 사라짐을 보지 못한다면, 일러 깊고 깊은 반야바라밀을 참되이 배운다고 합니다.

또 세존이시여, 만약 반야바라밀을 실천하여 모든 법에서 생각함이 없고, 많든 적든 더 바라는[387] 것이 전혀 없고, 바라는 것과 바라는 사람에 모두 집착하지[388] 않을 수 있다면, 일러 깊고 깊은 반야바라밀다를 참되이 배운다고 합니다.

만약 반야바라밀다를 실천하여 모든 법에서 좋음 · 나쁨 · 높음 · 낮음을 보지 못한다면, 일러 깊고 깊은 반야바라밀다를 참되이 배운다고 합니다.

또 세존이시여, 착한 남자와 착한 여인이 만약 반야바라밀다를 실천하여 모든 법 속에서 우수함과 열등함을 얻지 못하여 '이것이 우수하다.'거나 '이것이 열등하다.'거나 함을 전혀 보지 못한다고 한다면, 이것이 곧 참된 반야바라밀다입니다.

387 　희원(希願) : 바라다. 원하다.
388 　취착(取着) : 집착하다.

까닭이 무엇일까요? 진여법계(眞如法界) 법성(法性)[389]의 실제(實際)[390]에는 우수함도 없고 열등함도 없기 때문입니다.

만약 이와 같이 실천한다면, 일러 깊고 깊은 반야바라밀다를 참되이 배운다고 합니다."

復次, 世尊. 若修般若波羅蜜多, 於一切法不增不減, 名眞修學甚深般若波羅蜜多. 若修般若波羅蜜多, 於一切法不生不滅, 名眞修學甚深般若波羅蜜多. 若修般若波羅蜜多, 於一切法不見增減, 名眞修學甚深般若波羅蜜多. 若修般若波羅蜜多, 於一切法不見生滅, 名眞修學甚深般若波羅蜜多. 復次, 世尊. 若修般若波羅蜜多, 於一切法無所思惟, 若多若少俱無希願, 能所希願及希願者皆不取著, 名眞修學甚深般若波羅蜜多. 若修般若波羅蜜多, 不見諸法有好有醜有高有下, 名眞修學甚深般若波羅蜜多. 復次, 世尊. 善男子等, 若修般若波羅蜜多, 於諸法中不得勝劣, 謂都不見此勝此劣, 是眞般若波羅蜜多. 所以者何? 眞如法界法性實際無勝無劣. 若如是修, 名眞修學甚深般若波羅蜜多."

부처님이 문수동자에게 말했다.

"모든 부처님의 묘한 법이 어찌 우수하지 않겠느냐?"

문수동자가 아뢰었다.

---

389 법성(法性) : Dharmatā. 항상 변하지 않는 법의 법다운 성(性). 모든 법의 체성(體性). 곧 만유의 본체. 진여(眞如) · 실상(實相) · 법계(法界) 등이라고도 함.

390 실제(實際) : 참된 끝이란 뜻으로 진여법성(眞如法性)을 가리킴. 이는 온갖 법의 끝이 되는 곳이므로 실제, 또 진여의 실리(實理)를 깨달아 그 궁극(窮極)에 이르므로 이렇게 이름.

"세존이시여, 모든 부처님의 묘한 법은 취할 수 없기 때문에 또한 우수하다거나 열등하다고 말할 수 없습니다. 여래께서 어찌 모든 법이 공(空)임을 깨닫지 못했겠습니까?"

세존이 말했다.
"물론 깨달았다, 동자여."

문수동자가 다시 부처님께 아뢰었다.
"모든 법이 공인 가운데 어찌 우수하고 열등하고가 있겠습니까?"

세존이 찬탄하며 말했다.
"좋구나, 좋구나. 그렇다, 그렇다. 그대가 말한 바와 같다. 문수동자여, 부처님의 법이 어찌 최고[391]가 아니겠느냐?"

문수동자가 말했다.
"그렇습니다, 세존이시여. 모든 부처님의 법이 비록 실제로 최고이지만, 그 속에서 얻을 수 있는 법은 없습니다. 그러므로 부처님의 법이 최고라고 말할 수 없습니다.
또 세존이시여, 착한 남자와 착한 여인이 반야바라밀다를 실천한다면, 모든 부처님의 법을 지키고 있으려 하지 않고 중생의 법들을 조복시키려 하지 않을 것입니다.

---

391 무상(無上) : 더 높은 것이 없는 가장 높은 것. 더 이상 가치 있는 것이 없는 최상의 가치인 불법(佛法)을 가리킴.

깊고 깊은 반야바라밀다는 모든 부처님의 법과 중생의 법들에 대하여 늘리려고 하지도 않고 조복시키려고 하지도 않기 때문이고, 모든 법에 대하여 분별이 없기 때문입니다.

만약 이와 같이 반야바라밀다를 실천한다면, 일러 깊고 깊은 반야바라밀다를 참되이 배운다고 합니다.

또 세존이시여, 착한 남자와 착한 여인이 만약 반야바라밀다를 실천한다면, 모든 법에 생각할 수 있거나 분별할 수 있는 것이 있음을 보지 못합니다."

佛告曼殊室利童子:"諸佛妙法, 豈亦不勝?"曼殊室利白言:"世尊, 諸佛妙法不可取故, 亦不可言是勝是劣. 如來豈不證諸法空?"世尊答言:"如是, 童子."曼殊室利復白佛言:"諸法空中, 何有勝劣?"世尊讚曰:"善哉, 善哉. 如是, 如是. 如汝所說. 曼殊室利, 佛法豈不是無上耶?""如是, 世尊. 一切佛法, 雖實無上, 而於其中, 無法可得. 故不可說佛法無上. 復次, 世尊. 善男子等, 若修般若波羅蜜多, 不欲住持一切佛法, 不欲調伏異生法等. 甚深般若波羅蜜多, 於諸佛法異生法等, 不欲增長及調伏故, 於一切法無分別故. 若如是修, 名眞修學甚深般若波羅蜜多. 復次, 世尊. 善男子等, 若修般若波羅蜜多, 不見諸法有可思惟可分別者."

부처님이 말했다.

"문수동자여, 그대가 불법(佛法)을 어찌 생각하지 않겠느냐?"

문수동자가 말했다.

"생각하지 않습니다, 세존이시여. 제가 만약 진실한 불법이 있음을 본다면 응당 생각할 수 있겠지만, 저는 진실한 불법이 있음을 보지 못합니다.

세존이시여, 반야바라밀다는 온갖 법을 분별하기 때문에 생기는 것이 아닙니다. 말하자면,[392] 중생의 법인지 성문(聲聞)의 법인지 독각(獨覺)[393]의 법인지 보살의 법인지 여래의 법인지를 분별하지 않습니다.

착한 남자와 착한 여인이 깊고 깊은 반야바라밀다를 열심히 배운다면, 온갖 법 속에 얻을 것도 전혀 없고 말할 것도 전혀 없습니다. 다시 말해, 중생의 법성(法性)이 있다고 말하지 않고, 성문의 법성·독각의 법성·보살의 법성·여래의 법성이 있다고 보지 않습니다.

까닭이 무엇일까요? 이러한 모든 법의 자성은 전부 필경공(畢竟空)[394]이어서 볼 수가 없기 때문입니다. 만약 이와 같이 실천한다면, 일러 깊고 깊은 반야바라밀다를 참되이 배운다고 합니다.

또 세존이시여. 착한 남자와 착한 여인이 반야바라밀다를 부지런

---

392 위(謂) : =이위(以爲). 생각건대. 말하자면.

393 독각(獨覺) : pratyekabuddha. 연각(緣覺)이라고도 번역. 부처님 없는 세상에 나서 다른 이의 가르침을 받지 않고 혼자 수행하여 깨달은 이를 말함. 여기에는 인각유독각(麟角喩獨覺)과 부행독각(部行獨覺)의 2종이 있다. 기린의 뿔과 같이 독신으로 동무가 없는 이를 인각유독각, 몇 사람이 한 곳에 모여 수행하여 증득하는 일을 부행독각이라 한다. 부처님 없는 세상에 나서 남의 교화를 받지 않는 것은 둘이 모두 같다.

394 필경공(畢竟空) : 18공(空)의 하나. 불교에서는 궁극의 진실을 공(空)이라고 하고, 이 공은 유(有)에 대응하는 상대적인 공(空)이 아닌 절대의 공을 가리키는데, 모든 공까지도 공이라 하여 필경공이라 한다. 불이중도(不二中道)와 같다.

히 실천한다면, '이것은 욕계(欲界)[395]이다.' '이것은 색계(色界)[396]이다.' '이것은 무색계(無色界)[397]이다.' '이것은 멸진계(滅盡界)[398]이다.'라는 생각을 하지 않습니다.

까닭이 무엇일까요? 깊고 깊은 반야바라밀다는 소멸시킬 수 있는 법이 있다고 보지 않기 때문입니다. 만약 이와 같이 실천한다면, 깊고 깊은 반야바라밀다를 참되이 배운다고 합니다.

또 세존이시여. 만약 반야바라밀다를 실천한다면, 모든 법에 대하여 은혜나 원한을 일으키지 않습니다. 왜 그럴까요? 깊고 깊은 반야바라밀다는 어떤 부처님의 법도 가지고 있지 않고 어떤 중생의 법도 버리지 않습니다.

까닭이 무엇일까요? 착한 남자와 착한 여인이 반야바라밀다를 부

---

395 욕계(欲界) : 3계(界)의 하나. 지옥·아귀(餓鬼)·축생(畜生)·아수라·인간·6욕천의 총칭. 이런 세계는 식욕·수면욕(睡眠欲)·음욕이 있으므로 욕계라 함.

396 색계(色界) : 3계의 하나. 욕계(欲界)의 위에 있으며, 욕계와 같은 음욕·식욕(食欲) 등의 탐욕은 여의었으나, 아직 무색계와 같이 완전히 물질을 여의어, 순 정신적인 것은 되지 못한 중간의 물적(物的)인 세계. 선정(禪定)의 얕고·깊고·거칠고·묘함에 의하여 크게 나누어 4선(禪)으로 하고, 다시 18천(天)으로 나눔.

397 무색계(無色界) : 삼계(三界)의 하나. 욕계(欲界)의 각종 욕망을 모두 벗어나고, 또 색계(色界)의 육체를 벗어난 순 정신적 세계. 욕망을 벗어난 수행자가 색신(色身)에 얽매여 자유를 얻지 못함을 싫어하여 들어가는 세계. 이 세계에는 온갖 욕망과 형색(形色)은 없고 수(受)·상(想)·행(行)·식(識)의 4온(蘊)만 있다. 여기에 공무변처(空無邊處)·식무변처(識無邊處)·무소유처(無所有處)·비상비비상처(非想非非想處)의 사천(四天)이 있다. 이승(二乘)의 수행을 한 자가 들어가는 세계.

398 멸계(滅界) : =멸진계(滅盡界). 멸진정(滅盡定)과 같음. 무심정(無心定). 마음에서 모든 분별된 모습이 사라진 선정. 소승에서는 불환과(不還果)와 아라한과의 성자가 닦는 유루정(有漏定)으로, 육식(六識)과 인집(人執)을 일으키는 말나(末那)만을 없애는 것. 대승의 보살이 닦는 멸진정은 무루정(無漏定)으로, 법집(法執)을 일으키는 말나까지도 사라진다.

268

지런히 실천하면 부처님의 법을 깨달으려 하지도 않고 중생의 법을
소멸시키려 하지도 않고, 모든 법의 자성이 평등함에 통달하기 때문
입니다. 만약 이와 같이 실천한다면, 일러 깊고 깊은 반야바라밀다를
참되이 배운다고 합니다."

"曼殊室利, 汝於佛法豈不思惟?" "不也, 世尊. 我若見有眞實佛法, 應可思
惟, 然我不見. 世尊, 般若波羅蜜多, 不爲分別諸法故起. 謂不分別, 是異生法,
是聲聞法, 是獨覺法, 是菩薩法, 是如來法. 善男子等, 精勤修學甚深般若波羅
蜜多, 於諸法中都無所得亦無所說. 謂不說有異生法性, 亦不說有聲聞乃至如
來法性. 所以者何? 此諸法性, 皆畢竟空, 不可見故. 若如是修, 名眞修學甚深
般若波羅蜜多. 復次, 世尊. 善男子等, 勤修般若波羅蜜多, 不作是念, 此是欲
界, 此是色界, 此無色界, 此是滅界. 所以者何? 甚深般若波羅蜜多, 不見有法
是可滅者. 若如是修, 名眞修學甚深般若波羅蜜多. 復次, 世尊. 若修般若波羅
蜜多, 於一切法不作恩怨. 何以故? 甚深般若波羅蜜多, 不爲住持一切佛法, 不
爲棄捨異生等法. 所以者何? 善男子等, 勤修般若波羅蜜多, 於佛法中不欲證
得, 不欲滅壞異生等法, 達一切法性平等故. 若如是修, 名眞修學甚深般若波羅
蜜多."

그때 세존은 곧 찬탄하였다.

"문수동자여, 좋고도 좋구나. 그대는 지금 깊고 깊은 법을 잘 말하
여 모든 보살마하살의 무리에게 참된 법인(法印)[399]을 만들어 주었고,

---

399 법인(法印) : Dharma-mudrā. 교법을 확인하는 도장. 종지(宗旨)와 같음. 인(印)은 인
  신(印信)·표장(標章)이라는 뜻. 세상의 공문에 인장을 찍어야 비로소 정식으로 효과

성문(聲聞)과 독각(獨覺) 등의 증상만(增上慢)[400]들에게 큰 법인을 만들어 주어서 앞서 통달한 것이 참된 마지막[401]이 아님을 진실하게 알도록 하였구나.

문수동자여, 만약 착한 남자와 착한 여인 등이 이 깊은 법을 듣고서 마음이 어둡지[402] 않고 놀라서 두려워하지 않는다면, 이 사람은 한 부처님에게나 천 분의 부처님에게 온갖 선근(善根)[403]을 심은 것이 아니라 분명히 헤아릴 수 없고 끝도 없이 많은 부처님이 계신 곳에 온갖 선근을 심었기 때문에 이렇게 깊고 깊은 반야바라밀다를 듣고서도 마음이 어둡지도 않고 놀라서 두려워하지도 않을 수 있는 것임을 마땅히 알아야 한다."

爾時, 世尊卽便讚曰:"曼殊室利, 善哉, 善哉. 汝今乃能說甚深法, 與諸菩薩摩訶薩衆作眞法印, 亦與聲聞及獨覺等增上慢者作大法印, 令如實知先所通達非眞究竟. 曼殊室利, 若善男子善女人等, 聞是深法, 心不沈沒亦不驚怖, 當知是人非於一佛乃至千佛種諸善根, 定於無量無邊佛所種諸善根, 乃能聞是甚

를 발생하는 것과 같다.

400 증상만(增上慢) : 훌륭한 교법(敎法)과 깨달음을 얻지 못하고서 얻었다고 생각하여 잘난 체하는 거만함. 분별하고 이해하여 개념으로 불법을 아는 사람을 가리킴.

401 구경(究竟) : 마지막 (진실).

402 침몰(沈沒) : ①마음이 가라앉아 우울한 것. ②가라앉아 어두운 마음. 혼침(昏沈)과 같음.

403 선근(善根) : 깨달음을 가져오는 좋은 원인. ①좋은 결과를 가져올 좋은 원인이라는 뜻. 선행(善行)을 나무의 뿌리에 비유한 것. 착한 행업의 공덕 선근을 심으면 반드시 선과(善果)를 맺는다 함. ②온갖 선을 내는 근본이라는 뜻. 무탐(無貪)·무진(無瞋)·무치(無癡)를 3선근이라 일컬음과 같은 것.

深般若波羅蜜多, 心不沈沒亦不驚怖."

그때 문수동자는 합장하고 공경하며 다시 부처님께 아뢰었다.

"저는 다시 깊고 깊은 반야바라밀다를 말하고 싶습니다. 허락해 주시기를 간절히 바라옵니다."

부처님이 문수동자에게 말했다.

"그대가 말하고자 한다면 그대의 뜻대로 말하라."

문수동자가 곧 부처님께 아뢰었다.

"세존이시여, 만약 깊고 깊은 반야바라밀다를 실천한다면, 법에 머물 수도 없고 또 머물지 않을 수도 없으니, 이와 같은 깊고 깊은 반야바라밀다는 법에 의지하여[404] 머물지 않음을 마땅히 알아야 합니다.

무슨 까닭일까요? 모든 법에는 의지할 것이 없기 때문입니다.

세존이시여, 만약 이와 같이 실천할 수 있다면, 깊고 깊은 반야바라밀다를 참되이 배운다고 이를 것이니, 모든 법에서 모습을 취하지 않기 때문입니다.

또 세존이시여. 마땅히 이와 같은 깊고 깊은 반야바라밀다를 보는 것은 온갖 법성(法性)의 모습을 보는 것으로 나타나지는[405] 않아야 합

---

404 연(緣) : ①pratyaya. 순익자생(順益資生)의 뜻. 결과를 내는 데 장애가 되지 않는 힘. 인과 연을 나누어 말하면 직접적인 원인인 것을 인, 멀리 도와주는 간접 원인을 연이라 함. ②붙잡고 매달리다. 붙잡고 기어오르다. ③따르다. ④의지하다. 의거하다.

405 현전(現前) : ①나타나다. ②앞에 나타나 있는 것. 앞에 있는 것. ③면전에. 눈앞에서. ④즉시. 당시(當時). 목전(目前).

니다. 말하자면, 오히려[406] 부처님의 법도 눈앞에서 보지 않는데 하물며 보살의 법을 보겠으며, 오히려 보살의 법도 눈앞에서 보지 않는데 하물며 독각의 법을 보겠으며, 오히려 독각의 법도 눈앞에서 보지 않는데 하물며 성문의 법을 보겠으며, 오히려 성문의 법도 눈앞에서 보지 않는데 하물며 중생의 법을 보겠습니까?

무슨 까닭일까요? (반야바라밀을 보는 것은) 모든 법성의 모습을 벗어났기 때문입니다.

爾時, 曼殊室利童子合掌恭敬復白佛言: "我欲更說甚深般若波羅蜜多. 唯願開許." 佛告曼殊室利童子: "汝欲說者, 隨汝意說." 曼殊室利便白佛言: "世尊, 若修甚深般若波羅蜜多, 於法不得是可住者, 亦復不得是不可住, 當知如是甚深般若波羅蜜多不緣法住. 何以故? 以一切法無所緣故. 世尊, 若能如是修者, 名眞修學甚深般若波羅蜜多, 於一切法不取相故. 復次, 世尊. 應觀如是甚深般若波羅蜜多, 不現前觀諸法性相. 謂於佛法尙不現觀, 況菩薩法? 於菩薩法尙不現觀, 況獨覺法? 於獨覺法尙不現觀, 況聲聞法? 於聲聞法尙不現觀, 況異生法? 何以故? 以一切法性相離故.

또 세존이시여. 이와 같은 깊고 깊은 반야바라밀다를 실천하면 모든 법 속에 분별되는 것이 없습니다. 만약 분별되지 않는 것을 생각으로 헤아릴 수 있다면[407] 생각으로 헤아릴 수 없는 법성(法性)은 차별될 것입니다만, 보살마하살의 무리는 반야바라밀다를 실행하여 모든

---

406 상(尙) : 오히려.

407 사의(思議) : 생각하여 헤아리다.

법을 전혀 분별하지 않음을 알아야 합니다.

또 세존이시여. 이와 같은 깊고 깊은 반야바라밀다를 실천하면 모든 법 속에서, '이것은 불법이다.' '이것은 불법이 아니다.' '이것은 생각할 수 있고 말할 수 있다.' '이것은 생각으로 헤아릴 수 없다.'라는 것을 전혀 보지 못하니, 모든 법에는 차별이라는 자성이 없기 때문입니다.

만약 모든 중생들이 이와 같은 깊고 깊은 반야바라밀다를 실천할 수 있다면, 모든 법이 전부 불법(佛法)임을 볼 것이니 깨달음[408]과 어긋나지 않기 때문이고, 모든 법이 전부 생각으로 헤아릴 수 없음을 볼 것이니 필경공(畢竟空)이기 때문입니다.

이 모든 중생들은 일찍이 수많은 부처님을 가까이 모시고 공양을 올리고 공경을 드리며 여러 가지 선근(善根)을 심었기 때문에 반야바라밀다를 이와 같이 실행할 수 있는 것입니다.

復次, 世尊. 依修如是甚深般若波羅蜜多, 於諸法中無所分別. 謂不分別是可思議, 不可思議法性差別, 當知菩薩摩訶薩衆修行般若波羅蜜多, 於諸法中都無分別. 復次, 世尊. 依修如是甚深般若波羅蜜多, 一切法中都不見有'此是佛法.' '此非佛法.' '此可思議.' '此不可思議.' 以一切法無差別性故. 若諸有情能修如是甚深般若波羅蜜多, 觀一切法皆是佛法, 順菩提故, 觀一切法皆不思議, 畢竟空故. 是諸有情已曾親近供養恭敬多百千佛種諸善根, 乃能如是修行

---

408 보리(菩提) : bodhi. 도(道) · 지(智) · 각(覺)이라 번역. 2개의 뜻이 있다. ①불교 최고의 이상(理想)인 부처님의 정각(正覺)의 지혜. 곧 불과(佛果). ②부처님의 정각의 지혜를 얻기 위하여 닦는 도(道). 곧 불과에 이르는 길.

般若波羅蜜多.

또 세존이시여. 만약 착한 남자와 착한 여인이 이와 같은 깊고 깊은 반야바라밀다를 말하는 것을 듣고서 마음이 어둡지 않고 놀라서 두려워하지도 않는다면, 과거에 일찍이 수많은 부처님들을 가까이 모시고 공양을 올리고 공경하면서 온갖 선근을 심었기 때문에 이와 같을 수 있음을 알아야 합니다.

또 세존이시여. 마땅히 이렇게 보아야 합니다. 이와 같은 깊고 깊은 반야바라밀다를 만약 부지런히 실천할 수 있다면, 모든 법에서 더럽게 물듦을 보지도 않을 것이고 깨끗함을 보지도 않을 것이고, 비록 보이는 것이 없더라도 깊고 깊은 반야바라밀다를 부지런히 실천할 수 있어서 언제나 마음에 게으름이 없을 것입니다.

또 세존이시여. 만약 이와 같은 깊고 깊은 반야바라밀다를 실천한다면, 모든 중생의 법·성문의 법·독각의 법·보살의 법·부처의 법을 차별하는 생각이 없을 것이니, 이러한 법들이 필경공임을 밝게 알기 때문입니다.

만약 이와 같을 수 있다면, 깊고 깊은 반야바라밀다를 참되이 배운다고 합니다."

復次, 世尊. 若善男子善女人等, 聞說如是甚深般若波羅蜜多, 心不沈沒亦不驚怖, 當知過去已曾親近供養恭敬多百千佛種諸善根乃能如是. 復次, 世尊. 應觀. 如是甚深般若波羅蜜多若能勤修, 則於諸法不見雜染不見淸淨, 雖無所見而能勤修甚深般若波羅蜜多, 於一切時心無厭倦. 復次, 世尊. 若修如是甚深般若波羅蜜多, 於諸異生聲聞獨覺菩薩佛法無差別想, 了此等法畢竟空故. 若能如是, 名眞修學甚深般若波羅蜜多."

부처님이 문수동자에게 말했다.
"그대는 이미 몇 분의 부처님을 가까이 모시고 공양을 올렸느냐?"

문수동자가 말했다.
"세존이시여, 제가 이미 가까이 모시고 공양을 올린 부처님의 숫자는 환사(幻士)[409]의 마음과 마음에 나타나는 현상들[410]과 같으니, 모든 법은 전부 환상(幻相)과 같기 때문입니다."

부처님이 말했다.
"문수동자여, 그대가 어찌 불법을 구하지[411] 않겠느냐?"

문수동자가 말했다.
"세존이시여, 저는 지금 불법도 보지 못하고 불법 아닌 것도 보지 못하는데, 어디에서 불법을 구하겠습니까?"

---

409 환사(幻士) : 환술(幻術)을 행하는 사람. 마술사 · 요술사. =환사(幻師).
410 심심소법(心心所法) : 심왕(心王) 즉 마음과, 심소유법(心所有法) 즉 마음에 나타나는 각종 현상(現象)을 아울러 이르는 말. 마음과 의식.
411 취구(趣求) : 구하다.

부처님이 말했다.

"문수동자여, 그대는 불법을 이미 성취하였느냐?"

문수동자가 말했다.

"세존이시여, 저는 지금 불법이라고 이름 붙일 만한 것을 전혀 보지 못하는데, 어디에서 성취하겠습니까?"

부처님이 말했다.

"문수동자여, 그대는 어찌하여 집착함 없는 자성을 얻지 않느냐?"

문수동자가 말했다.

"세존이시여, 제가 지금 바로 집착함 없는 자성인데, 어떻게 집착함 없는 자성이 다시 집착함 없음을 얻겠습니까?"

부처님이 말했다.

"문수동자여, 그대는 마땅히 보리좌(菩提座)[412]에 앉아야 하지 않느냐?"

문수동자가 말했다.

"세존이시여, 모든 부처님도 오히려 보리좌에 앉는 일이 없는데,

---

412 보리좌(菩提座) : =금강보좌(金剛寶座). 깨달음의 자리. 깨달음이 있는 곳. ①석가모니가 깨달음을 이루었을 때에 앉아 있던 자리. 보리수(菩提樹) 아래에 있음. ②번뇌를 끊고 깨달음을 이루어 흔들림 없음을 금강과 같이 단단한 자리라고 하여 이르는 말.

하물며 제가 앉을 수 있겠습니까? 무슨 까닭일까요? 모든 법은 전부 실제(實際)로써 정해지기413 때문이고, 실제 속에는 앉는 행동과 앉는 사람을 모두 얻을 수 없기 때문입니다."

부처님이 말했다.
"문수동자여, 실제라고 말한다면, 어떤 것의 별명(別名)414이냐?"

문수동자가 말했다.
"세존이시여, 실제는 곧 망상(妄相)415의 별명임을 알아야 합니다."

부처님이 말했다.
"문수동자여, 어찌하여 망상을 실제라고 일컬을 수 있느냐?"

문수동자가 말했다.
"세존이시여, 실제는 가지도 않고 오지도 않으며, 참도 아니고 거짓도 아니며, 몸의 모습과 몸의 모습 아님을 모두 얻을 수 없는데, 망상 역시 그러합니다. 이 까닭에 망상이 곧 실제입니다."

---

413 정량(定量) : 정해진 양. 일정한 양.
414 증어(增語) : ①명칭. 별명. 동의어. 비유어. ②(번역자가) 덧붙인 말.
415 위신(僞身) : =위신견(僞身見). 위신견(僞身見)은 신견(身見)과 같음. 신견(身見)이 헛되고 거짓된 견해이기 때문에 위신견이라 함. 신견(身見)은 5온(蘊)이 가(假)로 화합한 신체를 상일주재(常一主宰)하는 뜻이 있는 아(我)라 망집(妄執)하고, 또 아(我)에 속한 기구권속 등을 나의 소유라고 여기는 잘못된 견해로서 아견(我見)과 같음. 곧 망상(妄相)을 가리킴.

佛告曼殊室利童子:"汝已親近供養幾佛?"曼殊室利白言:"世尊, 我已親近供養佛數量, 同幻士心心所法, 以一切法皆如幻故.""曼殊室利, 汝於佛法豈不趣求?""世尊, 我今不見有法非佛法者, 何所趣求?""曼殊室利, 汝於佛法已成就耶?""世尊, 我今都不見法可名佛法, 何所成就?""曼殊室利, 汝豈不得無著性耶?""世尊, 我今卽無著性, 豈無著性, 復得無著?""曼殊室利, 汝不當坐菩提座耶?""世尊, 諸佛於菩提座, 尙無坐義, 況我能坐? 何以故? 以一切法皆用實際爲定量故, 於實際中坐及坐者俱不可得.""曼殊室利, 言實際者是何增語?""世尊, 實際當知卽是僞身增語.""曼殊室利, 云何僞身可名實際?""世尊, 實際無去無來非眞非僞, 身非身相俱不可得, 僞身亦爾. 是故僞身卽是實際."

그때 사리자가 곧 부처님께 아뢰었다.

"만약 모든 보살이 이와 같은 깊고 깊은 반야바라밀다를 말하는 것을 듣고서 마음이 어둡지도 않고 놀라거나 두려워하지도 않는다면, 이 모든 보살은 반드시 깨달음에 이르러[416] 다시는 물러나지 않을 것입니다."

미륵보살이 다시 부처님께 아뢰었다.

"만약 모든 보살이 이와 같은 깊고 깊은 반야바라밀다를 말하는 것을 듣고서 마음이 어둡지도 않고 놀라거나 두려워하지도 않는다면, 이 모든 보살은 이미 위없는 바르고 평등한 깨달음에 가까이 간 것입

---

416 정취(定趣) : 반드시 도달하다. 반드시 미치다. 반드시 향하다.

니다. 왜 그럴까요? 이 모든 보살은 법성을 완전히 깨닫고서[417] 모든 분별에서 벗어나 있는 것이 큰 깨달음과 같기 때문입니다."

문수동자도 부처님께 아뢰었다.

"만약 모든 보살이 이와 같은 깊고 깊은 반야바라밀다를 말하는 것을 듣고서 마음이 어둡지도 않고 놀라거나 두려워하지도 않는다면, 이 모든 보살은 부처님께서 세간의 공양과 공경을 받을 자격이 있는 것과 같은 자격이 있습니다. 무슨 까닭일까요? 모든 법에서 진실한 본성을 깨달았기 때문입니다."

그때 이름이 '대상을 생각하는 마음[418]이 없음'이라는 어떤 여인이 합장하고 공경하면서 아뢰었다.

"세존이시여, 만약 모든 중생이 이와 같은 깊고 깊은 반야바라밀다를 말하는 것을 듣고서 마음이 어둡지도 않고 놀라거나 두려워하지도 않는다면, 이 모든 중생은 중생의 법이나 성문의 법이나 독각의 법이나 보살의 법이나 여래의 법 모두를 전혀 생각하지 않을 것입니다. 까닭이 무엇일까요? 모든 법이 전혀 있는 것이 아님을 통달하였기 때문에, 주관도 객관[419]도 생각함도 모두 있을 수 없기 때문입니

---

417 현각(現覺) : 현등각(現等覺)의 준말. 깨달음. 드러나 있는 그대로의 실상을 보는 깨달음. 완전한 깨달음.

418 연려(緣慮) : 대상을 생각함. 유식학(唯識學)에 의하면 제6식이 대상을 사려(思慮)하는 것을 말한다. 바깥 경계를 대상으로서 생각하는 마음이다.

419 능소(能所) : 능(能)은 주관(主觀) 혹은 주체(主體), 소(所)는 객관(客觀) 혹은 객체(客體).

다."

時舍利子便白佛言: "若諸菩薩聞說如是甚深般若波羅蜜多, 心不沈沒亦不
驚怖, 是諸菩薩定趣菩提不復退轉." 慈氏菩薩復白佛言: "若諸菩薩聞說如是
甚深般若波羅蜜多, 心不沈沒亦不驚怖, 是諸菩薩已近無上正等菩提. 何以故?
是諸菩薩現覺法性, 離一切分別, 如大菩提故." 曼殊室利亦白佛言: "若諸菩薩
聞說如是甚深般若波羅蜜多, 心不沈沒亦不驚怖, 是諸菩薩如佛世尊堪受世間
供養恭敬. 何以故? 於一切法覺實性故." 時有女人名無緣慮, 合掌恭敬白言:
"世尊, 若諸有情聞說如是甚深般若波羅蜜多, 心不沈沒亦不驚怖, 是諸有情於
異生法, 若聲聞法, 若獨覺法, 若菩薩法, 若如來法, 皆不緣慮. 所以者何? 達
一切法都無所有, 能所緣慮俱不可得."

그때 부처님이 사리자 등에게 말했다.

"그렇다, 그렇다. 그대들이 말한 바와 같다. 만약 착한 남자나 착한
여인이 이와 같은 깊고 깊은 반야바라밀다를 말하는 것을 듣고서 마
음이 어둡지도 않고 놀라거나 두려워하지도 않는다면, 이 착한 남자
와 착한 여인은 이미 물러나지 않는 지위(地位)에 머물고 있으며 반드
시 깨달음에 이르러 다시는 물러나지 않을 것임을 알아야 할 것이다.

여러분, 만약 모든 중생이 이와 같은 깊고 깊은 반야바라밀다를 말
하는 것을 듣고서 마음이 어둡지도 않고 놀라거나 두려워하지도 않
고 기뻐하면서 믿고 즐겨 듣고서 기억하고, 나아가 남에게 말해 주면
서 그 마음에 싫어함과 게으름이 없다면,

이 모든 중생은 모두 진실하고 드넓고 뛰어난 시주(施主)가 되어 최고로 가치 있는 온갖 재보를 베풀 수 있어서 보시바라밀다를 완전히 갖출 것이며,

이 모든 중생은 계(戒)를 깨끗이 지킴[420]이 모자람이 없어서 참되이 계를 깨끗이 지키고 뛰어나게 계를 깨끗이 지켜 계를 깨끗하게 지킨 공덕이 이미 모두 원만(圓滿)하여 지계바라밀다를 완전히 갖출 것이며,

이 모든 중생은 편안하게 견디는[421] 것이 원만하여 참되이 편안하게 견디고 뛰어나게 편안하게 견디어 편안하게 견디는 공덕이 모두 이미 원만하게 되어 인욕바라밀다를 완전히 갖출 것이며,

이 모든 중생은 정진(精進)이 원만하여 참되이 정진하고 뛰어나게 정진하여 정진하는 공덕이 이미 모두 원만하여 정진바라밀다를 완전히 갖출 것이며,

이 모든 중생은 고요히 생각함[422]이 원만하여 참으로 고요히 생각하고 뛰어나게 고요히 생각하여 고요히 생각하는 공덕이 이미 전부 원만하여 선정바라밀다를 완전히 갖출 것이며,

이 모든 중생은 지혜[423]가 원만하여 참된 지혜를 갖추고 뛰어난 지

---

420 정계(淨戒) : ①청정한 계율. 부처님이 만드신 청정한 계율. ②계율을 잘 지키다. 계율을 더럽힘 없이 잘 지키다.

421 안인(安忍) : 마음이 안정되어 안팎의 장애에 흔들리지 않고 끝까지 참고 나아가는 것. 육바라밀의 인욕(忍辱)과 같음.

422 정려(靜慮) : 고요함과 함께 지혜가 있어, 능히 자세하게 생각한다는 뜻으로 정려라 함. 선정(禪定)과 같은 뜻.

423 반야(般若) : prajña. 지혜(智慧)라 번역. 깨달음의 지혜이니 곧 깨달음이다.

혜를 갖추어 지혜의 공덕이 모두 이미 원만하여 반야바라밀다를 완전히 갖출 것이며,

이 모든 중생은 참되고 뛰어난 자비희사(慈悲喜捨)[424]를 이루고 또 남에게 깊고 깊은 반야바라밀다를 자세히 설명하여[425] 열어 보여 줄[426] 수 있을 것이다."

爾時佛告舍利子等: "如是, 如是. 如汝所說. 若善男子善女人等, 聞說如是甚深般若波羅蜜多, 心不沈沒亦不驚怖, 是善男子善女人等, 當知已住不退轉地, 定趣菩提不復退轉. 舍利子等, 若諸有情聞說如是甚深般若波羅蜜多, 心不沈沒亦不驚怖, 歡喜信樂聽聞受持, 轉爲他說心無厭倦, 是諸有情能爲一切眞實廣大殊勝施主, 能施一切無上財寶, 具足布施波羅蜜多, 是諸有情淨戒圓滿, 具眞淨戒, 具勝淨戒, 淨戒功德皆已圓滿, 具足淨戒波羅蜜多, 是諸有情安忍圓滿, 具眞安忍, 具勝安忍, 安忍功德皆已圓滿, 具足安忍波羅蜜多, 是諸有情精進圓滿, 具眞精進, 具勝精進, 精進功德皆已圓滿, 具足精進波羅蜜多, 是諸有

---

424 사무량심(四無量心) : 중생을 어여삐 여기는 한량없는 네 가지 마음인 자비희사(慈悲喜捨). ①자무량심(慈無量心). 무진(無瞋)을 바탕으로 하여 한량없는 중생에게 즐거움을 주려는 마음. ②비무량심(悲無量心). 무진(無瞋)을 바탕으로 하여 남의 고통을 벗겨 주려는 마음. ③희무량심(喜無量心). 희수(喜受)를 바탕으로 하여 다른 이로 하여금 고통을 여의고 즐거움을 얻어 희열(喜悅)케 하려는 마음. ④사무량심(捨無量心). 무탐(無貪)을 바탕으로 하여 원(怨)·친(親)의 구별을 두지 않고 중생을 평등하게 보려는 마음.

425 선설(宣說) : 하나하나 베풀어 상세히 말하다. 교법(敎法)을 자세히 설명하다.

426 개시(開示) : 개(開)는 장애를 제거하여 길을 연다는 개제(開除)의 뜻으로, 어리석게 헤매는 분별심을 제거하고 세계의 진실한 모습을 열어 보인다는 말. 시(示)는 드러내 보인다는 현시(顯示)의 뜻으로, 번뇌가 사라지고 지혜가 나타나 우주의 참 모습을 밝게 나타내 보인다는 말. 선지식이 범부를 가르쳐 교화하는 일을 가리키는 말.

情靜慮圓滿, 具眞靜慮, 具勝靜慮, 靜慮功德皆已圓滿, 具足靜慮波羅蜜多, 是諸有情般若圓滿, 具眞般若, 具勝般若, 般若功德皆已圓滿, 具足般若波羅蜜多, 是諸有情成就眞勝慈悲喜捨, 亦能爲他宣說開示甚深般若波羅蜜多."

부처님이 문수동자에게 말했다.

"그대는 어떤 도리(道理)[427]를 보았기에 위없는 바르고 평등한 깨달음을 얻으려고[428] 하느냐?"

문수동자가 부처님께 아뢰었다.

"세존이시여, 저는 위없는 바르고 평등한 깨달음에도 오히려 마음을 머물러 두지 않는데, 하물며 그것을 얻으려고 하겠습니까? 저는 깨달음을 구하려는[429] 뜻이 없습니다. 까닭이 무엇일까요? 깨달음이 곧 저이고 제가 곧 깨달음인데, 어떻게[430] 구하겠습니까?"

부처님이 말했다.

"좋구나, 좋구나. 동자여, 그대는 깊고 깊은 도리를 교묘히 잘 말하

---

427 의(義) : ①사물. 대상. 물건. 자체. 실체. 사실. 진실. ②의미. 뜻. ③이유. 내력. ④도리. 이치. ⑤목적. 목표. ⑥교의(敎義). ⑦비밀. 숨겨진 뜻. ⑧교설(敎說). 가르침. ⑨주장.

428 증(證) : 증명(證明)하다. 밝히다. 깨닫다. 증험(證驗)하다. 체험하다. 체득(體得)하다. =증득(證得).

429 구취(求趣) : 구하다. 추구하다. 원하다.

430 여하(如何) : ①어찌 짐작하랴? 어찌 추측하랴? ②어찌. 어떻게. ③어찌 하랴? 어떻게 하랴?

는구나. 그대는 앞선 부처님들에게 선근을 많이 심고서 얻음 없음[431]
에 의지할 수 있는 큰 서원을 오래도록 내어 여러 가지 깨끗한 범행
(梵行)[432]을 실천하였구나."

문수동자가 곧 부처님께 아뢰었다.
"만약 온갖 법에 대하여 얻을 것이 있다면, 얻음 없음에 의지하여
깨끗한 범행을 실천할 수 있을 것입니다만, 저는 얻을 수 있는 법이
있음을 전혀 보지 못하고 얻을 것이 없음도 전혀 보지 못합니다. 그
런데 어떻게 얻음 없음에 의지하여 깨끗한 범행을 실천할 수 있다고
말할 수가 있겠습니까?"

佛告曼殊室利童子:"汝觀何義, 欲證無上正等菩提?"曼殊室利白言:"世尊,
我於無上正等菩提尙無住心, 況當欲證? 我於菩提無求趣意. 所以者何? 菩提
卽我, 我卽菩提, 如何求趣?"佛言:"善哉, 善哉. 童子, 汝能巧說甚深義處.
汝於先佛多植善根, 久發大願能依無得, 修行種種淸淨梵行."曼殊室利便白佛
言:"若於諸法有所得者, 可依無得修淨梵行, 我都不見有法可得及無所得. 如
何可言能依無得修淨梵行?"

---

431 무득(無得) : =무소득(無所得). ① ↔ 유소득(有所得). 얻음이 없는 것. 집착이 없는 것.
    얽매임이 없는 것. ②유소득이나 무소득에 치우치지 않고, 둘 다 평등한 중도(中道).
432 범행(梵行) : 범(brahmacara)은 청정(淸淨)·적정(寂靜)의 뜻, 맑고 깨끗한 행실. 정행
    (淨行)과 같음. ①더럽고 추한 음욕을 끊는 것을 범행이라 한다. 곧 범천(梵天)의 행이
    란 말. ②공(空)·유(有)의 양쪽에 치우쳐 물들지 않고, 맑고 깨끗한 자비심으로 중생
    의 고통을 건지고 낙을 주는 보살행을 가리킨다. 일반적으로는 불교 수행자의 바른 행
    위를 가리킨다.

부처님이 문수동자에게 말했다.

"그대는 지금 나의 성문(聲聞)의 덕(德)을 보느냐?"

문수동자가 말했다.

"세존이시여, 저는 봅니다."

부처님이 말했다.

"동자여, 그대는 어떻게 보느냐?"

문수동자가 말했다.

"세존이시여, 지금 저는 모든 성문을 보기를, 중생도 아니고 성자(聖者)도 아니고, 유학(有學)도 아니고 무학(無學)도 아니고, 볼 수 있는 것도 아니고 볼 수 없는 것도 아니고, 보는 자도 아니고 보지 않는 자도 아니고, 많은 것도 아니고 적은 것도 아니고, 작은 것도 아니고 큰 것도 아니고, 이미 조복한 것도 아니고 아직 조복하지 못한 것도 아니게 봅니다. 저는 이와 같이 보되, 이와 같이 본다는 생각이 없습니다."

그때 사리자가 곧 그에게 물었다.

"성문승(聲聞乘)을 이와 같이 본다면, 정등각승(正等覺乘)은 또 어떻게 보느냐?"

문수동자가 말했다.

"대덕(大德)이시여, 저는 지금 보살을 보지도 않고 또 어떠한 보살의 법도 보지 않고, 깨달음을 보지도 않고 또 깨달음으로 향하는 법도 보지 않고 깨달음으로 향하는 수행이 있음도 보지 않고, 깨달음을 얻는 법이 있음도 보지 않고 깨달음을 얻을 수 있는 자가 있음도 보지 않습니다. 저는 이와 같이 정등각승(正等覺乘)을 보지만, 그 속에 보이는 것이 전혀 없다고 말합니다."

佛告曼殊室利童子:"汝今見我聲聞德耶?""世尊, 我見."佛言:"童子, 汝云何見?""世尊, 今我見諸聲聞, 非異生非聖者, 非有學非無學, 非可見非不可見, 非見者非不見者, 非多非少, 非小非大, 非已調伏非未調伏. 我如是見而無見想."時舍利子便問彼言:"於聲聞乘旣如是見, 復云何見正等覺乘?""大德, 我今不見菩薩亦復不見諸菩薩法, 不見菩提亦復不見趣菩提法, 亦不見 有趣菩提行, 亦不見有證菩提法, 不見有能證菩提者. 我如是見正等覺乘, 謂於其中都無所見."

그때 사리자가 다시 그에게 물었다.

"그대는 여래를 어떻게 보느냐?"

문수동자가 말했다.

"대덕이시여, 그만, 그만하십시오. 여래(如來) 대용상왕(大龍象王)[433]

---

433 대용상왕(大龍象王) : 용상(龍象)은 코끼리인데, 뛰어난 불도수행자를 가리키는 말이다. 용상 가운데 왕은 곧 부처님을 가리키는 말이다.

에 대하여 논쟁을 일으키지 마십시오."

사리자가 말했다.
"문수동자여, 부처님이라는 말은 어떤 것의 별명[434]인가?"

문수동자가 말했다.
"지금 대덕에게 묻겠습니다. 나라고 하는 말은 또 어떤 것의 별명입니까?"

사리자가 말했다.
"나라는 것은 단지 방편으로 세운[435] 이름일 뿐이니, 공(空)의 별명이다."

문수동자가 말했다.
"대덕이시여, 마땅히 알아야 합니다. 부처님이라는 별명은 곧 나의 별명이니, 나와 부처님은 모두 필경공(畢竟空)이기 때문입니다. 다만 세간(世間)의 필요에 따라 방편으로 이름을 세운 것입니다. 깨달음이라는 이름 역시 방편으로 세운 것이니 이것을 따라서[436] 참된 깨달음을 구할 수는 없습니다. 깨달음의 모습은 공(空)이어서 나타낼 수 없습니다.

---

434 증어(增語) : ①명칭. 별명. 동의어. 비유어. ②(번역자가) 덧붙인 말.
435 가립(假立) : 임시로 세우다. 일시적 방편으로 세우다.
436 심(尋) : ①깊이 연구하다. 깊이 새겨 보다. 뜻을 잘 생각해 보다. ②따르다.

왜 그럴까요? 이름과 깨달음, 둘 모두 공이기 때문입니다. 이름이 공이기 때문에 언어도 공입니다. 공으로써 공이라는 법을 나타낼 수는 없습니다. 깨달음이 공이기 때문에 부처님 역시 공입니다. 그러므로 부처님이라고 하는 말은 공의 별명입니다.

또 대덕이시여. 부처님이라고 하는 것은 오는 것도 없고 가는 것도 없고, 생기는 것도 없고 사라지는 것도 없고, 깨달을[437] 것도 없고, 성취할 것도 없고, 이름도 없고 모습도 없어서 분별할 수 없고, 말도 없고 설명도 없어서 나타낼 수 없고, 오직 미묘(微妙)한 지혜만이 스스로 내면에서 경험하여 압니다.

모든 여래께서 모든 법을 깨달았다고 하는 것은 끝내 텅 비고 고요함이라는 큰 깨달음을 얻은 것인데, 세간의 필요에 응하여[438] 방편으로 이름을 세운 것입니다. 그러므로 부처님이라고 이름하지만 진실로 있는 것은 아니니, 있음이든 없음이든 얻을 수 없기 때문입니다.

또 대덕이시여. 여래께서 깨달은 미묘한 지혜를 일러 깨달음이라고 하고, 깨달음을 성취하였기 때문에 일러 부처님이라고 합니다만, 깨달음이 공이기 때문에 부처님도 공입니다. 이 까닭에 부처님이라는 이름은 공의 별명인 것입니다."

時舍利子復問彼言: "汝於如來當云何見?" "大德, 止, 止. 勿於如來大龍象王而興言論." "曼殊室利, 所言佛者, 是何增語?" "今問大德. 所言我者, 復何增語?" 舍利子言: "我者但有假立名字, 是空增語." "大德, 當知. 佛之增語卽

---

437 증득(證得): 증거(證據)를 확인하다. 깨닫다. 증험(證驗)하다. 증명(證明)하다.
438 수순(隨順): ①따르다. 순응(順應)하다. ②합당하다.

我增語, 我之與佛俱畢竟空. 但隨世間假立名字. 菩提名字亦是假立, 不可尋此求實菩提. 菩提相空不可表示. 何以故? 名字菩提二俱空故. 名字空故言說亦空. 不可以空表示空法. 菩提空故佛亦是空. 故所言佛是空增語. 復次, 大德. 所言佛者, 無來無去, 無生無滅, 無所證得, 無所成就, 無名無相不可分別, 無言無說不可表示, 唯微妙智自內證知. 謂諸如來覺一切法, 畢竟空寂證大菩提, 隨順世間假立名字. 故稱爲佛非爲實有, 若有若無不可得故. 復次, 大德. 如來所證微妙智慧說名菩提, 成就菩提故名爲佛, 菩提空故佛亦是空. 由此佛名是空增語."

그때 사리자가 부처님께 아뢰었다.

"문수동자가 말한 깊은 법은 초학자(初學者)가 밝게 알 수 있는 것이 아닙니다."

그때 문수동자가 장로 사리자에게 말했다.

"제가 말한 것은 초학자가 알 수 없을 뿐만 아니라, 할 일을 마친 아라한들도 알 수 없습니다. 제가 말한 것을 알기가 어려운 까닭은 무엇일까요?

깨달음의 모습은 의식(意識)되는 것이 아니고, 보이는 것이 아니고, 들리는 것이 아니고, 얻을 수도 없고, 생각할 수도 없고, 생겨나지도 않고, 사라지지도 않아서, 말하여 보일 수도 없고 듣고서 알 수도 없기 때문입니다.

이와 같이 깨달음의 자성과 모습은 텅 비고 고요하니, 여러 보살들조차 아직 잘 알지 못하는데, 하물며 이승(二乘)이 알겠습니까? 깨달음의 자성과 모습조차 얻을 수 없는데, 하물며 깨달음을 실제로 경험하는 자가 있겠습니까?"

時舍利子便白佛言: "曼殊室利所說深法, 非初學者所能了知." 爾時曼殊室利童子卽白具壽舍利子言: "我所說者, 非唯初學不能解了, 所作已辦阿羅漢等亦不能知. 非我所說有能知者, 所以者何? 菩提之相, 非識所識, 無見無聞, 無得無念, 無生無滅, 不可說示, 不可聽受. 如是菩提性相空寂, 諸大菩薩尙未能知, 何況二乘所知解了? 菩提性相尙不可得, 況當有實證菩提者?"

사리자가 말했다.

"문수동자여, 부처님이 어찌 법계를 체험하지[439] 않겠느냐?"

문수동자가 말했다.

"아닙니다, 대덕이시여. 까닭이 무엇일까요? 부처님이 곧 법계이고 법계가 곧 부처님인데, 법계가 다시 법계를 체험할 수는 없습니다.

또 사리자여. 모든 법이 텅 비었다는 말은 법계에 대한 것이고, 이 법계에 부합(符合)한다는 말은 깨달음에 대한 것입니다. 법계와 깨달음은 모두 본성과 모습을 벗어났으니, 이 때문에 모든 법이 텅 비었다고 합니다. 모든 법이 텅 빈 것과 깨달음과 법계는 모두 부처님의

---

439 증(證) : 증명(證明)하다. 밝히다. 깨닫다. 증험(證驗)하다. 체험하다. 체득(體得)하다.
    =증득(證得).

290

경계이니 둘이 없고 다름이 없습니다. 둘이 없고 다름이 없기 때문에 분명하게 알[440] 수가 없습니다. 분명하게 알 수가 없기 때문에 말할 수도 없습니다. 말할 수가 없기 때문에 유위(有爲)·무위(無爲)·있음·없음 등을 펼쳐 놓을 수 없습니다.

또 사리자여. 모든 법의 본성 역시 둘이 없고 다름이 없습니다. 둘이 없고 다름이 없기 때문에 분명하게 알 수가 없습니다. 분명하게 알 수가 없기 때문에 말할 수도 없습니다. 말할 수 없기 때문에 펼쳐 놓을 수 없습니다.

왜 그럴까요? 모든 법의 본성은 전부 있는 것이 아니기 때문에, '여기다.' '저기다.' '이 물건이다.' '저 물건이다.' 하고 펼쳐 놓을 수 없습니다.

舍利子言: "曼殊室利, 佛於法界豈不證耶?" "不也, 大德. 所以者何? 佛卽法界, 法界卽佛, 法界不應還證法界. 又舍利子. 一切法空說爲法界, 卽此法界說爲菩提. 法界菩提俱離性相, 由斯故說一切法空. 一切法空菩提法界, 皆是佛境無二無別. 無二無別故, 不可了知. 不可了知故, 則無言說. 無言說故, 不可施設有爲無爲有非有等. 又舍利子. 一切法性亦無二無別. 無二無別故不可了知. 不可了知故則無言說. 無言說故不可施設. 所以者何? 諸法本性都無所有, 不可施設在此在彼此物彼物.

또 사리자여. 만약 무간업(無間業)[441]을 지으면, 곧 생각으로 헤아릴

---

440 요지(了知) : 확실히 알다. 밝게 깨닫다. 깨달아 알다.
441 오무간업(五無間業) : 오역죄(五逆罪)를 말함. 이 5종의 악업을 지은 이는 반드시 무간

수 없는 것[442]도 짓고 실제(實際)도 지음을 알아야 합니다.

무슨 까닭일까요? 사리자여, 생각으로 헤아릴 수 없는 것과 오무간업은 모두 실제로서 그 본성에는 차별이 없기 때문입니다. 지을 수 있는 실제라는 것은 이미 없고, 그 때문에 무간업과 생각으로 헤아릴 수 없는 것 역시 지을 수 없습니다.

이러한 이치로 말미암아, 무간업을 짓는 자가 지옥에 떨어지는 것이 아니고, 생각으로 헤아릴 수 없는 자가 하늘나라에 태어나는 것이 아니며, 무간업을 짓는 자가 길이길이 삶과 죽음의 바다에 빠져 있는 것이 아니며, 생각으로 헤아릴 수 없는 자가 마침내 열반을 얻을 수 있는 것이 아닙니다.

왜 그럴까요? 사리자여, 생각으로 헤아릴 수 없는 것과 오무간업은 모두 실제에 머물러 그 본성에 차별이 없고, 생기는 것도 아니고 사라지는 것도 아니며, 가는 것도 아니고 오는 것도 아니며, 원인도 아니고 결과도 아니며, 좋은 것도 아니고 나쁜 것도 아니며, 악도(惡道)[443]로 끌려가는 것도 아니고 사람으로나 하늘에 태어나는 것도 아

지옥(無間地獄)에 떨어져 고통을 받는 까닭이다. (1)소승의 5역= ①살부(殺父). ②살모(殺母). ③살아라한(殺阿羅漢). ④파화합승(破和合僧). ⑤출불신혈(出佛身血). 혹은 1과 2를 합하여 1로 하고, 다시 제5에 파갈마승(破羯磨僧)을 더하여 5로 함. (2)대승의 5역= ①탑(塔)·사(寺)를 파괴하고 경상(經像)을 불사르고, 3보의 재물을 훔침. ②삼승법(三乘法)을 비방하고 성교(聖敎)를 가볍고 천하게 여김. ③스님들을 욕하고 부려먹음. ④소승의 5역죄를 범함. ⑤인과(因果)의 도리를 믿지 않고, 악구(惡口)·사음(邪淫) 등의 10불선업(不善業)을 짓는 것.

442 불가사의(不可思議) : 부사의(不思議)라고도 함. 생각하여 헤아릴 수 없음. 깨달음 즉 법계(法界)의 실상(實相)을 가리키는 말.

443 악취(惡趣) : =악도(惡道). 악한 짓이 원인이 되어 태어나는 곳. 업을 지어 윤회하는 길. 지옥·아수라·축생·아귀·인간·천상 등 여섯 가지 윤회의 길. 지옥·아귀·축

니며, 열반을 얻는 것도 아니고 삶과 죽음에 파묻히는 것도 아니기 때문입니다.

까닭이 무엇일까요? 참된 법계는 좋은 것도 아니고 나쁜 것도 아니며, 높은 것도 아니고 낮은 것도 아니며, 앞도 없고 뒤도 없기 때문입니다.

又舍利子. 若造無間, 當知卽造不可思議, 亦造實際. 何以故? 舍利子, 不可思議與五無間, 俱卽實際性無差別. 旣無有能造實際者, 是故無間不可思議, 亦不可造. 由斯理趣, 造無間者, 非墮地獄, 不思議者, 非得生天, 造無間者, 亦非長夜沈淪生死, 不思議者, 亦非究竟能證涅槃. 何以故? 舍利子, 不可思議與五無間, 皆住實際性無差別, 無生無滅, 無去無來, 非因非果, 非善非惡, 非招惡趣非感人天, 非證涅槃非沒生死. 何以故? 以眞法界, 非善非惡, 非高非下, 無前後故.

또 사리자여, 무거운 죄를 범한[444] 비구가 지옥에 떨어지는 것도 아니고, 계율을 깨끗이 잘 지킨 자가 하늘나라에 태어나는 것도 아니며,

---

생을 특히 삼악취(三惡趣)라 하여 악취 중에서도 가장 나쁜 길이라고 한다. 3악취 · 4악취 · 5악취 · 6악취로 분별.

444 범중(犯重) : 무거운 죄를 범하는 것. 소승계(小乘戒)의 사중죄(四重罪)와 대승계(大乘戒)의 십중죄(十重罪)를 범하는 것을 가리킨다. 소승 사중죄란 사음(邪淫) · 절도(竊盜) · 살생(殺生) · 망어(妄語)이고, 대승 십중죄는 소승 사중죄에 술을 파는 것 · 사부대중의 허물을 말하는 것 · 자신을 칭찬하고 남을 비방하는 것 · 베푸는 데에 인색하고 남을 꾸짖고 욕하는 것 · 화를 내면서 참회하지 않는 것 · 불법승(佛法僧) 삼보를 비방하는 것 등 여섯을 더한 것이다.

무거운 죄를 범한 비구가 삶과 죽음에 빠지는 것도 아니고, 계율을 깨끗이 잘 지킨 자가 열반을 얻는 것도 아니며,

무거운 죄를 범한 비구를 욕해야 하는 것도 아니고, 계율을 깨끗이 잘 지킨 자를 칭찬해야 하는 것도 아니며,

무거운 죄를 범한 비구를 경멸해야 하는 것도 아니고, 계율을 깨끗이 잘 지킨 자를 공경해야 하는 것도 아니며,

무거운 죄를 범한 비구와 다투어야 하는 것도 아니고, 계율을 깨끗이 잘 지킨 자와 화합해야 하는 것도 아니며,

무거운 죄를 범한 비구를 멀리해야 하는 것도 아니고, 계율을 깨끗이 잘 지킨 자를 가까이해야 하는 것도 아니며,

무거운 죄를 범하는 비구를 줄여야 하는 것도 아니고, 계율을 깨끗이 잘 지키는 자를 늘려야 하는 것도 아니며,

무거운 죄를 범한 비구를 공양하지 말아야 하는 것도 아니고, 계율을 깨끗이 잘 지킨 자를 반드시 공양해야 하는 것도 아니며,

무거운 죄를 범한 비구가 번뇌를 증가시키는 것도 아니고, 계율을 깨끗이 잘 지키는 자가 번뇌를 감소시키는 것도 아니며,

무거운 죄를 범한 비구가 더러운 것도 아니고, 계율을 깨끗이 잘 지키는 자가 반드시 깨끗한 것도 아니며,

무거운 죄를 범한 비구에게 깨끗한 믿음이 없는 것도 아니고, 계율을 깨끗이 잘 지키는 자에게 깨끗한 믿음이 있는 것도 아니며,

무거운 죄를 범한 비구가 신도의 깨끗한 보시물[445]을 받지 말아야

---

445 신시(信施) : 재가 신자가 불법승(佛法僧) 삼보에게 보시하는 물건.

하는 것도 아니고, 계율을 깨끗이 잘 지키는 자가 신도의 깨끗한 보시물을 반드시 받아야 하는 것도 아닙니다.

왜 그럴까요? 사리자여, 참된 법계 속에서는 지키는 것이나 범하는 것이나 그 본성은 평등하여 차별이 없기 때문입니다. 또 사리자여, 모든 중생의 부류를 일러 화합(和合)한다고 하고, 번뇌가 사라진 비구를 일러 화합하지 않는다고 합니다.”

又舍利子, 犯重苾芻非墮地獄, 淨持戒者非得生天, 犯重苾芻非沈生死, 淨持戒者非證涅槃, 犯重苾芻非應毀訾, 淨持戒者非應讚歎, 犯重苾芻非應輕蔑, 淨持戒者非應恭敬, 犯重苾芻非應乖諍, 淨持戒者非應和合, 犯重苾芻非應遠離, 淨持戒者非應親近, 犯重苾芻非應損減, 淨持戒者非應增益, 犯重苾芻非不應供, 淨持戒者非定應供, 犯重苾芻非增長漏, 淨持戒者非損減漏, 犯重苾芻非不清淨, 淨持戒者非定清淨, 犯重苾芻非無淨信, 淨持戒者非有淨信, 犯重苾芻非不應受淸淨信施, 淨持戒者非定應受淸淨信施. 何以故? 舍利子, 眞法界中若持若犯, 其性平等無差別故. 又舍利子, 諸異生類名和合者, 漏盡苾芻名不和合.”

사리자가 물었다.

“문수사리 동자여, 그대는 어떤 이유에 근거하여 이와 같이 말하느냐?”

문수동자가 말했다.

"대덕이여, 중생은 생겨나는 원인[446]과 합(合)하니 일러 화합한다고 하고, 모든 아라한은 이와 같은 일이 없으니 일러 화합하지 않는다고 합니다. 저는 이러한 이유로 이와 같이 말합니다. 또 사리자여, 모든 중생의 무리를 일러 두려움을 뛰어넘는다고 하고, 번뇌가 사라진 비구를 일러 두려움을 뛰어넘지 않는다고 합니다."

사리자가 물었다.
"문수사리 동자여, 그대는 어떤 이유로 이와 같이 말하느냐?"

문수동자가 말했다.
"대덕이여, 중생은 두려워할 만한 법에 대하여 두려운 마음을 일으키지 않기 때문에 일러 두려움을 뛰어넘는다고 하고, 모든 아라한은 두려워할 만한 법이 진실로 없음을 알아서 뛰어넘어야 할 두려움이 없기 때문입니다. 저는 이러한 이유로 이와 같이 말합니다.
또 사리자여, 모든 중생의 부류는 사라짐이 없는 법인(法忍)[447]을 얻고, 모든 보살의 무리는 생겨남이 없는 법인을 얻습니다."

---

446 생인(生因) : ①결과를 생기게 하는 원인. 사물을 생성시키는 원인. ②변이(變異)의 원인.
447 법인(法忍) : 인(忍)은 인허(忍許)의 뜻. 지금까지 믿기 어렵던 이치를 잘 받아들이고, 의혹이 생기지 않도록 하는 것. 4제(諦)의 이치를 관하여 인가(忍可)하는 것을 법인이라 한다. 이 인허에 의하여 점점 의혹(疑惑)을 여의었을 적에 일어나는 4제의 진리를 비춰 보는 지혜를 법지(法智)라 하니, 법인은 법지를 얻기 전에 일어나는 인가결정(忍可決定)하는 마음.

사리자가 물었다.

"문수사리 동자여, 그대는 어떤 이유로 이와 같이 말하느냐?"

문수동자가 말했다.

"대덕이시여, 중생은 고요히 사라짐을 좋아하지 않기 때문에 일러 사라짐이 없는 법인을 얻었다고 하고, 모든 보살의 무리는 법이 생겨남을 보지 않기 때문에 일러 생겨남이 없는 법인을 얻었다고 합니다. 저는 이러한 이유로 이와 같이 말합니다.

또 사리자여, 모든 중생의 무리를 일러 조복(調伏)하는 자라고 하고, 번뇌가 사라진 비구를 일러 조복하지 않는 자라고 합니다."

"曼殊室利, 汝依何義作如是說?""大德, 異生與生因合, 名和合者, 諸阿羅漢, 無如是義, 名不和合. 我依此義作如是說. 又舍利子, 諸異生類, 名超怖者, 漏盡苾芻, 名不超怖.""曼殊室利, 汝依何義作如是說?""大德, 異生於可怖法, 不生怖畏, 名超怖者, 諸阿羅漢, 知可怖法實無所有, 無怖可超. 我依此義作如是說. 又舍利子, 諸異生類, 得無滅忍, 諸菩薩衆, 得無生忍.""曼殊室利, 汝依何義作如是說?""大德, 異生不樂寂滅, 名得無滅忍, 諸菩薩衆不見法生, 名得無生忍. 我依此義作如是說. 又舍利子, 諸異生類名調伏者, 漏盡苾芻名不調伏."

사리자가 물었다.

"문수사리 동자여, 그대는 어떤 이유로 이와 같이 말하느냐?"

문수동자가 말했다.

"대덕이시여, 중생은 아직 번뇌망상을 조복하지 못했기 때문에 마땅히 번뇌망상을 조복해야 하니 일러 조복하는 자라고 하고, 모든 아라한은 번뇌가 이미 사라져서 다시는 조복할 필요가 없으니 일러 조복하지 않는다고 합니다. 저는 이런 이유로 이와 같이 말합니다.

또 사리자여, 모든 중생의 무리를 일러 열성적인 마음[448]으로 초월을 행하는 자라고 하고, 번뇌가 사라진 비구를 일러 마음이 낮고 천하여 초월을 행하지 않는다고 합니다."

사리자가 물었다.

"문수사리 동자여, 그대는 어떤 이유로 이와 같이 말하느냐?"

문수동자가 말했다.

"대덕이시여, 중생은 그 마음이 세속을 벗어나 있어서[449] 법계에 어긋나게 행하니 일러 열성적인 마음으로 초월을 행하는 자라고 하고, 모든 아라한은 그 마음이 겸손하게 낮아져[450] 있어서 법계에 순응하여 행하니 일러 마음이 낮고 천하여 초월을 행하지 않는다고 합니다. 저는 이러한 이유로 이와 같이 말합니다."

그때 사리자가 문수동자를 칭찬하여 말했다.

---

448 증상심(增上心) : 강력하고 열심인 마음.
449 고거(高擧) : ①높이 들다. 추켜들다. ②세속을 떠나다.
450 겸하(謙下) : 겸손하게 자기를 낮추다. =겸강(謙降).

"훌륭하다, 훌륭하다. 나를 위하여 비밀스러운 말의 뜻을 잘 풀이해 주는구나."

문수동자가 말했다.

"그렇습니다, 그렇습니다. 대덕이시여, 저는 비밀스러운 말의 뜻을 잘 풀 수 있을 뿐만 아니라, 또한 저는 모든 번뇌가 사라진 참된 아라한이기도 합니다. 왜 그럴까요? 저는 성문(聲聞)과 독각(獨覺)을 영원히 좋아하지도 않고 바라지도 않기 때문에 일러 번뇌가 모두 사라진 참된 아라한이라고 하는 것입니다."

"曼殊室利, 汝依何義作如是說?""大德, 異生未調伏故應可調伏, 名調伏者, 諸阿羅漢漏結已盡不復須調, 名不調伏. 我依此義作如是說. 又舍利子, 諸異生類, 名增上心超越行者, 漏盡苾芻, 名心下劣非超越行.""曼殊室利, 汝依何義作如是說?""大德, 異生其心高擧行違法界, 名增上心超越行者, 諸阿羅漢其心謙下行順法界, 名心下劣非超越行. 我依此義作如是說." 時舍利子讚曼殊室利言: "善哉, 善哉. 善能爲我解密語義." 曼殊室利報言: "如是, 如是. 大德, 我非但能解密語義, 我亦卽是一切漏盡眞阿羅漢. 何以故? 我於聲聞獨覺樂欲皆永不起故, 名漏盡眞阿羅漢."

부처님이 문수동자에게 말했다.

"보살이 깨달음의 자리[451]에 앉아서 위없는 바르고 평등한 깨달음

---

451 보리좌(菩提座): =금강보좌(金剛寶座). 깨달음의 자리. 깨달음이 있는 곳. ①석가모니가 깨달음을 이루었을 때에 앉아 있던 자리. 보리수(菩提樹) 아래에 있음. ②번뇌를 끊

을 체험하지[452] 못한다고 말할 수 있는 이유가 있단 말이냐?"[453]

문수동자가 부처님께 아뢰었다.

"세존이시여, 보살이 깨달음의 자리에 앉아서 위없는 바르고 평등한 깨달음을 체험하지 못한다고 말할 수 있는 이유가 있습니다. 깨달음 속에는 위없는 바르고 평등한 깨달음이라고 일컬을 만한 어떤 법도 없기 때문입니다. 참된 깨달음의 본성에는 차별이 없으니, 앉는다고 얻을 수 있는 것이 아니고 앉지 않는다고 곧장 버리는 것도 아닙니다.[454]

이 까닭에 보살이 깨달음의 자리에 앉아서 위없는 바르고 평등한 깨달음을 체험하지 못한다고 말할 수 있는 것입니다. 모습 없는 깨달음은 체험할 수 없기 때문입니다."

문수동자가 다시 부처님께 아뢰었다.

"위없는 깨달음은 곧 오무간업(五無間業)이고, 저 오무간업이 곧 이 깨달음입니다.

까닭이 무엇일까요? 깨달음과 무간업은 모두 방편으로 시설된 것으로서, 깨달음이라는 본성이 진실로 있는 것이 아니며, 체험하여 얻

고 깨달음을 이루어 흔들림 없음을 금강과 같이 단단한 자리라고 하여 이르는 말.

452 증(證) : 증명(證明)하다. 밝히다. 깨닫다. 증험(證驗)하다. 체험하다. 체득(體得)하다. =증득(證得).

453 파(頗) : ―란 말인가? ―하겠느냐? 추측하여 반문하는 뜻의 의문부사 가(可)에 해당.

454 연(然) : ①맞다. 옳다. 그렇다. ②비록. =수(雖), 수연(雖然). ③연후(然後). 이제야 비로소. ④도리어. ⑤발어조사(發語助詞). 뜻은 없음.

을 수 있는 것이 아니며, 닦아 익힐 수 있는 것이 아니며, 나타날 수 있는 것이 아니기 때문입니다. 저 오무간업 역시 그와 같습니다.

또 모든 법의 본성은 결코 나타날 수 없으니, 그 속에는 느끼는 일도 없고 느끼는 자도 없고, 보는 일도 없고 보는 자도 없고, 아는 일도 없고 아는 자도 없고, 분별하는 일도 없고 분별하는 자도 없습니다. 모습을 벗어나 평등하니 일러 깨달음이라고 합니다. 오무간업의 본성 역시 이와 같습니다.

이 까닭에 깨달음은 체험하여 얻을 수 있는 것이 아닙니다. 큰 깨달음을 체험하여 얻고 닦아서 익히고 나타낸다고 한다면, 이것은 증상만(增上慢)[455]입니다."

佛告曼殊室利童子: "頗有因緣, 可說菩薩坐菩提座, 不證無上正等菩提?" 曼殊室利白言: "世尊, 亦有因緣, 可說菩薩坐菩提座, 不證無上正等菩提. 謂菩提中無有少法可名無上正等菩提. 然眞菩提性無差別, 非坐可得不坐便捨. 由此因緣可說菩薩坐菩提座不證菩提. 無相菩提不可證故." 曼殊室利復白佛言: "無上菩提卽五無間, 彼五無間卽此菩提. 所以者何? 菩提無間俱假施設, 非眞實有菩提之性, 非可證得, 非可修習, 非可現見. 彼五無間, 亦復如是. 又一切法本性, 畢竟不可現見, 於中無覺無覺者, 無見無見者, 無知無知者, 無分別無分別者. 離相平等名爲菩提. 五無間性亦復如是. 由此菩提非可證得. 言可證得修習現見大菩提者, 是增上慢."

---

455 증상만(增上慢) : 훌륭한 교법(敎法)과 깨달음을 얻지 못하고서 얻었다고 생각하여 잘난 체하는 거만함. 분별하고 이해하여 개념으로 불법을 아는 사람을 가리킴.

부처님이 문수동자에게 말했다.

"그대는 지금 내가 여래(如來)라고 여기느냐?"

문수동자가 말했다.

"아닙니다, 세존(世尊)이시여. 아닙니다, 선서(善逝)시여. 저는 부처님이 참된 여래라고 여기지 않습니다.

까닭이 무엇일까요? 무릇 여래란 미묘한 지혜를 깨달아서 진여(眞如)를 아는 분입니다. 미묘한 지혜와 진여는 둘 모두 모습을 벗어났습니다. 진여가 모습을 벗어났으니 진여라 할 것이 아니고, 미묘한 지혜도 역시 모습을 벗어났으니 미묘한 지혜라고 할 것이 아닙니다. 이미 미묘한 지혜라고 할 것이 없고 진여라고 할 것이 없으니, 이 까닭에 여래 역시 진실이 아닙니다.

왜 그럴까요? 진여와 미묘한 지혜는 다만 방편으로 시설한 이름일 뿐이기 때문입니다. 여래 역시 그러하여 둘도 아니고 둘 아닌 것도 아닙니다. 이 까닭에 미묘한 지혜와 진여와 여래는 다만 거짓된 이름으로 있을 뿐, 하나의 진실도 없기 때문에 부처님이 참된 여래라고 여기지 않습니다."

부처님이 문수동자에게 말했다.

"그대는 여래에 대하여 의혹(疑惑)을 가진 것이 아니냐?"

문수동자가 말했다.

"아닙니다, 세존이시여. 아닙니다, 선서시여. 무슨 까닭일까요? 저는 여래를 참으로 얻을 수 없다고 봅니다. 생겨남이 없고 사라짐이 없기 때문에 의혹도 없습니다."

佛告曼殊室利童子：“汝今謂我是如來耶？”“不也, 世尊. 不也, 善逝. 我不謂佛是實如來. 所以者何？ 夫如來者以微妙智證會眞如. 妙智眞如二俱離相. 眞如離相非謂眞如, 妙智亦然非謂妙智. 旣無妙智及無眞如, 是故如來亦非眞實. 何以故？ 眞如妙智但假施設. 如來亦爾非二不二. 是故妙智眞如如來, 但有假名而無一實故, 不謂佛是實如來.”佛告曼殊室利童子：“汝非疑惑於如來耶？”“不也, 世尊. 不也, 善逝. 何以故？ 我觀如來實不可得. 無生無滅故無所疑.”

부처님이 문수동자에게 말했다.
"여래가 어찌 세간에 나타나지 않는단 말이냐?"

문수동자가 말했다.
"아닙니다, 세존이시여. 아닙니다, 선서시여. 만약 참된 법계가 세간(世間)에 나타난다면 여래도 세간에 나타난다고 말할 수 있겠지만, 참된 법계가 세간에 나타나는 것이 아니기 때문에 여래 역시 나타나지 않습니다."

부처님이 말했다.

"문수사리여, 그대는 갠지스 강에 있는 모래알[456]의 숫자만큼 많은 모든 부처님이 열반에 들어갔다고 여기느냐?"

문수동자가 말했다.
"세존이시여, 모든 부처님이신 여래가 생각으로 헤아릴 수 없는 하나의 경계의 모습과 어찌 같지 않겠습니까?"

부처님이 말했다.
"문수사리여, 그렇다, 그렇다. 그대가 말한 바와 같이 모든 부처님이신 여래는 생각으로 헤아릴 수 없는 하나의 경계의 모습과 같다."

문수동자는 다시 부처님께 아뢰었다.
"지금 부처님인 세존께서 세간에 나타나 머물러 계십니까?"

부처님이 말했다.
"그렇다."

문수동자는 곧 부처님께 아뢰었다.
"만약 부처님인 세존께서 세간에 나타나 머물러 계신다면, 갠지스 강의 모래알만큼 많은 온갖 부처님인 세존께서도 역시 세간에 나타나 머물러 계셔야 합니다.

---

456 긍가사(兢伽沙) : 항하사(恒河沙)와 같음. 강바닥의 모래알만큼 헤아릴 수 없이 많은 수.

왜 그럴까요? 모든 여래는 생각으로 헤아릴 수 없는 하나의 경계의 모습과 같기 때문입니다. 생각으로 헤아릴 수 없는 모습에는 생겨남도 없고 사라짐도 없는데, 어떻게 모든 부처님이 열반에 들어가는 일이 있겠습니까?

이 까닭에 세존이시여, 만약 미래에 부처님이 세간에 나타난다면 모든 여래도 전부 세간에 나타날 것이고, 만약 과거에 부처님이 열반에 들었다면 모든 여래도 전부 열반에 들었을 것이고, 만약 현재에 부처님이 나타나 깨달음을 얻는다면 모든 여래도 전부 나타나 깨달음을 얻어야 할 것입니다.

무슨 까닭일까요? 생각으로 헤아릴 수 없는 곳에서는 과거·미래·현재에 있는 모든 부처님들에게 차별이 없기 때문입니다.

그러나 세간에서는 모두 여러 가지 희론(戲論)457에 어리석게458 집착하여 부처님인 세존이 생겨나기도 하고 사라지기도 하고 깨달음을 얻기도 한다고 말합니다."

佛告曼殊室利童子: "如來豈不出現世間?" "不也, 世尊. 不也, 善逝. 若眞法界出現世間, 可言如來出現於世, 非眞法界出現世間, 是故如來亦不出現." "曼殊室利, 汝謂殑伽沙數諸佛入涅槃不?" "世尊, 豈不諸佛如來同不思議一境

___

457 희론(戲論): 희롱(戲弄)의 담론(談論). 부질없이 희롱하는, 아무 뜻도 이익도 없는 말. 여기에는 사물에 집착하는 미혹한 마음으로 하는 여러 가지 옳지 못한 언론인 애론(愛論)과, 여러 가지 치우친 소견으로 하는 의론인 견론(見論)의 2종이 있다. 둔근인(鈍根人)은 애론, 이근인(利根人)은 견론, 재가인(在家人)은 애론, 출가인(出家人)은 견론, 천마(天魔)는 애론, 외도(外道)는 견론, 범부(凡夫)는 애론, 2승(乘)은 견론을 고집함.

458 미류(迷謬): 헤매면서 그릇되다. 어리석다.

界相?"“曼殊室利, 如是如是. 如汝所說, 諸佛如來同不思議一境界相.”曼殊
室利復白佛言: “今佛世尊現住世不?” 佛言: “如是.” 曼殊室利便白佛言: “若
佛世尊現住世者, 殑伽沙等諸佛世尊亦應住世. 何以故? 一切如來同不思議一
境相故. 不思議相無生無滅, 如何諸佛有入涅槃? 是故, 世尊, 若未來佛當有出
世, 一切如來皆當出世, 若過去佛已入涅槃, 一切如來皆已滅度, 若現在佛現證
菩提, 一切如來皆應現證. 何以故? 不思議中去來現在, 所有諸佛無差別故. 然
諸世間迷謬執著種種戲論, 謂佛世尊有生有滅有證菩提.”

부처님이 문수동자에게 말했다.

"그대가 말하는 법은 오직 여래와 불퇴전(不退轉)[459]의 보살과 대아
라한만이 알 수 있는 것이고, 그 나머지는 알 수 없는 것이다.

까닭이 무엇인가? 오직 여래와 불퇴전의 보살과 대아라한들만이
이러한 깊은 법문(法門)을 듣고서 진실에 알맞게[460] 철저히 깨달아서[461]
칭찬하지도 않고 비방하지도 않으니, 마음도 얻을 수 없고 마음 아님
도 얻을 수 없음을 알기 때문이다.

왜 그러한가? 모든 법의 본성은 전부 평등하여 마음과 마음 아님
을 모두 얻을 수 없으니, 이 까닭에 법을 칭찬하지도 않고 비방하지
도 않는 것이다."

---

459 불퇴전(不退轉) : 물러나지 않음. 수행의 계위(階位)에서 믿음의 확립이나 법안(法眼)
    의 획득 등의 단계에 이르면 물러나서 악도에 떨어진다거나 이승지(二乘地)로 떨어진
    다거나 깨달아 얻은 법을 다시 잃게 된다거나 하는 일이 결코 없게 되는 것이다.
460 여실(如實) : ①진실한 도리에 들어맞는 것. 깨달음을 얻어 법의 참 모습을 보는 것. ②
    진여(眞如)의 다른 이름.
461 요달(了達) : 철저히 깨닫다. 통달하다.

문수동자가 곧 부처님께 아뢰었다.

"이러한 깊은 법을 누가 칭찬하거나 비방하겠습니까?"

佛告曼殊室利童子: "汝所說法, 唯有如來不退菩薩大阿羅漢所能解了, 餘不能知. 何以故? 唯如來等聞是深法, 如實了達不讚不毀, 知心非心不可得故. 所以者何? 一切法性皆悉平等, 心及非心俱不可得, 由此於法無讚無毀." 曼殊室利卽白佛言: "於是深法, 誰當讚毀?"

부처님이 말했다.

"동자여, 어리석은 중생들의 이와 같은 마음은 참된 마음의 본성 [462]이 아니므로 생각으로 헤아릴 수 없는 부처님의 마음의 본성과 같다."

문수동자가 다시 부처님께 아뢰었다.

"어리석은 중생의 마음은 마음의 본성이 아니므로 생각으로 헤아릴 수 없는 부처님의 마음의 본성과 같습니까?"

부처님이 문수동자에게 말했다.

"그렇다, 그렇다. 그대가 말한 바와 같다. 왜 그런가? 부처님과 중생의 마음과 모든 법은 전부 평등하여 생각으로 헤아릴 수 없기 때문이다."

---

462 심성(心性): 마음의 본성. 마음의 참된 모습. 자성(自性), 본성(本性)과 같은 말.

문수동자가 다시 부처님께 아뢰었다.

"부처님과 중생의 마음과 모든 법이 만약 전부 평등하여 생각으로 헤아릴 수 없다면, 지금 모든 성현(聖賢)이 열반을 구하여 부지런히 수행하고 정진(精進)하는 것이 어찌 쓸데없는[463] 일이 아니겠습니까?

까닭이 무엇일까요? 생각으로 헤아릴 수 없는 본성과 열반의 본성에 이미 차별이 없는데, 무엇 때문에 다시 구할 필요가 있겠습니까?

만약 중생의 법과 성인(聖人)[464]의 법에 차별되는 모습이 있다고 말한다면, 그 사람은 아직 참되고 깨끗한 선지식(善知識)[465]을 만난 적이 없음을 알아야 합니다. 이와 같이 말하여 모든 중생들로 하여금 두 법이 다르다고 집착하게끔 한다면, 삶과 죽음에 빠뜨려서 열반을 얻지 못하게 할 것입니다."

佛言:"童子, 愚夫異生彼如是心非實心性, 同佛心性不可思議." 曼殊室利復白佛言:"愚夫異生心非心性, 同佛心性不思議耶?"佛告曼殊室利童子:"如是如是. 如汝所說. 何以故? 佛有情心及一切法, 皆悉平等不思議故." 曼殊室利復白佛言:"佛有情心及一切法, 若皆平等不可思議, 今諸聖賢求涅槃者, 勤行精進豈不唐捐? 所以者何? 不思議性與涅槃性, 旣無差別, 何用更求? 若有說言此異生法此聖者法有差別相, 當知彼人未曾親近眞淨善友. 作如是說令諸有情執二法異, 沈淪生死不得涅槃."

---

463 당연(唐捐): 헛되다. 쓸데없다.

464 성인(聖人): 범부인 중생을 벗어난 부처를 가리키는 말.

465 선우(善友) =선지식(善知識). 도반(道伴). 함께 공부하는 동료.

부처님이 문수동자에게 말했다.

"그대는 여래가 중생의 부류 가운데 가장 뛰어나기를 바라느냐?"

문수동자가 말했다.

"세존이시여, 만약 진실로 중생이 있다면, 저는 여래가 그 가운데 가장 뛰어나기를 바랄 것입니다. 그러나 중생의 부류는 진실로 없습니다."

부처님이 문수동자에게 말했다.

"그대는 부처가 생각으로 헤아릴 수 없는 법을 성취하기를 바라느냐?"

문수동자가 말했다.

"세존이시여, 만약 참으로 성취할 수 있는, 생각으로 헤아릴 수 없는 법이 있다면, 저는 여래께서 그 법을 성취하시기를 바랄 것입니다. 그러나 그런 법은 없습니다."

부처님이 문수동자에게 말했다.

"그대는 여래가 법을 말하여 제자들을 조복(調伏)[466]시키기를 바라느냐?"

---

466 조복(調伏) : 깨달음으로 얻는 반야의 힘에 의하여 몸·입·뜻이 조화(調和)하여 이것들로 짓는 3업(業)이 사라져서 모든 악행(惡行)을 굴복시키는 것.

문수동자가 말했다.

"세존이시여, 만약 법을 말하여 진여법계(眞如法界)를 조복시키는 일이 있다면, 저는 여래께서 법을 말하여 제자들을 조복시키기를 바랄 것입니다. 그러나 부처님이신 세존께서 세간에 나타나시더라도 중생의 무리들에게 전혀 은덕(恩德)이 없습니다.

까닭이 무엇일까요? 모든 중생의 무리들은 전부 잡다(雜多)함이 없는 진여법계에 머물러 있기 때문입니다. 이 법계 속에서 중생이든 성인이든 말할 수도 없고 들을 수도 없습니다."

佛告曼殊室利童子:"汝願如來於有情類最爲勝不?""世尊, 若有眞實有情, 我願如來於彼最勝. 然有情類實不可得."佛告曼殊室利童子:"汝願佛成就不思議法耶?""世尊, 若有不思議法實可成就, 我願如來成就彼法. 然無是事." 佛告曼殊室利童子:"汝願如來說法調伏弟子衆不?""世尊, 若有說法調伏眞如法界, 我願如來說法調伏諸弟子衆. 然佛世尊出現於世, 於有情類都無恩德. 所以者何? 諸有情類皆住無雜眞如法界. 於此界中異生聖者, 能說能受俱不可得."

부처님이 문수동자에게 말했다.

"그대는 여래가 세간에서 최상의 참된 복밭[467]이기를 바라느냐?"

---

467 복전(福田) : 복의 씨앗을 뿌린 밭. 여래나 비구 등 공양을 받을 만한 안목이 있는 이에게 공양하면 복이 되는 것이, 마치 농부가 밭에 씨를 뿌려 다음에 수확하는 것과 같으므로 복전이라 한다. 보시(布施)하고 신봉하는 것에 의해 행복을 가져온다고 하는 대상. 부처님이나 법 또는 교단. 부처님ㆍ승려 또는 삼보를 가리킴. 이것을 존중하고 공양하는 것이 행복을 낳는다는 뜻으로 밭에 비유되었음. 복덕을 생성하고 복덕을 주는

문수동자가 아뢰었다.

"세존이시여, 만약 온갖 복밭이 참으로 있다면, 저 역시 부처님께서 그 가운데 최상이기를 바랄 것입니다. 그러나 어떤 복밭도 진실로 있을 수 없습니다. 이 까닭에 모든 부처님은 전부 복밭도 아니고 복밭이 아닌 것도 아니니, 복과 복 아닌 것과 모든 법의 본성은 평등하기 때문입니다.

그러나 세간의 밭은 다함 없을 수 있는 것이니 세간에서 동시에 말하기를 그 이름을 최상의 밭이라고 하고, 모든 부처님이신 세존께선 다함 없는 복을 얻으셨다고 합니다. 이 까닭에 최상의 복밭이라고 말할 수 있습니다.

또 세간의 밭은 변화가 없는 것이니 세간에서 동시에 말하기를 그 이름을 최상의 밭이라 하고, 모든 부처님이신 세존께서 변함없는 복을 얻으셨다고 합니다. 이 까닭에 최상의 복밭이라고 말할 수 있습니다.

또 세간의 밭은 쓰일 뿐 생각하지는 못하는 것이니 세간에서 동시에 말하기를 그 이름을 최상의 밭이라 하고, 모든 부처님이신 세존께서 생각할 수 없는 복을 얻으셨다고 합니다. 이 까닭에 최상의 복밭이라고 말할 수 있습니다.

모든 부처님의 복밭이 비록 참으로 최상이긴 하지만, 심은 복은 줄어들지도 않고 늘어나지도 않습니다."

사람.

311

佛告曼殊室利童子：“汝願如來是世無上眞福田不?”曼殊室利白言：“世尊，
若諸福田是實有者，我亦願佛於彼無上．然諸福田實不可得．是故諸佛皆非福
田非非福田，以福非福及一切法性平等故．然世間田能無盡者，世共說彼名無
上田，諸佛世尊證無盡福．是故可說無上福田．又世間田無轉變者，世共說彼名
無上田，諸佛世尊證無變福．是故可說無上福田．又世間田用難思者，世共說彼
名無上田，諸佛世尊證難思福．是故可說無上福田，諸佛福田雖實無上，而植福
者無減無增．”

부처님이 문수동자에게 말했다.
"그대는 어떤 이유에 근거하여 이와 같이 말하느냐?"

문수동자가 아뢰었다.
"세존이시여, 부처님의 복밭의 모습은 생각으로 헤아릴 수 없습니
다. 만약 그 속에 복의 씨앗을 심는다면, 곧 평등한 법의 본성을 밝힐
수 있을 것입니다. 어떤 법도 줄어들지도 않고 늘어나지도 않는다는
사실에 통달하기 때문에, 부처님의 복밭이 더없이 가장 뛰어난 것입
니다."

그때 땅바닥이 부처님의 신통한 힘과 법의 힘으로 여섯 번[468] 바뀌
었다. 그때 대중 속에 16억 명의 대비구 무리가 있었는데, 모든 번뇌

---

468 반(返)：(양사(量詞)) 번. 회(回). 차(次).
469 오바삭가(鄔波索迦)：upāsaka. 7중(衆)의 하나. 오바삭가(烏波索迦)·우바새(優婆塞)·
　　우바사가(優波娑迦)라고도 음역. 근사남(近事男)·근선남(近善男)·근숙남(近宿男)·

가 영원히 사라지고 마음이 해탈을 얻었다. 7백 명의 비구니와 3천 명의 남신도[469]와 4만 명의 여신도[470]와 60구지[471] 나유타[472]의 욕계(欲界)의 천중(天衆)[473]이 번뇌를 멀리하고 망상을 벗어나 깨끗한 법의 눈을 얻었다.

　그때 아난다는 곧 자리에서 일어나 부처님의 발에 머리를 조아리고 오른쪽 소매를 벗고서[474] 오른쪽 무릎을 땅에 대고[475] 합장하여 공경하고서 부처님께 아뢰었다.
　"세존이시여, 어떤 원인[476] 때문에 지금 이 땅바닥이 여섯 번 바뀌

　　　청신사(淸信士)라 번역. 속가(俗家)에 있으면서 부처님을 믿는 남자. 착한 일을 하고
　　　선사(善士)를 섬기고 3귀계(歸戒)를 받고, 5계를 지니는 사람.
469　오바시가(鄔波斯迦) : upāsika. 우바사(優婆斯)·우바이(優婆夷)라 음역. 근사녀(近事女)·근선녀(近善女)·청신녀(淸信女)라 번역. 속가에 있으면서 불교를 믿는 여자. 착한 일을 행하고 비구니에 친근승사(親近承事)하고 삼귀계(三歸戒)를 받고, 5계를 지키는 여자.
471　구지(俱胝) : koṭi. 수(數)의 단위로 10의 7승(乘). 십만, 천만, 혹은 억(億), 만억(萬億), 혹은 경(京)이라 함.
472　나유타(那庾多) : nayuta. 인도에서 아주 많은 수를 표시하는 수량의 이름. 아유다(ayuta, 阿由多, 阿諛多)의 백 배. 수천만 혹은 천억·만억이라고도 하여 한결같지 않다.
473　천중(天衆) : 욕계·색계 등의 하늘에 살고 있는 중생들. 수없이 많은 천인(天人)들.
474　편단우견(偏袒右肩) : 오른쪽 소매를 벗어서 오른 어깨를 드러내는 것. 인도 예법의 하나. 이것은 자진하여 시중을 들겠다는 의미임.
475　우슬착지(右膝着地) : 인도의 예법. 존경하는 뜻을 표할 때 오른 무릎을 땅에 대고 예배하는 모양.
476　인연(因緣) : 결과를 내는 직접 원인은 인(因), 결과를 내는 데 도움이 되는 간접 원인은 연(緣). 쌀과 보리는 그 종자를 인으로 하고, 노력(勞力)·우로(雨露)·비료(肥料) 등을 연으로 하여 생긴다. 인연이란 일이 이루어짐에 개별적 실재성은 없고 상호 관계되어 나타나는 상대적인 것들을 가리킴. 연기(緣起)는 인연에 의하여 나타남.

었습니까?"

그때 부처님이 아난다에게 말했다.

"문수사리 동자가 복밭의 모습을 말했기 때문이다. 내가 지금 그 말을 인정했기 때문에 이러한 상서로움이 나타난 것이다. 과거의 모든 부처님 역시 이곳에서 복밭의 모습을 말씀하셔서 땅바닥을 움직이도록 하셨기 때문에 지금 이와 같은 일을 나타낸 것이다."

대반야바라밀다경 제574권

佛告曼殊室利童子: "汝依何義, 作如是說?" 曼殊室利白言: "世尊, 佛福田相不可思議. 若有於中而植福者, 卽便能了平等法性. 達一切法無減無增故, 佛福田最爲無上." 爾時大地, 以佛世尊神力法力, 六返變動. 時衆會中有十六億大苾芻衆, 諸漏永盡心得解脫. 七百苾芻尼, 三千鄔波索迦, 四萬鄔波斯迦, 六十俱胝那庾多數欲界天衆, 遠塵離垢生淨法眼. 時阿難陀卽從座起頂禮佛足, 偏覆左肩右膝著地, 合掌恭敬白言: "世尊, 何因何緣, 今此大地六返變動?" 爾時佛告阿難陀言: "由妙吉祥說福田相. 我今印許故現斯瑞. 過去諸佛亦於此處說福田相, 令大地動故, 於今時現如是事."

大般若波羅蜜多經卷第五百七十四

대반야바라밀다경 만수실리분 -2
大般若波羅蜜多經 曼殊室利分

삼장법사 현장 한역

三藏法師 玄奘 漢譯

김태완 역주

그때 사리자가 부처님께 아뢰었다.

"세존이시여, 문수동자는 생각으로 헤아릴 수 없습니다. 왜 그럴까요? 문수동자가 말하는 법의 모습이 생각으로 헤아릴 수 없기 때문입니다."

부처님이 문수동자에게 말했다.

"네가 말하는 것은 참으로 생각으로 헤아리기가 어렵구나. 장로 사리자의 말이 딱 맞다."

문수동자가 부처님께 아뢰었다.

"제가 말하는 법은 생각으로 헤아릴 수 있다고도 말할 수 없고 생각으로 헤아릴 수 없다고도 말할 수 없습니다.

까닭이 무엇일까요? 생각으로 헤아릴 수 없는 자성(自性)과 생각으로 헤아릴 수 있는 자성이 모두 있지 않고 단지 음성(音聲)만 있을 뿐이기 때문입니다. 모든 음성 역시 생각으로 헤아릴 수 없는 자성과 생각으로 헤아릴 수 있는 자성을 말할 수 없으니, 모든 법의 자성을 벗어났기 때문입니다. 이렇게 말하는 것을 일러 생각으로 헤아릴 수 없다고 합니다."

爾時舍利子白佛言:"世尊, 曼殊室利不可思議. 所以者何? 曼殊室利所說法

相不可思議." 佛告曼殊室利童子:"汝之所說實難思議, 誠如具壽舍利子說."

曼殊室利卽白佛言:"我所說法, 不可說可思議, 亦不可說不可思議. 所以者何?

不可思議可思議性, 俱無所有但有音聲. 一切音聲亦不可說不可思議可思議性,

以一切法自性離故. 作是說者乃名爲說不可思議."

부처님이 문수동자에게 말했다.

"너는 지금 생각으로 헤아릴 수 없는 삼매(三昧)[477]에 들어감을 나타

내고 있느냐?"

문수동자가 아뢰었다.

"세존이시여, 저는 이 삼매에 들어감을 나타내고 있지 않습니다.

까닭이 무엇일까요? 저는 이 삼매의 자성을, 저 자신과 이 삼매를

생각할 수 있는 마음이 없는 것과 같다고 여기기 때문입니다.[478] 생각

으로 헤아릴 수 없는 삼매라는 것에는 마음의 자성으로도 마음 아닌

것의 자성으로도 모두 들어갈 수 없는데, 어떻게 이 삼매에 제가 들

어간다고 말할 수 있겠습니까?

---

477 삼매(三昧) : samādhi. 삼마제(三摩提 · 三摩帝) · 삼마지(三摩地)라 음역. 정(定) · 등지
(等持) · 정수(正受) · 조직정(調直定) · 정심행처(正心行處)라 번역. 산란한 마음을 안정
(安定)시켜 흔들리지 않게 하여 망념(妄念)에서 벗어나는 것.

478 "我都不見此三摩地性異於我不見有心能思惟我及此定故."를 직역하면, "저는 이 삼매의
자성이 제가 저 자신과 이 삼매를 생각할 수 있는 마음이 있다고 보지 않는 것과 다르다
고 전혀 여기지 않기 때문입니다."인데, 문장이 복잡하여 좀 더 이해하기 쉽게 단순화하
여 번역했다. 이 말의 요점은 "이 삼매의 자성은 생각할 수 있는 마음이 없는 것과 같습
니다."라고 할 수 있다.

또 세존이시여. 제가 옛날 처음 이 삼매에 일부러[479] 즉각[480] 들어가는 것을 배운 것은 지금 다시 이 삼매에 일부러 즉각 들어가는 것과는 다릅니다.[481] 마치 활을 잘 쏘는 사람이 처음 활쏘기를 배울 때에는 커다란 과녁에 마음을 집중하고[482] 나서 화살을 쏘지만, 오랫동안 연습하여 털끝도 쏘아 맞힐 수 있게 되면 다시는 저 커다란 과녁에 마음을 집중하지 않고 쏘고 싶은 대로 쏘아도 곧장 들어맞는 것과 같습니다.

그와 같이 제가 예전에 처음 삼매의 지위를 배울 때에는 먼저 생각으로 헤아릴 수 없음에 생각을 매어 둘[483] 필요가 있었습니다만, 그 뒤 이 삼매에 즉각 들어갈 수 있게 되어 오랫동안 익히자 이 삼매 속에서 다시는 마음을 집중하지 않고도 인연(因緣)을 따라 저절로[484] 이 삼매에 머물 수 있었습니다.

까닭이 무엇일까요? 저는 온갖 삼매에 이미 익숙해졌으니[485] 인연을 따라 자연스럽게 들어가고 나가면서 다시는 일부러 행할 필요가

---

479 작의(作意) : ①주의하다. 조심하다. ②일부러. 고의로. 특별히. ③『구사론』 대지법(大地法)의 하나. 『유식론』 5변행(遍行)의 하나. 선(善)·불선(不善)·무기(無記)의 일체 심왕(心王)에 따라 일어나는 마음의 작용. 마음을 일깨워 바깥 대상을 향하여 발동케 하는 정신 작용.

480 현(現) : ①지금. 현재. ②즉시. 당장. 그 자리에서. ③나타내다.

481 비(非) : ①어긋나다. 위배되다. ②변하다. 바뀌다. ③아니다. ④—만 못하다. 비교할 수 없다. ⑤있지 않다. 존재하지 않다. ⑥어찌 —이 아니겠는가?

482 주심(注心) : 마음을 쏟다. 전념(專念)하다. 마음을 집중하다.

483 계념(繫念) : ①생각을 한곳에 집중하다. 전념(專念)하다. ②근심하다. 걱정하다.

484 임운(任運) : 운(運)에 맡기다. 되는 대로 따라가다. 무공용(無功用). 무위(無爲). 자연스럽게.

485 선교(善巧) : 뛰어나고 교묘하다. 솜씨가 훌륭하다. 능숙하다.

없었기 때문입니다."

佛告曼殊室利童子:"汝今現入不可思議三摩地耶?" 曼殊室利白言:"世尊,
我不現入此三摩地. 所以者何? 我都不見此三摩地性異於我不見有心能思惟我
及此定故. 不可思議三摩地者, 心非心性俱不能入, 云何可言我入此定? 復次,
世尊. 我昔初學作意現入此三摩地, 非於今時復更作意現入此定. 如善射夫初
學射業, 注心臠的方乃發箭, 久習成就能射毛端, 不復注心在彼臠的, 隨所欲
射發箭便中. 如是我先初學定位要先繫念在不思議, 然後乃能現入此定, 久習
成就於此定中不復繫心任運能住. 所以者何? 我於諸定已得善巧, 任運入出不
復作意."

그때 사리자가 곧 부처님께 아뢰었다.
"이 문수동자를 보니 아직 확실히 믿을 수가 없습니다. 왜 그럴까
요? 이 삼매 속에서 늘 머무는 것은 아닌 것 같기 때문입니다. 그러
나 이 삼매만큼 미묘(微妙)하고 고요한 다른 삼매는 없습니다."

문수동자가 곧 장로 사리자에게 아뢰었다.
"대덕(大德)이시여, 이 삼매처럼 고요한 다른 삼매가 달리 없음을
어찌[486] 아십니까?"

사리자가 말했다.

---

486 녕(寧) : 어찌 —랴? 설마 —이겠는가?

"이 삼매처럼 고요한 삼매가 또 어찌 있겠느냐?"

문수동자가 답했다.
"대덕이시여, 만약 이 삼매를 얻을 수 있다면 이 삼매만큼 고요한 다른 삼매를 말할 수 있겠지만, 그러나 이 삼매는 얻을 수가 없습니다."

사리자가 말했다.
"문수동자여, 어찌하여 지금 이 삼매를 얻을 수 없느냐?"

문수동자가 말했다.
"대덕이시여, 이 삼매는 진실로 얻을 수 없습니다.
까닭이 무엇일까요? 생각으로 헤아릴 수 있는 모든 삼매는 얻을 수 있는 모습이 있겠지만, 생각으로 헤아릴 수 없는 모든 삼매는 얻을 수 있는 모습이 없기 때문입니다. 이 삼매는 이미 생각으로 헤아릴 수 없다고 하였기 때문에, 진실로 얻을 수 없는 것이어야 합니다.
또 사리자시여, 생각으로 헤아릴 수 없는 삼매는 어떤 중생도 얻지 못한 자가 없습니다.
왜 그럴까요? 모든 마음의 본성[487]은 전부 마음의 본성(이라는 분별)을 벗어났는데, 마음의 본성(이라는 분별)에서 벗어났다면 모두가 생각으로 헤아릴 수 없는 삼매라고 일컫기 때문입니다. 그러므로 중생의

---

487 심성(心性) : 마음의 본성. 마음의 참된 모습. 자성(自性), 본성(本性)과 같은 말.

부류라면 이 삼매를 얻지 않은 자가 없습니다."[488]

時舍利子便白佛言：“觀此曼殊室利童子, 未可保信. 所以者何? 於此定中似
不恒住. 然無餘定微妙寂靜同此定者.”曼殊室利便白具壽舍利子言：“大德, 寧
知更無餘定寂靜同此?”舍利子言：“豈更有定寂靜同此?”曼殊室利報言：“大
德, 若此可得, 可言餘定寂靜同此, 然不可得.”舍利子言：“曼殊室利, 豈今此
定亦不可得?”“大德, 此定實不可得. 所以者何? 謂一切定可思議者有相可得,
不思議者無相可得. 此定既曰不可思議, 是故定應實不可得. 又舍利子, 不思議
定一切有情無不得者. 所以者何? 一切心性皆離心性, 離心性者皆卽名爲不思
議定. 故有情類無不得者.”

부처님이 문수동자를 칭찬하였다.

"좋구나, 좋구나. 문수동자여, 너는 과거에 헤아릴 수 없이 많은 부
처님이 계신 곳에서 선근(善根)을 많이 심어서 오랫동안 큰 서원을 내
었고, 닦은 범행(梵行)은 모두 얻음 없음에 의지하였으니 말하는 것마
다 모두 깊고 깊은 뜻을 말하는구나. 문수동자여, 너는 어찌하여 깊
은 반야바라밀다에 머물지 않고도 언제나 깊고 깊은 뜻을 말할 수 있

---

488 양(梁) 부남국(扶南國) 삼장(三藏) 승가바라(僧伽婆羅)가 번역한 『문수사리소설반야바
    라밀경(文殊師利所說般若波羅蜜經)』에는 이 부분이 다음과 같이 번역되어 있다 : "또 대
    덕 사리불이시여. 이 삼매를 얻지 않은 중생이 없으니, 모든 중생은 전부 이 선정을 얻
    었습니다. 무슨 까닭일까요? 모든 중생의 마음에는 마음이 없기 때문이니, 그렇게 마
    음 없음이 곧 이 삼매이기 때문입니다. 그러므로 모든 중생은 전부 이 삼매를 얻었습니
    다."("復次, 大德舍利弗. 無有衆生不得此定者, 一切衆生皆得此定. 何以故? 一切諸心無
    心故, 彼無心性卽是此定. 是故一切衆生皆得此定.")

322

는 것이냐?"

문수동자가 부처님께 아뢰었다.

"만약 제가 깊은 반야바라밀다에 머물기 때문에 이와 같이 말할 수 있다면, 곧 '나'라는 생각에 머물고 또 '있다'라는 생각에 머물러도 이와 같이 말할 수 있을 것입니다. 만약 제가 '나'라는 생각에 머물고 또 '있다'라는 생각에 머물러 이와 같이 말할 수 있다면, 저는 깊은 반야바라밀다에도 역시 머물 것입니다. 만약 제가 깊은 반야바라밀다에 머물 수 있다면, 저는 깊은 반야바라밀다뿐만 아니라 또한 '나'라는 생각과 '있다'라는 생각도 머물 곳으로 여길 것입니다.

그러나 깊은 반야바라밀다는 이 두 생각을 멀리 벗어나 머묾 없음에 머물러 있습니다. 마치 모든 부처님이 미묘한 고요함에 머물러, 일어남도 없고 만듦도 없고 움직임도 없고 옮겨감도 없음을 머묾으로 여기는 것처럼, 깊은 반야바라밀다는 있음에도 머물지 않고 없음에도 머물지 않습니다. 그러므로 이렇게 헤아릴 수 없음에 머무는 깊은 반야바라밀다는 모든 법에서 전혀 나타나지[489] 않습니다.

佛讚曼殊室利童子:"善哉善哉. 曼殊室利, 汝於過去無量佛所, 多植善根, 久發大願, 所修梵行皆依無得, 發言皆說甚深義處. 曼殊室利, 汝豈不以住深

---

489 현행(現行) : ①현재 드러나 행해지는 것. 현재 드러나 작용하는 것. ②유식(唯識)의 용어. 제8아뢰야식이 갖추고 있는 종자에서 현상세계의 사물이 나타나는 것. ③종자에서 생겨 나타나는 번뇌장(煩惱障)과 소지장(所知障). ④감각과 지각의 대상으로 나타난 것. 육식(六識)의 대상.

般若波羅蜜多, 能一切時說甚深義?" 曼殊室利卽白佛言: "若我由住甚深般若波羅蜜多能如是說, 便住我想及住有想能如是說. 若住我想及住有想能如是說, 則深般若波羅蜜多亦有所住. 若深般若波羅蜜多有所住者, 則深般若波羅蜜多亦以我想及以有想爲所住處. 然深般若波羅蜜多, 遠離二想住無所住. 如諸佛住微妙寂靜, 無起無作無動無轉以爲所住, 甚深般若波羅蜜多, 不住有法不住無法. 故此所住不可思議, 甚深般若波羅蜜多, 於一切法皆不現行.

깊은 반야바라밀다가 곧 생각으로 헤아릴 수 없는 세계이고, 생각으로 헤아릴 수 없는 세계가 곧 법계이고, 법계는 곧 나타나지 않는 세계임을 마땅히 알아야 합니다. 나타나지 않는 세계는 곧 생각으로 헤아릴 수 없는 세계임을 마땅히 알아야 하고, 생각으로 헤아릴 수 없는 세계는 곧 깊은 반야바라밀다임을 마땅히 알아야 합니다.

깊은 반야바라밀다는 '나'의 세계, '법'의 세계와 둘이 아니고 다름이 없으며, 둘이 아니고 다름이 없으면 곧 법계이고, 법계는 곧 나타나지 않는 세계입니다.

나타나지 않는 세계는 곧 깊은 반야바라밀다임을 마땅히 알아야 합니다. 깊은 반야바라밀다는 곧 생각으로 헤아릴 수 없는 세계임을 알아야 합니다. 생각으로 헤아릴 수 없는 세계는 곧 나타나지 않는 세계임을 알아야 합니다. 나타나지 않는 세계는 곧 있지 않은 세계임을 알아야 합니다. 있지 않은 세계는 곧 생김과 사라짐이 없는 세계임을 알아야 합니다. 생김과 사라짐이 없는 세계는 곧 생각으로 헤아릴 수 없는 세계임을 알아야 합니다.

생각으로 헤아릴 수 없는 세계와 여래의 세계 · 나의 세계 · 법의 세계는 둘이 없고 다름이 없습니다. 이 까닭에 세존이시여, 만약 이와 같이 반야바라밀다를 수행할 수 있다면, 큰 깨달음을 다시 구하지 않을 것입니다. 왜 그럴까요? 깊은 반야바라밀다가 곧 깨달음이기 때문입니다.

甚深般若波羅蜜多, 當知即是不思議界, 不思議界即是法界, 法界即是不現行界. 不現行界當知即是不思議界, 不思議界當知即是甚深般若波羅蜜多. 甚深般若波羅蜜多, 我界法界無二無別, 無二無別即是法界, 法界即是不現行界. 不現行界當知即是甚深般若波羅蜜多. 甚深般若波羅蜜多當知即是不思議界. 不思議界當知即是不現行界. 不現行界當知即是無所有界. 無所有界當知即是無生滅界. 無生滅界當知即是不思議界. 不思議界與如來界我界法界無二無別. 是故, 世尊. 若能如是修行般若波羅蜜多, 於大菩提更不求證. 何以故? 甚深般若波羅蜜多即菩提故.

세존이시여, 만약 나의 세계를 참으로 알면 집착 없음을 알 것입니다.

만약 집착 없음을 안다면, 법 없음을 알 것입니다.

만약 법 없음을 안다면, 부처님의 지혜입니다.

부처님의 지혜는 곧 생각으로 헤아릴 수 없는 지혜입니다.

부처님의 지혜에는 알 수 있는 법이 없음을 일러 알지 못하는 법이라고 함을 마땅히 알아야 합니다.

까닭이 무엇일까요?

이 지혜는 자성이 전혀 없기 때문입니다.

없는 법이 어떻게 참된 법계를 깨달을[490] 수 있겠습니까?

이 지혜는 자성이 없으므로 집착할 것이 없습니다.

만약 집착할 것이 없다면, 그 바탕은 지혜가 아닙니다.

만약 바탕이 지혜가 아니라면, 경계(境界)가 없습니다.

만약 경계가 없다면, 의지할 것이 없습니다.

만약 의지할 것이 없다면, 머묾도 없습니다.

만약 머묾이 없다면, 생겨나고 사라짐도 없습니다.

만약 생겨나고 사라짐이 없다면, 얻을 수 없습니다.

만약 얻을 수 없다면, 나아감도 없습니다.

이미 나아감이 없다면, 이 지혜는 온갖 공덕을 지을 수도 없고 또 공덕 아닌 것을 지을 수도 없습니다.

까닭이 무엇일까요? 이것에는 내가 공덕을 짓는다거나 공덕 아닌 것을 짓는다거나 하는 생각이 없기 때문입니다.

생각함이 없는 지혜는 생각으로 헤아릴 수 없고, 생각으로 헤아릴 수 없으면 곧 부처님의 지혜입니다.

이 까닭에 이 지혜는 모든 법에 대하여 취함도 없고 취하지 않음도 없으며, 과거·현재·미래가 아니며, 이미 생긴 것도 아니고 아직 생기지 않은 것도 아니며, 나오지도 않고 들어가지도 않으며, 이어지지도 않고 끊어지지도 않으니, 다시 이 지혜와 같은 다른 지혜는 없습

---

490 전(轉) : 알다. 깨닫다. 터득하다.

니다. 이 때문에 이 지혜는 생각으로 헤아릴 수 없으니, 비교할 수 없는 허공과 같습니다.

이것도 없고 저것도 없으며, 좋은 것도 아니고 싫은 것도 아닙니다. 이미 이것과 비슷한 다른 지혜를 얻을 수 없다면, 이 때문에 이 지혜에는 같은 것도 없고 같지 않은 것도 없습니다. 이 때문에 일러 무등등지(無等等智)라 일컫습니다.

또 이것에 상대되는 다른 지혜를 얻을 수 없다면, 이 때문에 이 지혜에는 대응하는 것도 없고 대응하지 않는 것도 없습니다. 이 때문에 무대대지(無對對智)라 일컫습니다."

世尊. 若有實知我界, 卽知無著. 若知無著, 卽知無法. 若知無法, 卽是佛智. 佛智卽是不思議智. 當知佛智無法可知, 名不知法. 所以者何? 此智自性都無所有. 無所有法, 云何能於眞法界轉? 此智自性旣無所有, 卽無所著. 若無所著, 卽體非智. 若體非智, 卽無境界. 若無境界, 卽無所依. 若無所依, 卽無所住. 若無所住, 卽無生滅. 若無生滅, 卽不可得. 若不可得, 卽無所趣. 旣無所趣, 此智不能作諸功德, 亦復不能作非功德. 所以者何? 此無思慮我作功德作非功德. 無思慮智不可思議, 不可思議卽是佛智. 是故此智於一切法無取不取, 亦非前際中際後際, 非先已生非先未生, 無出無沒, 非常非斷, 更無餘智類此智者. 由是此智不可思議, 同於虛空不可比類. 無此無彼, 非好非醜. 旣無餘智類此可得, 是故此智無等不等. 由此故名無等等智. 又無餘智對此可得, 是故此智無對不對. 由此故名無對對智."

부처님이 문수동자에게 말했다.

"이와 같이 묘한 지혜는 변동할 수 없느냐?"

문수동자가 부처님께 아뢰었다.

"세존이시여, 이와 같이 묘한 지혜의 자성은 변동할 수 없습니다. 마치 금을 가공하는 사람이 금을 녹여 제련할 때에 이미 능숙해지면 그 분량에 변동이 없는 것과 같습니다. 이 지혜도 그러하여 오래도록 닦아서 익숙해지면 행함도 없고 깨달음도 없고 생겨남도 없고 사라짐도 없고 일어남도 없고 없어짐도 없이 굳게 안정되어 변동하지 않습니다."

부처님이 문수동자에게 말했다.

"이와 같이 묘한 지혜를 누가 믿고 알 수 있겠느냐?"

문수동자가 부처님께 아뢰었다.

"세존이시여, 만약 반열반(般涅槃)[491]의 길을 가지 않을 수 있다면 생사(生死)의 길 역시 가지 않을 수 있고, 몸이 있으면서도[492] 생사가 사라진 길을 가고, 생사가 완전히 사라진 길에서 변동없는 길을 가고, 욕심·분노·어리석음을 끊지도 않고 또 끊지 않지도 않습니다.

---

491 반열반(般涅槃) : parinirvāṇa의 음역. 원적(圓寂)이라 번역한다. 완전한 소멸이란 뜻으로서, 생사(生死)가 완전히 사라짐을 말한다.

492 살가야(薩迦耶) : '몸이 있음' 즉 '몸'이라는 개념을 가리킴. 살가야(薩迦耶)는 sat-kāya 의 음역. sat는 '있다'는 뜻이고, kāya는 '몸'이라는 뜻. 살가야견(薩迦耶見) 참조.

까닭이 무엇일까요? 이러한 삼독(三毒)[493]의 자성(自性)을 멀리 벗어나는 것도 아니고 이러한 삼독의 자성을 멀리 벗어나지 않는 것도 아니고, 생사(生死)를 초월하는 것도 아니고 생사에 얽매이는 것도 아니고, 온갖 성스러운 길에서 떠나는 것도 아니고 온갖 성스러운 길을 닦는 것도 아니라면, 그는 이 지혜를 깊이 믿고 알 수 있을 것입니다."

부처님이 문수동자를 칭찬하였다.
"좋구나! 좋구나! 이 일을 잘 말하는구나."

佛告曼殊室利童子: "如是妙智不可動耶?" 曼殊室利白言: "世尊, 如是妙智性不可動. 如鍛金師燒鍊金璞, 旣得精熟秤量無動. 此智亦爾, 久修成熟, 無作無證, 無生無盡, 無起無沒, 安固不動." 佛告曼殊室利童子: "誰能信解如是妙智?" 曼殊室利白言: "世尊, 若能不行般涅槃法, 於生死法亦能不行, 於薩迦耶行寂滅行, 於般涅槃行無動行, 不斷貪欲瞋恚愚癡亦非不斷. 所以者何? 如是三毒自性遠離非盡不盡, 有生死法不超不墮, 於諸聖道不離不修, 彼於此智能深信解." 佛讚曼殊室利童子: "善哉善哉! 善說此事."

그때 장로 대가섭(大迦葉)이 앞으로 나와 부처님께 아뢰었다.
"미래에 누가 이 법(法)과 율(律)의 매우 깊은 뜻을 믿고 이해하고 배

---

493 삼독(三毒) : 탐욕(貪欲; 욕심)·진에(瞋恚; 분노)·우치(愚癡; 어리석음) 셋을 말한다. 중생을 해롭게 하는 악의 근원이라고 하며, 삼불선근(三不善根), 삼화(三火), 삼구(三垢)라고도 한다.

워 익힐 수 있겠습니까?"

부처님이 장로 대가섭에게 말했다.

"오늘 이 법회 속에 있는 비구의 무리가 미래에 여기에서 말한 법과 율의 매우 깊은 뜻을 믿고 이해하고 듣고 배워 익힐 수 있을 것이고 또 남에게 말해 주어 널리 유포시킬 수 있을 것이다.

마치 큰 부자가 값을 매길 수 없는 보물을 잃어버려서 번뇌가 마음을 사로잡아 걱정하며 즐겁지 않았는데, 뒷날 되찾게 되어 매우 즐거워하고 기뻐하는 것과 같다. 오늘 이 법회의 비구 무리 역시 그와 같아서 깊은 반야바라밀다를 듣고서 믿고 이해하고 배워 익히다가 뒷날 이와 같은 법문(法門)을 듣지 못하면 번뇌가 마음을 감싸고 걱정하며 즐겁지 않아서 모두들 이렇게 생각할 것이다. '우리들은 언제 다시 이와 같은 깊은 법문을 들을 수 있을까?'

뒷날 만약 이 법문을 들을 수 있게 되면 매우 기뻐하고 즐거워하면서 다시 이렇게 생각할 것이다. '우리가 지금 이와 같은 경전을 들을 수 있는 것은 곧 부처님을 뵙고 직접 공양을 올리는 것과 같다.'

마치 야채나 나무의 싹이 처음 나올 때에 삼십삼천(三十三天)494이

---

494 삼십삼천(三十三天) : 도리천(忉利天)을 말함. 도리천은 범어 Trāyastriṃśa의 음역. 욕계 6천 중의 하나. 수미산 정상의 33천을 말함. 그 세계의 왕을 제석천(帝釋天)이라고 한다. 달리야달리사천(怛唎耶怛唎奢天)·다라야등릉사천(多羅夜登陵舍天)이라고도 쓰며, 33천이라 번역. 남섬부주(南贍部洲) 위에 8만 유순 되는 수미산 꼭대기에 있다. 중앙에 선견성(善見城)이라는, 4면이 8만 유순씩 되는 큰 성이 있고, 이 성 안에 제석천(帝釋天)이 있고, 사방에는 각기 8성이 있는데 그 권속인 하늘 사람들이 살고 있다고 한다. 사방 8성인 32성에 선견성을 더하여 33이 된다. 이 33천은 반달의 3재일(齋日)마다 성밖에 있는 선법당(善法堂)에 모여서 법답고 법답지 못한 일을 평론한다고 한

매우 기뻐하는 것과 같으니, 이 나무에 오래지 않아 꽃이 피면 반드시 향기를 진하게 내뿜어서 우리들을 불러 모을 것이기 때문이다.

비구의 무리 역시 이와 같아서 깊은 반야바라밀다를 듣고서 믿고 받아들여 실천하면 즐거움이 생길 것이니, 모든 불법(佛法)이 오래지 않아 꽃필 것이기 때문이다.

爾時具壽大迦葉波前白佛言: "當來之世, 誰能於此法毘奈耶甚深義趣, 信解修學?" 佛告具壽大迦葉波: "今此會中苾芻等衆, 當來之世, 於此所說法毘奈耶甚深義趣, 能生信解聽受修學, 亦能爲他演說流布. 如大長者失無價珠, 苦惱纏心愁憂不樂, 後時還得, 踴躍歡喜. 今此會中苾芻等衆亦復如是, 聞深般若波羅蜜多, 信解修學, 後不聞說如是法門, 苦惱纏心愁憂不樂, 咸作是念: '我等何時當更得聞如是深法?' 後時若得聞此法門, 踊躍歡喜復作是念: '我今得聞如是經典, 卽爲見佛親近供養. 如圓䌽樹胞初出時, 三十三天踊躍歡喜, 此樹不久花必開敷香氣氛氳我等遊集. 苾芻等衆亦復如是, 聞深般若波羅蜜多, 信受修行應生歡喜, 一切佛法不久開敷.

그대는 알아야만 한다.

미래에 비구의 무리가 만약 이와 같이 매우 깊은 반야바라밀다를

다. 이 하늘의 중생들은 음욕을 행할 때에는 변하여 인간과 같이 되지만, 다만 풍기(風氣)를 누설하기만 하면 열뇌(熱惱)가 없어진다고 한다. 키는 1유순, 옷의 무게는 6수(銖), 목숨 1천 세. 그 하늘의 1주야는 인간의 백년. 처음 태어났을 때는 인간의 6세 되는 아이와 같으며, 빛깔이 원만하고 저절로 의복이 입혀졌다고 한다. 부처님이 일찍이 하늘에 올라가서 어머니 마야 부인을 위하여 석 달 동안 설법하고, 3도(道)의 보계(寶階)를 타고 승가시국에 내려왔다고 한다.

들고서 믿고 이해하고 실천하여 마음이 어둡게 가라앉지 않으면, 반드시 지금 이 법회에서 이미 설법을 듣고서 기뻐하며 받아들여 기억하고 자세히 말하여 유포시킨 것이니, 그들은 이 법문을 들었기 때문에 즐겁게 믿고 받아들이고 실천하여 오래지 않아 모든 불법의 꽃을 피울 것임을 마땅히 알아야 한다.

여래가 입멸(入滅)한 뒤에 만약 이 경전을 받아들여 기억하고 자세히 말하여 유포시키는 자가 있다면, 이들은 모두 부처님 위신력(威神力)[495]의 가호(加護)[496]를 받아 그 일을 이루게 된 것임을 마땅히 알아야 한다.

그대는 마땅히 알아야 한다.

만약 이 깊은 반야바라밀다를 듣고서 기뻐하며 받아들여 기억한다면, 그는 과거에 헤아릴 수 없이 많은 부처님이 계신 곳에서 선근(善根)을 많이 심어서 이미 법문을 들은 것이니 지금 우연히 듣는 것이 아니다.

마치 옥(玉)을 가공하는 사람이 문득 무한한 가치를 지닌 마니주(摩尼珠)[497]를 얻고서 크게 기뻐하는 것과 같으니, 그들은 일찍이 이 구슬

---

495 위신력(威神力) : 부처님에게 있는 존엄하고 측량할 수 없는 불가사의한 힘. 부처님에게 있는 위력적이고 신통한 힘.

496 가호(加護) : 부처님의 자비의 힘으로써 중생을 보호하여 주는 일.

497 말니(末尼) : =마니주(摩尼珠). maṇi. 마니(摩尼)·말니(末尼)로 음역. 주(珠)·보(寶)·무구(無垢)·여의(如意)로 번역. 마니주(摩尼珠)·마니보주(摩尼寶珠)·보주(寶珠)·여의주(如意珠)라고 한다. 투명한 구슬. 이 구슬은 용왕의 뇌 속에서 나온 것이라 하며, 사람이 이 구슬을 가지면 독이 해칠 수 없고, 불에 들어가도 타지 않는 공덕이 있다고 한다. 혹은 제석천왕이 금강저(金剛杵)를 가지고 아수라와 싸울 때에 부서진 금강저가 남섬부주에 떨어진 것이 변하여 이 구슬이 되었다고도 한다. 또는 지나간 세상

을 본 적이 있기 때문에 크게 기뻐한 것이지 지금 처음 보는 것이 아 님을 알아야 한다.

이와 같이 미래의 온갖 비구들이 깊은 마음[498]으로 바른 법문 듣는 것을 좋아하여 문득 반야바라밀다를 만나서 즐거이 듣고 믿고 받아 들여 배우고 익힌다면, 그들은 과거에 이미 헤아릴 수 없이 많은 부 처님이 계신 곳에서 이 경전을 들은 적이 있었던 것이지 지금 처음 듣고서 그렇게 하는 것은 아님을 알아야 한다.

飲光當知. 未來之世苾芻等衆, 若聞如是甚深般若波羅蜜多, 信解修行, 心 不沈沒, 必於此會已得聽聞, 歡喜受持演說流布, 當知彼類由聞是法, 歡喜踊躍 信受修行, 不久開敷一切佛法. 如來滅後, 若有受持演說流布此經典者, 當知皆 是佛威神力之所加護令彼事成. 飲光當知. 若有聞是甚深般若波羅蜜多歡喜受 持, 彼於過去無量佛所, 多植善根已得聽聞非適今也. 如穿珠者, 忽然遇得無 價末尼, 生大歡喜, 當知彼類曾見此珠故, 生歡喜, 非今創見. 如是當來諸苾芻 等, 深心愛樂聽聞正法, 忽遇般若波羅蜜多, 歡喜聽聞信受修學, 當知彼類已於 往昔無量佛所曾聞是經, 非於今時創聞能爾.

그대는 마땅히 알아야 한다.

만약 착한 남자와 착한 여인들이 문수동자가 말하는 반야바라밀다

의 모든 부처님의 사리가 불법(佛法)이 멸할 때에 모두 변하여 이 구슬이 되어 중생을 이롭게 한다고도 한다. 불법(佛法)을 상징하는 물건이다.
498 심심(深心) : ①온갖 선행(善行) 쌓기를 좋아하는 굳은 마음. ②3심(心)의 하나. 여래의 본원을 깊이 믿는 마음.

를 듣고서 매우 기뻐하면서 즐거이 듣고 싫어하지 않으며 몇 번이고 거듭하여 설법(說法)해 줄 것을 간절하게 청한다면, 이 착한 남자와 착한 여인들은 과거에 이미 문수동자를 따라 반야바라밀다를 말하는 것을 듣고서 기뻐하며 받아들여 기억하고 믿고 이해하고 배워 익혔던 것이고, 또 일찍이 문수동자를 가까이 모시고 공양을 드려 공경하였기 때문에 이와 같을 수 있는 것이다.

비유하면 어떤 사람이 우연히 성읍(城邑)으로 들어가 그 속에 있는 모든 숲·연못·집·사람들을 모조리 보지 않음이 없었는데, 뒷날 다른 곳에 가서 사람들이 그 성읍 속에 있는 뛰어난 일을 찬탄하는 것을 듣고서 깊은 기쁨이 생겨나 그 이야기를 거듭 해 달라고 요청하는 것과 같다. 만약 다시 듣고서 곱절이나 거듭하여 즐거워한다면, 그것은 일찍이 과거에 그 모든 것을 본 적이 있기 때문이다.

이와 같이 미래에 온갖 착한 남자와 착한 여인들이 문수동자가 말하는 반야바라밀다를 듣고서 기뻐하며 즐거이 듣고 싫어하지 않고 그 깊은 뜻을 거듭 말해 달라고 간절하게 청하고 듣고 나서는 찬탄하며 몇 배나 더 기뻐한다면, 이들은 모두 과거에 이미 문수동자를 가까이에서 직접 모시고 공양을 드리고 공경하며 그 법문을 들었기 때문에 지금 이러한 일이 이루어질 수 있음을 알아야 한다."

飲光當知. 若善男子善女人等, 聞妙吉祥所說般若波羅蜜多, 歡喜踊躍樂聞無厭, 數復慇懃重請演說, 是善男子善女人等, 過去已從曼殊室利, 聞說般若波羅蜜多, 歡喜受持信解修學, 亦曾親近曼殊室利, 供養恭敬故能如是. 譬如有人

遇入城邑, 其中一切園林池沼舍宅人物無不悉見, 後至餘處聞人讚說此城邑中
所有勝事, 深生歡喜請其重說. 若更得聞倍復歡喜, 彼由往昔皆曾見故. 如是當
來諸善男子善女人等, 聞妙吉祥所說般若波羅蜜多, 歡喜樂聞嘗無厭足, 慇懃
固請重說深義, 聞已讚歎倍生歡喜, 當知此等皆由往昔已曾親近曼殊室利, 供
養恭敬聽受斯法故, 於今時能成是事."

그때 장로 대가섭은 곧 부처님께 아뢰었다.

"여래께서는 현재와 미래의 착한 남자 등이 깊은 반야바라밀다를
듣고서 믿고 이해하고 익히는 온갖 행적(行蹟)[499]의 모습들을 잘 말씀
하셨습니다."

부처님이 말했다.

"그렇다. 그대가 말한 바와 같이 나는 그러한 모습을 이미 잘 말하
였다."

문수동자가 곧 부처님께 아뢰었다.

"현재와 미래의 착한 남자 등이 이 깊은 법을 듣는 온갖 행적의 모
습은 곧 그러한 온갖 행적의 모습이 아님을 알아야 합니다. 들은 법
은 미묘하고 고요하여 어떤 행적의 모습도 전혀 얻을 수 없는데, 어
떻게 여래께서 '나는 이미 그 행적의 모습을 잘 말했다.'고 말씀하실
수 있겠습니까?"

---

499 행장(行狀) : 행적(行蹟), 행업(行業), 행실(行實), 행도(行道)와 같음. 사람이 행한 행위
    의 여러 형태. 행동거지.

爾時具壽大迦葉波便白佛言: "如來善說, 現在當來善男子等, 聞深般若波羅
蜜多, 信解修行, 諸行狀相." 佛言: "如是. 如汝所說, 我已善說彼行狀相." 曼
殊室利卽白佛言: "現在當來善男子等, 聞是深法諸行狀相, 當知卽非諸行狀相.
以所聞法微妙寂靜, 諸行狀相皆不可得. 云何如來作如是說? '我已善說彼行狀
相.'"

부처님이 문수동자에게 말했다.

"그렇다. 그렇다. 그대가 말한 바와 같이 현재와 미래의 착한 남자
등이 이 깊은 법의 온갖 모습을 듣는다면, 그것은 진실로 모두 온갖
행적의 모습이 아니니, 들은 법이 미묘하고 고요하여 온갖 행적의 모
습을 전혀 얻을 수 없기 때문이다.

그러나 그가 깊고 깊은 법문을 말하는 것을 들을 때에 기뻐하며 받
아들이고 기억하고 믿고 이해하고 배워서 익힌다면, 반드시 과거에
일찍이 그런 법문을 듣고서 기뻐하며 받아들여 행했기 때문에 지금
그럴 수 있는 것이다. 그러나 이러한 행적의 모습은 세속의 말에 의
지하고, 승의(勝義)[500] 속에는 이러한 일이 있지 않다.

문수동자여, 깊고 깊은 반야바라밀다를 밝게 드러내는[501] 것은 곧
모든 불법(佛法)을 밝게 드러내어 진실하여 생각으로 헤아릴 수 없는
일에 통달하는 것임을 알아야 한다.

---

500 승의(勝義): 승의제(勝義諦), 제일의제(第一義諦)라고도 하는데, 세속제(世俗諦)의 반
대말로서 출세간(出世間)의 진실을 말한다. 진여(眞如)나 열반(涅槃)과 같다. 세간의 분
별망상(分別妄想)을 벗어난 불이중도(不二中道)를 말한다.

501 현료(顯了): ①밝게 드러내다. 명료하게 밝히다. ②명확한 것. ③말로써 분명히 표현
하다. ④말이 명료한 것.

문수동자여, 내가 본래 보살행(菩薩行)을 배워 익힐 때에 모은 선근(善根)은 모두 깊고 깊은 반야바라밀다를 배워 익혔기 때문에 비로소 충분히 갖추게 되었다.

보살의 물러남이 없는 지위[502]에 머물고자 하고 또 위없는 바르고 평등한 깨달음을 얻고자 한다면, 역시 깊고 깊은 반야바라밀다를 배워 익히기 때문에 이런 일들을 이룰 수 있는 것이다.

佛告曼殊室利童子: "如是如是. 如汝所說, 現在當來善男子等, 聞是深法諸行狀相, 彼實皆非諸行狀相, 以所聞法微妙寂靜, 諸行狀相皆不可得. 然彼聞說甚深法時, 歡喜受持信解修學, 必於過去已曾得聞歡喜受行故能如是. 此行狀相依世俗說, 非勝義中有如是事. 曼殊室利, 當知顯了甚深般若波羅蜜多, 卽爲顯了一切佛法, 通達眞實不思議事. 曼殊室利, 我本修學菩薩行時所集善根, 皆由修學甚深般若波羅蜜多方得成滿. 欲住菩薩不退轉地, 欲證無上正等菩提, 亦由修學甚深般若波羅蜜多乃能成辦.

문수동자여,

만약 착한 남자와 착한 여인 등이 보살이 모은 선근을 모으고자 한다면, 이와 같은 깊고 깊은 반야바라밀다를 배워야 한다.

문수동자여, 만약 착한 남자와 착한 여인 등이 보살의 물러남 없는

---

502 불퇴전지(不退轉地) : 간단히 불퇴전(不退轉)이라고도 함. 물러나지 않음. 수행의 계위(階位)에서 믿음의 확립이나 법안(法眼)의 획득 등의 단계에 이르면 물러나서 악도에 떨어진다거나 이승지(二乘地)로 떨어진다거나 깨달아 얻은 법을 다시 잃게 된다거나 하는 일이 결코 없게 되는 지위.

지위에 머물고자 한다면, 이와 같은 깊고 깊은 반야바라밀다를 배워야 한다.

문수동자여, 만약 착한 남자와 착한 여인 등이 위없는 바르고 평등한 깨달음을 얻고자 한다면, 이와 같은 깊고 깊은 반야바라밀다를 배워야 한다.

문수동자여, 만약 착한 남자와 착한 여인 등이 모든 법계(法界)의 평등한 모습에 잘 통달하려고 한다면, 이와 같은 깊고 깊은 반야바라밀다를 배워야 한다.

문수동자여, 만약 착한 남자와 착한 여인 등이 모든 중생의 마음이 평등하게 활동함을 잘 깨달으려고 한다면, 이와 같은 깊고 깊은 반야바라밀다를 배워야 한다.

문수동자여, 만약 착한 남자와 착한 여인 등이 모든 불법(佛法)을 재빨리 깨달으려고 한다면, 이와 같은 깊고 깊은 반야바라밀다를 배워야 한다.

문수동자여, 만약 착한 남자와 착한 여인 등이 '여래는 모든 법의 비밀스러운 뜻을 깨달을[503] 수 없다.'는 부처님의 말씀을 알려고 한다면, 이와 같은 깊고 깊은 반야바라밀다를 배워야 한다.

왜 그런가? 깨달아지는 온갖 법[504]과 깨달을 줄 아는 자[505]를 얻을 수 없기 때문이다.

---

503 현각(現覺) : 현등각(現等覺)의 준말. 깨달음. 드러나 있는 그대로의 실상을 보는 깨달음. 완전한 깨달음.
504 객관(客觀)으로서의 법.
505 주관(主觀)으로서의 사람.

曼殊室利, 若善男子善女人等, 欲集菩薩所集善根, 當學如是甚深般若波羅蜜多. 曼殊室利, 若善男子善女人等, 欲住菩薩不退轉地, 當學如是甚深般若波羅蜜多. 曼殊室利, 若善男子善女人等, 欲證無上正等菩提, 當學如是甚深般若波羅蜜多. 曼殊室利, 若善男子善女人等, 欲善通達一切法界平等之相, 當學如是甚深般若波羅蜜多. 曼殊室利, 若善男子善女人等, 欲善了知一切有情心行平等, 當學如是甚深般若波羅蜜多. 曼殊室利, 若善男子善女人等, 欲疾證得一切佛法, 當學如是甚深般若波羅蜜多. 曼殊室利, 若善男子善女人等, 欲知佛說'如來不能現覺諸法祕密義趣.' 當學如是甚深般若波羅蜜多. 何以故? 所覺諸法及能覺者不可得故.

문수동자여, 만약 착한 남자나 착한 여인 등이 '모든 불법의 비밀스러운 뜻을 여래는 밝힐 수 없다.'고 하는 부처님의 말씀을 알려고 한다면, 이와 같은 깊고 깊은 반야바라밀다를 배워야 한다.

왜 그런가? 밝혀지는 불법과 밝힐 줄 아는 자를 얻을 수 없기 때문이다.

문수동자여, 만약 착한 남자나 착한 여인 등이 '위없는 바르고 평등한 깨달음 · 상호(相好)[506] · 위의(威儀)[507]를 모두 갖추었다는 비밀스러운 뜻을 여래는 밝힐 수 없다.'고 하는 부처님의 말씀을 알려고 한다면, 이와 같은 깊고 깊은 반야바라밀다를 배워야 한다.

---

506 상호(相好) : 용모. 형상. 상(相)은 몸에 드러나게 잘생긴 부분을, 호(好)는 상(相) 중의 하나하나의 자세한 모습을 말함. 이 상호가 모두 완전하여 하나도 모자람이 없는 것을 불신(佛身)이라 함. 불신에는 32상(相)과 80종호(種好)가 있다 함.

507 위의(威儀) : 위엄 있는 용모. 곧 손을 들고 발을 내딛는 것이 모두 규칙에 맞고 방정하여 숭배할 생각을 내게 하는 태도.

왜 그런가? 밝혀지는 위없는 바르고 평등한 깨달음·상호·위의와 밝힐 줄 아는 자를 얻을 수 없기 때문이다.

문수동자여, 만약 착한 남자나 착한 여인 등이 '여래는 온갖 공덕(功德)을 이룰 수 없고 여래는 어떤 중생도 제도(濟度)할 수 없다.'는 비밀스러운 뜻을 부처님이 말씀하셨음을 알려고 한다면, 이와 같은 깊고 깊은 반야바라밀다를 배워야 한다.

왜 그런가? 모든 공덕과 교화된 중생들과 온갖 여래를 얻을 수 없기 때문이다.

문수동자여, 만약 착한 남자나 착한 여인 등이 모든 법에서 막힘없는 이해를 얻으려고 한다면, 이와 같은 깊고 깊은 반야바라밀다를 배워야 한다.

왜 그런가? 깊고 깊은 반야바라밀다는 깨끗한 법이든 더러운 법이든 생기고 사라지는 법이든 어떤 법에도 조금의 진실도 없다고 보기 때문이다.

曼殊室利, 若善男子善女人等, 欲知佛說如來不能證諸佛法祕密義趣, 當學如是甚深般若波羅蜜多. 何以故? 所證佛法及能證者不可得故. 曼殊室利, 若善男子善女人等, 欲知佛說如來不能證得無上正等菩提相好威儀無不具足祕密義趣, 當學如是甚深般若波羅蜜多. 何以故? 所證無上正等菩提相好威儀及能證者不可得故. 曼殊室利, 若善男子善女人等, 欲知佛說如來不成一切功德不能化導一切有情祕密義趣, 當學如是甚深般若波羅蜜多. 何以故? 一切功德所化有情及諸如來不可得故. 曼殊室利, 若善男子善女人等, 欲於諸法得無礙解,

當學如是甚深般若波羅蜜多. 何以故? 甚深般若波羅蜜多, 不見諸法有少眞實,
若淨若染生滅等故.

　문수동자여, 만약 착한 남자나 착한 여인 등이 모든 법은 과거도
아니고 미래도 아니고 현재도 아닌 무위(無爲)의 모습임을 알려고 한
다면, 이와 같은 깊고 깊은 반야바라밀다를 배워야 한다.

　왜 그런가? 참된 법계는 과거도 아니고 미래도 아니고 현재도 아
니고 무위이기 때문이고, 모든 법은 전부 참된 법계로 들어가기 때문
이다.

　문수동자여, 만약 착한 남자나 착한 여인 등이 모든 법에 대하여
의혹(疑惑)이 없으려고 한다면, 이와 같은 깊고 깊은 반야바라밀다를
배워야 한다.

　문수동자여, 만약 착한 남자나 착한 여인 등이 위없는 법바퀴를 세
번 굴려서 열두 번 행하면서도[508] 그 속에서 전혀 집착함이 없으려고
한다면, 이와 같은 깊고 깊은 반야바라밀다를 배워야 한다.

　문수동자여, 만약 착한 남자나 착한 여인 등이 자비로운 마음이 모
든 것을 뒤덮으면서도 그 속에 분별하는 생각이 없으려고 한다면, 이
와 같은 깊고 깊은 반야바라밀다를 배워야 한다.

508　삼전십이행상(三轉十二行相) : 부처님이 녹야원에서 성문(聲聞)에게 사제(四諦)의 법
　　문을 시전(示轉)·권전(勸轉)·증전(證轉) 세 번 말씀하신 것. ①시전(示轉). 이것은 고
　　(苦), 이것은 집(集), 이것은 멸(滅), 이것은 도(道)라고 그 모양을 보인 것. ②권전(勸
　　轉). 고(苦)를 알라, 집(集)을 끊으라, 멸(滅)을 증득하라, 도(道)를 닦으라고 권한 것.
　　③증전(證轉). 석존이 스스로 고를 알아 집을 끊고, 멸을 증득하려고, 도를 닦은 것을
　　보여 다른 이들로 하여금 증득(證得)케 하는 것.

문수동자여, 만약 착한 남자나 착한 여인 등이 세간과 함께 법성(法性)에 들어가되 어떤 논쟁(論爭)도 없고 세간과 온갖 논쟁에서 전혀 얻은 것이 없으려고 한다면, 이와 같은 깊고 깊은 반야바라밀다를 배워야 한다.

문수동자여, 만약 착한 남자나 착한 여인 등이 도리에 들어맞는 경계든 도리에 들어맞지 않는 경계든 모든 경계에 막힘이 전혀 없음을 두루 밝게 통달하려고 한다면, 이와 같은 깊고 깊은 반야바라밀다를 배워야 한다.

문수동자여, 만약 착한 남자나 착한 여인 등이 두려움 없는 여래의 힘과 가없는 불법(佛法)을 얻으려고 한다면, 이와 같은 깊고 깊은 반야바라밀다를 얻어야 한다."

曼殊室利, 若善男子善女人等, 欲知諸法非去來今及無爲相, 當學如是甚深般若波羅蜜多. 何以故? 以眞法界非去來今及無爲故, 諸法皆入眞法界故. 曼殊室利, 若善男子善女人等, 欲於諸法得無疑惑, 當學如是甚深般若波羅蜜多. 曼殊室利, 若善男子善女人等, 欲能三轉十二行相無上法輪及於其中都無執著, 當學如是甚深般若波羅蜜多. 曼殊室利, 若善男子善女人等, 欲得慈心普覆一切而於其中無有情想, 當學如是甚深般若波羅蜜多. 曼殊室利, 若善男子善女人等, 欲與世間同入法性無諸諍論而於世間及諸諍論都無所得, 當學如是甚深般若波羅蜜多. 曼殊室利, 若善男子善女人等, 欲遍了達處非處境都無罣礙, 當學如是甚深般若波羅蜜多. 曼殊室利, 若善男子善女人等, 欲得如來力無畏等無邊佛法, 當學如是甚深般若波羅蜜多."

그때 문수동자가 부처님께 아뢰었다.

"제가 보는 이와 같은 깊고 깊은 반야바라밀다는

모습도 없고, 분별도 없고, 공덕도 없고,

생기지도 않고, 사라지지도 않고,

힘도 없고, 능력도 없고,

가는 것도 아니고, 오는 것도 아니고,

들어가는 것도 아니고, 나가는 것도 아니고,

손해도 없고, 이익도 없고,

지식도 없고, 견해도 없고,

본체도 없고, 작용도 없고,

조작하는 것이 아니고,

또 어떤 법도 생기게 하거나 사라지게 할 수 없고,

어떤 법도 같게 하거나 다르게 하지 않고,

이루어지지도 않고, 부서지지도 않고,

지혜도 아니고, 경계도 아니고,

중생의 법도 아니고, 성문의 법도 아니고, 독각의 법도 아니고, 보살의 법도 아니고, 여래의 법도 아니고,

깨달음도 아니고, 깨닫지 못함도 아니고,

얻는 것도 아니고, 얻지 못하는 것도 아니고,

다하는 것도 아니고, 다하지 않는 것도 아니고,

삶과 죽음을 윤회하지도 않고, 삶과 죽음의 윤회에서 벗어나지도 않고,

열반에 들어가지도 않고, 열반에서 벗어나지도 않고,

모든 불법을 이루지도 않고 부수지도 않고,

모든 법을 만드는 것도 아니고 만들지 않는 것도 아니고,

생각할 수 있는 것도 아니고, 생각할 수 없는 것도 아니고,

모든 분별에서 벗어나고, 온갖 희론(戲論)을 끊었습니다.

이와 같이 반야바라밀다에는 공덕이 전혀 없는데, 어떻게 여래께서 중생들에게 열심히 배우고 익히라고 권하겠습니까?"

爾時曼殊室利童子卽白佛言:"我觀如是甚深般若波羅蜜多, 無相無爲, 無諸功德, 無生無滅, 無力無能, 無去無來, 無入無出, 無損無益, 無知無見, 無體無用, 非造作者, 亦不能令諸法生滅, 不令諸法爲一爲異, 無成無壞, 非慧非境, 非異生法, 非聲聞法, 非獨覺法, 非菩薩法, 非如來法, 非證不證, 非得不得, 非盡不盡, 不入生死不出生死, 不入涅槃不出涅槃, 於諸佛法不成不壞, 於一切法非作不作, 非可思議不可思議, 離諸分別, 絕諸戲論. 如是般若波羅蜜多, 都無功德, 云何如來勸有情類精勤修學?"

부처님이 문수동자에게 말했다.

"이와 같이 말한다면 이것이 곧 반야바라밀다의 참된 공덕이다. 착한 남자 등이 만약 이와 같이 이것을 안다면, 깊고 깊은 반야바라밀다를 참으로 배우고 익힌다고 일컫는다.

또 문수동자여, 만약 보살마하살이 보살의 뛰어난 삼매(三昧)를 배우려 하고, 보살의 뛰어난 삼매를 이루려 하고, 이와 같은 삼매 속에

머물려 하고, 모든 부처님의 지견(知見)과 모든 부처님의 이름을 보려고 하고, 모든 법의 실상(實相)에는 장애(障碍)가 없음을 깨달을 수 있고 말할 수 있는 이와 같은 모든 부처님의 세계를 보려고 한다면, 이와 같은 깊고 깊은 반야바라밀다를 밤낮으로 열심히 배워서 싫증을 내지 말아야 한다."

佛告曼殊室利童子: "如是所說, 卽是般若波羅蜜多眞實功德. 善男子等, 若如是知此, 卽名爲眞實修學甚深般若波羅蜜多. 復次, 曼殊室利童子. 若菩薩摩訶薩, 欲學菩薩勝三摩地, 欲成菩薩勝三摩地, 欲住如是三摩地中, 見一切佛知佛名字, 及見如是諸佛世界能證能說諸法實相無障無礙, 當學如是甚深般若波羅蜜多, 晝夜精勤勿生厭倦."

문수동자가 부처님께 아뢰었다.
"무슨 까닭에 깊고 깊은 반야바라밀다라고 일컫습니까?"

부처님이 문수동자에게 말했다.
"깊고 깊은 반야바라밀다에는 모습이 없고, 이름이 없고, 가장자리가 없고, 끝이 없고, 돌아가 의지할 곳이 없고, 생각으로 헤아릴 경계가 아니고, 죄도 아니고, 복(福)도 아니고, 어둠도 아니고, 밝음도 아니고, 깨끗한 허공과 같고, 범위[509]와 수량을 전혀 얻을 수 없는 참 법

---

509 분제(分齊) : ①분위차별(分位差別)이니, 차별한 범위(範位). 또는 상당(相當)한 위치. ②적당한 한도. 분수(分數). ③범위. 정도. ④사정. 상태. ⑤마을과 마을 사이의 경계. ⑥제사를 지낼 때에 제물(祭物)을 각 조상의 신위(神位) 앞에 나누어 올리는 일.

계와 같으니, 이와 같은 여러 가지 이유 때문에 깊고 깊은 반야바라밀다라고 일컫는다.

또 문수동자여, 깊고 깊은 반야바라밀다는 모든 보살이 깊고 깊이 행하는 것이다. 만약 모든 보살이 이것을 행할 수 있고 모든 경계에서 이와 같이 행하는 것에 전부 통달할 수 있다면, 대소승(大小乘)의 어느 누구도 행하는 것이 아니다.

까닭이 무엇인가? 이와 같이 행하는 것에는 이름도 없고 모습도 없고 분별되는 것도 아니니, 이 때문에 행하는 것이 아니라고 한다."

문수동자가 다시 부처님께 아뢰었다.

"모든 보살마하살은 어떤 법을 수행해야 위없는 바르고 평등한 깨달음을 재빨리 얻겠습니까?"

부처님이 문수동자에게 말했다.

"만약 보살마하살이 깊고 깊은 반야바라밀다를 행하면서 마음에 게으름이 없다면, 위없는 바르고 평등한 깨달음을 재빨리 얻을 것이다.

또 문수동자여, 만약 보살마하살이 하나의 모습으로[510] 꾸며진 삼매(三昧)를 바르게 수행할 수 있다면, 위없는 바르고 평등한 깨달음을 재빨리 얻을 것이다."

---

510 일상(一相) : 차별된 여러 가지 모양이 없고 오직 평등 무차별한 하나의 모양. 곧 진여(眞如)와 같은 것.

曼殊室利卽白佛言:"何故名爲甚深般若波羅蜜多?"佛告曼殊室利童子:"甚
深般若波羅蜜多, 無相無名, 無邊無際, 無歸依處, 非思量境, 非罪非福, 非闇
非明, 如淨虛空, 等眞法界分齊數量都不可得, 由如是等種種因緣, 是故名爲甚
深般若波羅蜜多. 復次, 曼殊室利童子. 甚深般若波羅蜜多, 是諸菩薩甚深行
處. 若諸菩薩能行是處, 於諸境界悉能通達如是行處, 非一切乘之所行處. 所以
者何? 如是行處, 無名無相, 非所分別, 是故名爲非所行處."曼殊室利復白佛
言:"諸菩薩摩訶薩修行何法, 疾證無上正等菩提?"佛告曼殊室利童子:"若菩
薩摩訶薩行深般若波羅蜜多, 心無懈倦, 疾證無上正等菩提. 復次, 曼殊室利童
子. 若菩薩摩訶薩, 能正修行一相莊嚴三摩地者, 疾證無上正等菩提."

문수동자가 다시 부처님께 아뢰었다.

"어떤 것을 일러 하나의 모습으로 꾸며진 삼매라고 합니까? 모든
보살의 무리는 어떻게 수행해야 합니까?"

부처님이 문수동자에게 말했다.

"이 삼매는 법계의 모습으로써 꾸며지기 때문에 일러 하나의 모습
으로 꾸며진 삼매라고 한다. 만약 보살마하살이 이와 같은 뛰어난 삼
매에 들어가고자 하면, 먼저 깊고 깊은 반야바라밀다를 말하는 것을
듣고 묻고 배우고 닦아야 하니, 그 뒤에 이 삼매에 들어갈 수 있다.

문수동자여, 만약 보살마하살이 법계를 움직이지 않고 참 법계를
안다면, 흔들리지 않을 것이고 생각으로 헤아릴 수 없을 것이고 논의
할 수 없을 것이니, 이와 같다면 하나의 모습으로 꾸며진 삼매에 들

어갈 수 있다.

문수동자여, 만약 착한 남자나 착한 여인 등이 이와 같은 삼매에 들어가고자 한다면, 마땅히 텅 비고 한가한 곳에서 온갖 시끄럽고 혼란스러운 것을 떠나 가부좌를 하고 앉아서 여러 가지 모습을 생각하지 않고, 온갖 중생을 이익 되고 안락하게 하려 하여 한 분의 여래에 대하여 온 마음으로 생각하고 그 이름을 자세히 알고 그 용모를 잘 생각하고 그 계신 곳을 따라 단정한 몸으로 바르게 향하고, 이 한 분의 여래를 생각함이 끊어짐이 없게 하면, 과거·현재·미래의 모든 부처님을 두루 보게 될 것이다.

왜 그런가? 문수동자여, 한 분의 부처님에게 있는 헤아릴 수 없고 가없는 공덕과 말솜씨는 모든 부처님과 같고, 과거·현재·미래의 모든 부처님은 하나의 진여(眞如)에 올라타고서 큰 깨달음을 얻음에 차별이 없기 때문이다.

문수동자여, 만약 착한 남자나 착한 여인 등이 열심히 배워 익혀서 이와 같이 하나의 모습으로 꾸며진 삼매에 들어간다면, 헤아릴 수 없고 가없고 갠지스 강의 모래알처럼 수많은 모든 부처님의 법의 세계의 차별 없는 모습에 두루 통달할 수 있을 것이고, 또 헤아릴 수 없고 수없는 갠지스 강의 모래알처럼 수많은 모든 부처님과 보살들이 이미 굴렸거나 아직 굴리지 않은 위없는 법의 바퀴를 모두 지닐 수 있을 것이다.

예컨대 아난다의 많이 듣고서 생긴 지혜는 온갖 부처님의 가르침을 뛰어나게 기억하여[511] 성문(聲聞)의 무리 가운데에서 비록 가장 뛰어나지만, 그렇게 기억한 가르침에는 도리어 한계가 있다.

만약 이와 같이 하나의 모습으로 꾸며진 삼매를 얻는다면, 많이 듣고서 생긴 지혜와 뛰어난 기억의 힘으로는 알 수 없지만, 헤아릴 수 없고 가없고 갠지스 강의 모래알처럼 수많은 온갖 부처님과 보살들의 위없는 법바퀴를 두루 받아 지닐 수 있을 것이고, 하나하나의 법문(法門)에서 깊고 깊은 뜻을 모두 통달할 수 있을 것이고, 그 깊은 뜻을 자세히 말하는 말솜씨는 끝이 없을 것이니, 아난다에 비하여 십만 배나 더 뛰어날 것이다."

曼殊室利復白佛言: "云何名爲一相莊嚴三摩地? 諸菩薩衆云何修行?" 佛告曼殊室利童子: "此三摩地, 以法界相而爲莊嚴, 是故名爲一相莊嚴三摩地. 若菩薩摩訶薩, 欲入如是勝三摩地, 先應聽聞請問修學甚深般若波羅蜜多, 然後能入此三摩地. 曼殊室利, 若菩薩摩訶薩, 不動法界, 知眞法界, 不應動搖, 不可思議, 不可戲論, 如是能入一相莊嚴三摩地. 曼殊室利, 若善男子善女人等, 欲入如是三摩地者, 應處空閑, 離諸諠雜, 結跏趺坐, 不思衆相, 爲欲利樂一切有情, 於一如來專心繫念, 審取名字, 善想容儀, 隨所在方, 端身正向, 相續繫念此一如來, 即爲普觀三世諸佛. 所以者何? 曼殊室利, 一佛所有無量無邊功德辯才等一切佛, 三世諸佛, 乘一眞如證大菩提, 無差別故. 曼殊室利, 若善男子善女人等, 精勤修學得入如是一相莊嚴三摩地者, 普能了達無量無邊殑伽沙等諸佛法界無差別相, 亦能總持無量無數殑伽沙等諸佛菩薩已轉未轉無上法

---

511 염총지(念總持): 빼어난 기억력. 뛰어난 기억력.

輪. 如阿難陀多聞智慧, 於諸佛敎得念總持, 聲聞衆中雖最爲勝, 而所持敎猶有

分限. 若得如是一相莊嚴三摩地者, 多聞智慧念總持力不可思議, 普能受持無

量無數殑伽沙等諸佛菩薩無上法輪, 一一法門皆能了達甚深義趣, 宣說開示辯

才無盡, 勝阿難陀多百千倍."

문수동자가 부처님께 아뢰었다.

"저 보살[512]인 착한 남자 등이 이 삼매를 얻을 때에 어떻게 곧장 가
없는 공덕의 뛰어난 이익을 얻습니까?"

부처님이 말했다.

"동자여, 저 보살인 착한 남자 등이 하나의 모습으로 꾸며진 삼매
를 열심히 배우고 닦는다면, 늘 이렇게 생각할 것이다. '나는 마땅히
어떻게 모든 부처님의 법의 세계를 두루 통달하고 모든 위없는 법바
퀴를 받아 지녀서 온갖 중생들에게 커다란 이익을 줄 수 있을까?' 이
러한 까닭에 이 삼매를 얻을 때에는 곧장 가없는 공덕의 뛰어난 이익
을 얻는 것이다.

문수동자여, 저 보살인 착한 남자 등이 먼저 이와 같이 하나의 모
습으로 꾸며진 삼매의 공덕을 듣고서 부지런히 노력하여[513] 생각을
여기에만 둔다면, 생각함이 한결같을 것이다. 이 삼매의 공덕을 생각
함이 이와 같고 이와 같으면, 공덕의 모습이 나타날 것이다. 이러한

---

512 보살승(菩薩僧) : ①보살의 집합. ②이종승(二種僧)의 하나. 재가(在家)의 모습을 한 승
    려. 머리를 기른 출가자.
513 정진(精進) : 수행(修行)을 게을리하지 않고 항상 용맹하게 나아가는 것.

모습이 앞서 들어서 알았던 것과 같음을 보게 되면, 즐거움이 깊이 생겨서 더욱 열심히 닦아 익힐 것이고, 점차 이 삼매 속으로 들어갈 수 있을 것이니, 그 공덕의 뛰어난 이익은 헤아릴 수가 없다.

만약 온갖 중생들이 바른 법을 헐뜯으면서 선악(善惡)의 업장(業障)이 무거움을 믿지 않는다면, 그는 이 삼매를 체험할 수 없을 것이다.

曼殊室利卽白佛言: "彼菩薩乘善男子等, 云何得此三摩地時, 便獲無邊功德勝利?" 佛言: "童子, 彼菩薩乘善男子等, 精勤修學一相莊嚴三摩地者, 常作是念, '我當云何能普通達諸佛法界, 受持一切無上法輪, 與諸有情作大饒益?' 由斯得此三摩地時, 便獲無邊功德勝利. 曼殊室利, 彼菩薩乘善男子等, 先聞如是一相莊嚴三摩地德, 發勤精進繫念, 思惟如如. 思惟此定功德, 如是如是, 功德相現. 旣見此相如先所聞, 深生歡喜轉勤修習, 漸次得入此三摩地, 功德勝利不可思議. 若諸有情毁謗正法, 不信善惡業障重者, 彼於此定不能證得.

문수동자여, 비유하면 어떤 사람이 우연히 보배 구슬을 얻어서 구슬 공예사에게 보여 주며 말하기를, '나의 이 보물은 가치가 헤아릴 수 없지만 그 모양과 색깔이 아직 썩 선명하게 빛나지는 않는다. 당신은 나를 위하여 구슬 공예법에 따라서 이 보물을 갈고 닦되 단지 선명하고 깨끗하게만 하고 그 모양과 색깔은 변하게 하지 말아야 한다.'고 했는데, 그 구슬 공예사는 그의 말에 따라서 구슬 공예법에 알맞게 마음을 모아 한결같이 갈고 닦는데, 이렇게 하고 이렇게 하여 그 구슬의 빛과 색깔이 점차 드러나다가 마침내 안팎이 투명하게 비친다면, 이렇게 갈고 닦은 뒤의 구슬의 가치는 헤아릴 수가 없는 것과 같다.

문수동자여, 저 보살인 착한 남자 등이 이 삼매를 점차 배워 익히는 것도 이와 같으니, 이 삼매를 얻었을 때에 곧장 가없는 공덕의 뛰어난 이익을 얻는 것이다.

문수동자여, 비유하면 태양이 밝은 빛을 두루 내어서 큰 이익을 만드는 것과 같다. 이와 같이 만약 하나의 모습으로 꾸며진 삼매를 얻는다면 그때에는 법계를 두루 비추고 또 모든 법문에 통달할 수 있어서 온갖 중생들에게 커다란 이익을 만들 수 있으니, 그 공덕의 뛰어난 이익은 헤아릴 수 없다.

문수동자여, 마치 내가 말하는 여러 가지 법문이 모두 함께 하나의 맛인 것과 같으니, 말하자면 멀리 벗어난 맛이고, 풀고 벗어난[514] 맛이고, 고요히 사라진[515] 맛이고, 어긋남이 없는 맛인 것과 같다.

저 보살인 착한 남자 등이 만약 이와 같은 삼매를 얻는다면 그때에는 말했던 법문 역시 함께 하나의 맛이니, 말하자면 멀리 벗어난 맛이고, 풀고 벗어난 맛이고, 고요히 사라진 맛이고, 어긋남이 없는 맛이다.

저 보살인 착한 남자 등이 만약 이와 같은 삼매를 얻는다면, 그때에는 법문을 말함에 따라서 말솜씨가 끝이 없을 것이고, 보리분법(菩提分法)[516]을 재빨리 다 이룰 수 있을 것이다.

---

514 해탈(解脫).

515 열반(涅槃).

516 보리분법(菩提分法) : =삼십칠보리분법(三十七菩提分法). 삼십칠도품(三十七道品) 또

曼殊室利, 譬如有人, 遇得寶珠, 示治寶者, 言:'我此寶價直無量, 然其形色
未甚光鮮, 汝當爲我如法磨瑩, 但令鮮淨勿壞形色.'其治寶者, 隨彼所言, 依
法專心, 如如磨瑩, 如是如是, 光色漸發, 乃至究竟映徹表裏, 旣修治已價直無
量. 曼殊室利, 彼菩薩乘善男子等, 漸次修學此三摩地, 亦復如是, 乃至得此三
摩地時, 便獲無邊功德勝利. 曼殊室利, 譬如日輪普放光明作大饒益. 如是若得
一相莊嚴三摩地時, 普照法界, 亦能了達一切法門, 爲諸有情作大饒益, 功德勝
利不可思議. 曼殊室利, 如我所說種種法門皆同一味, 謂遠離味, 解脫味, 寂滅
味, 無所乖違. 彼菩薩乘善男子等, 若得如是三摩地時, 所演法門亦同一味, 謂
遠離味, 解脫味, 寂滅味, 無所乖違. 彼菩薩乘善男子等, 若得如是三摩地時,
隨演法門辯說無盡, 速能成滿菩提分法.

이 까닭에 문수동자여, 만약 보살마하살이 하나의 모습으로 꾸며
진 삼매를 바르게 수행할 수 있다면, 위없는 바르고 평등한 깨달음을
재빨리 얻을 것이다.

또 문수동자여, 만약 보살마하살이 법계의 여러 가지 차별과 하나
의 모습을 보지 않는다면, 위없는 바르고 평등한 깨달음을 재빨리 얻
을 것이다.

만약 보살인 착한 남자 등이 보살의 법을 잘 지니고서[517] 수행할 필
요가 없고 큰 깨달음을 잘 지니고서 구할 필요가 없다면 모든 법의

는 삼십칠조도품(三十七助道品)이라고도 함. 깨달아서 해탈과 열반을 얻기 위하여 닦
는 도행(道行)의 종류. 4념처(念處)·4정근(正勤)·4여의족(如意足)·5근(根)·5력
(力)·7각분(覺分)·8정도분(正道分).
517 인(忍): kṣānti. 참다. 견디다. 지탱하다. 허용하다. 인정하다.

본성(本性)이 공(空)임을 통달하였기 때문이니, 그는 이렇게 잘 지닌 까닭에 위없는 바르고 평등한 깨달음을 재빨리 얻을 것이다.

만약 보살인 착한 남자 등이 온갖 법이 전부 공(空) 아님이 없다고 듣고서 마음이 갈피를 못잡고 고민하지도[518] 않고 또 의심도 하지 않는다면, 그는 불법(佛法)에서 언제나 벗어나지 않으니 위없는 바르고 평등한 깨달음을 재빨리 얻을 것이다."

是故曼殊室利童子, 若菩薩摩訶薩能正修行一相莊嚴三摩地者, 疾證無上正等菩提. 復次曼殊室利童子, 若菩薩摩訶薩不見法界種種差別及一相者, 疾證無上正等菩提. 若菩薩乘善男子等, 忍菩薩法不應修行, 忍大菩提不應求趣, 達一切法本性空故, 彼由此忍疾證無上正等菩提. 若菩薩乘善男子等, 信一切法皆是佛法, 聞一切空心不驚疑, 由此因故疾證無上正等菩提. 若菩薩乘善男子等, 聞說諸法無不皆空, 心不迷悶亦無疑惑, 彼於佛法常不捨離, 疾證無上正等菩提."

그때 문수동자는 이 말을 듣고서 곧 부처님께 아뢰었다.

"모든 부처님의 위없는 바르고 평등한 깨달음은 반드시 인연(因緣)으로 말미암아 얻어지는 것입니까?"

부처님이 말했다.

"그렇지 않다."

---

518 미민(迷悶) : 갈피를 못 잡고 고민하다.

문수동자가 다시 부처님께 아뢰었다.

"모든 부처님의 위없는 바르고 평등한 깨달음은 인연으로 말미암지 않고 얻어지는 것입니까?"

부처님이 말했다.

"그렇지 않다. 까닭이 무엇인가? 생각으로 헤아릴 수 없는 세계는 인연이나 인연 아닌 것으로 말미암아서 깨달을 수는 없다. 모든 부처님의 위없는 바르고 평등한 깨달음은 생각으로 헤아릴 수 없는 세계임을 알아야 한다.

문수동자여, 만약 착한 남자나 착한 여인 등이 이와 같이 말하는 것을 듣고서 마음이 놀라거나 두려워하지 않는다면, 그는 헤아릴 수 없이 많은 부처님이 계신 곳에서 이미 큰 서원(誓願)을 내어 선근(善根)을 많이 심었다고 나는 말한다.

이 까닭에 비구[519]와 비구니 등이 이와 같은 깊고 깊은 반야바라밀다를 말하는 것을 듣고서 마음이 놀라거나 의심하지 않고 또 갈피를 못 잡고 고민하지도 않는다면, 그는 진실로 부처님을 따라 출가(出家)한 것이다.

만약 남자 신도[520]와 여자 신도 등이 이와 같은 깊고 깊은 반야바라밀다를 말하는 것을 듣고서 마음이 놀라거나 의심하지 않고 또 갈피

---

519 필추(苾芻) : bhikkhu. 비구(比丘)의 다른 음역(音譯). 남성 승려. ↔ 필추니(苾芻尼).

520 근사남(近事男) : upāsaka. 우바새(優婆塞)·오파색가(鄔波索迦)라 음역. ↔ 근사녀. 삼보(三寶)를 가까이 하여 받들어 섬기는 남자. 속인(俗人)으로 오계(五戒)를 받은 남자. 집에 있는 남자 불제자.

를 못 잡고 고민하지도 않는다면, 그는 진실로 불법승(佛法僧) 삼보에 귀의한 사람이다.

만약 보살인 착한 남자 등이 이와 같은 깊고 깊은 반야바라밀다를 배우지 않는다면, 그를 일러 진실로 보살승(菩薩乘)을 배우고 익힌 자라고 하지는 않는다.

문수동자여, 비유하면 세간의 풀·나무·숲·약초·종자 등이 모두 땅에 의지하여 자라나듯이, 이와 같이 보살과 세간 출세간의 모든 선근(善根)과 나머지 뛰어난 일들이 모두 깊고 깊은 반야바라밀다에 의지하지 않고서 자라날 수 있는 것은 없다.

이와 같은 깊고 깊은 반야바라밀다가 거두어들인 법은 모두 위없는 바르고 평등한 깨달음에서 알맞게[521] 얻어서 다툴[522] 것이 없음을 알아야 한다."

爾時曼殊室利童子聞是語已卽白佛言:"諸佛無上正等菩提, 定由因緣而證得不?"佛言:"不爾."曼殊室利復白佛言:"諸佛無上正等菩提, 不由因緣而證得不?"佛言; "不爾. 所以者何? 不思議界, 不由因緣及非因緣, 而可證得. 諸佛無上正等菩提, 當知卽是不思議界. 曼殊室利, 若善男子善女人等, 聞如是說心不驚怖, 我說彼於無量佛所, 已發大願多種善根. 是故苾芻苾芻尼等, 聞說如是甚深般若波羅蜜多, 心不驚疑亦不迷悶, 彼爲眞實隨佛出家. 若近事男近事女等, 聞說如是甚深般若波羅蜜多, 心不驚疑亦不迷悶, 彼爲眞實歸佛法僧. 若菩薩乘善男子等, 不學如是甚深般若波羅蜜多, 彼不名爲眞實修學菩薩乘者. 曼

---

521 수순(隨順) : ①따르다. 순응(順應)하다. ②합당하다.
522 괴쟁(乖諍) : 다투다. 복잡하게 얽혀서 다투다.

殊室利, 譬如世間卉木叢林藥物種子, 一切皆依大地生長, 如是菩薩世出世間一切善根及餘勝事, 無不皆依甚深般若波羅蜜多而得生長. 當知如是甚深般若波羅蜜多所攝受法, 皆於無上正等菩提, 隨順證得無所乖諍."

그때 문수동자는 부처님의 말씀을 듣고서 곧 부처님께 아뢰었다.

"미래에 이 인간세계[523]의 어떤 성읍(城邑)과 마을에서 깊고 깊은 반야바라밀다를 말하여 열어 보이면 많은 사람들이 믿고 받아들이겠습니까?"

부처님이 문수동자에게 말했다.

"지금 이 무리 속의 착한 남자 등이 반야바라밀다를 말하는 것을 듣고서 믿고 받아들이고 행하고 기뻐하며 서원(誓願)하기를, '저는 미래에 어디에 태어나든지 그곳에서 늘 반야바라밀다를 듣기를 원하옵니다.'라고 하면, 이 과거의 원력(願力)이 있기 때문에 미래에 태어나는 곳마다에 이와 같은 깊고 깊은 반야바라밀다가 있어서 자세히 말하여 열어 보이고 사람들이 많이 믿고 받아들일 것이다.

문수동자여, 착한 남자 등이 반야바라밀다를 말하는 것을 듣고서

---

523 섬부주(贍部洲) : =염부제(閻浮提). 산스크리트로는 Jambu-dvipa이다. 수미산 남쪽에 있는 대륙으로 4대주의 하나이다. 수미산(須彌山)을 중심으로 인간세계를 동서남북 네 주로 나누었을 때, 염부제는 남주이다. 인간세계는 여기에 속한다고 한다. 여기 16의 대국, 500의 중국, 10만의 소국이 있다고 하며 이곳에서 주민들이 누리는 즐거움은 동북의 두 주보다 떨어지지만 모든 부처가 출현하는 곳은 오직 이 남주뿐이라고 한다. 북쪽은 넓고 남쪽은 좁은 지형으로 염부나무가 번성한 나라라는 뜻이다. 원래는 인도를 가리키는 말이었는데, 후세에는 인간세계를 아울러 지칭하는 말이 되었다.

뛸 듯이 기뻐하면서 깊이 믿고 받아들인다면, 그들은 오래전에 선근(善根)을 심어서 과거의 원력에 힘입어서 이와 같을 수 있다고 나는 말한다.

문수동자여, 깊고 깊은 반야바라밀다를 듣고 받아들이고자 한다면 그대는 마땅히 이렇게 말해야 한다. '착한 남자 등은 원하는 대로 듣고 받아들이되 놀라거나 두려워하지는 마라. 의심하고 믿지 않으면 도리어 더욱 비방하고 헐뜯게 될 것이다. 지금 이 반야바라밀다의 깊고 깊은 경(經) 속에서는 법이 있음을 나타내지 않으니, 말하자면 중생의 법이든 성문의 법이든 독각의 법이든 보살의 법이든 여래의 법이든 이루어지거나 부서질 수 있는 어떤 법이 있음을 나타내지는 않는다.'"

爾時曼殊室利童子聞佛所說, 便白佛言: "此瞻部洲當來之世, 於何城邑聚落處, 所演說開示甚深般若波羅蜜多人多信受?" 佛告曼殊室利童子: "今此衆中善男子等, 聞說般若波羅蜜多, 信受修行歡喜發願, 願我當來隨所生處, 常聞般若波羅蜜多, 隨彼當來所生之處宿願力故, 即有如是甚深般若波羅蜜多, 演說開示人多信受. 曼殊室利, 善男子等聞說般若波羅蜜多, 歡喜踊躍深信受者, 我說彼類久殖善根, 乘宿願力乃能如是. 曼殊室利, 有欲聽受甚深般若波羅蜜多, 汝應告言: '善男子等, 隨意聽受, 勿生驚怖. 疑惑不信反增謗毁. 今此般若波羅蜜多甚深經中不顯有法, 謂不顯有, 若異生法, 若聲聞法, 若獨覺法, 若菩薩法, 若如來法成壞可得.'"

문수동자가 곧 부처님께 아뢰었다.

"만약 비구나 비구니 등이 제가 있는 곳으로 찾아와 '여래는 어떻게 중생을 위하여 깊고 깊은 반야바라밀다를 상세히 말합니까?'[524]라고 묻는다면, 저는 마땅히 '부처님께선 온갖 법을 말씀하시되, 어긋나서 다투는 모습이 없습니다.'라고 답할 것입니다.

까닭이 무엇일까요? 법과 더불어 다툴 수 있는 법은 전혀 없고 또 부처님의 말씀에 대하여 믿고 이해할 수 있는 중생도 없기 때문입니다.

왜 그럴까요? 어떤 중생의 부류도 전혀 얻을 수 없기 때문입니다.

또 세존시이여, 저는 마땅히 그에게 '여래는 모든 법의 실제(實際)[525]를 늘 말씀하시고 있다.'라고 말할 것입니다.

까닭이 무엇일까요? 모든 법은 평등하여 모두가 실제에 포함되기 때문입니다. 이 속에서는 아라한 등이 뛰어난 법에 도달할 수 있다고 말하지 않습니다.

왜 그럴까요? 아라한 등이 깨달아 얻은 법은 중생의 법과 차별되는 모습이 없기 때문입니다.

또 세존이시여, 저는 마땅히 그에게 이렇게 말할 것입니다. '부처님께서 말씀하신 법은 중생으로 하여금 반열반(般涅槃)에서도[526] 얻도록 할 수 없습니다.'

---

524 선설(宣說) : 하나하나 베풀어 상세히 말하다. 교법(敎法)을 자세히 설명하다.
525 실제(實際) : 참된 끝이란 뜻으로 진여법성(眞如法性)을 가리킴. 이는 온갖 법의 끝이 되는 곳이므로 실제, 또 진여의 실리(實理)를 깨달아 그 궁극(窮極)에 이르므로 이렇게 이름.
526 정당(正當) : 마침 —한 때에 이르러. 바야흐로 —한 때에 즈음하여.

까닭이 무엇일까요? 모든 중생은 끝내 공(空)이기 때문입니다.

曼殊室利卽白佛言:"若有芯芻芯芻尼等, 來至我所, 作是問言:'云何如來爲
衆宣說甚深般若波羅蜜多?'我當答言:'佛說諸法, 無違諍相.'所以者何? 都
無有法能與法諍, 亦無有情於佛所說能生信解. 所以者何? 諸有情類都不可得.
復次, 世尊. 我當告彼:'如來常說諸法實際.'所以者何? 諸法平等無不皆是實
際所攝. 此中不說阿羅漢等能逮勝法. 所以者何? 阿羅漢等所證得法, 與異生
法無差別相. 復次, 世尊. 我當告彼:'佛所說法不令有情於般涅槃已正當得.'
何以故? 以諸有情畢竟空故.

　또 세존이시여. 착한 남자 등이 제가 있는 곳으로 찾아와 '그대와
여래가 일찍이 담론(談論)한 깊고 깊은 반야바라밀다를 말해 주기 바
란다. 지금 듣고 싶다.'고 한다면, 저는 그에게 이렇게 말할 것입니
다.

　'당신들이 듣고 싶으시면, 듣고 싶은 마음을 내지 마시고, 생각에
매여서 환상 같고 꿈 같은 마음을 일으키지 마십시오. 그러면 저의
말을 이해할 수 있을 것입니다. 당신들이 만약 저의 법을 듣고 싶으
시면 마땅히 이런 마음을 일으켜야 합니다. 「지금 듣는 법은 마치 하
늘을 날아가는 새의 흔적과 같고 아이를 낳지 못하는 여자[527]의 아이
와 같다.」 이와 같다면 저의 말을 들을 수 있을 것입니다.

527　석녀(石女) : ①아이를 낳지 못하는 여자. ②성욕이나 성적 흥분을 느끼지 못하는 여
　　자.

당신들이 만약 저의 법을 듣고 싶으시면 둘로 분별하는 생각[528]을 일으키지 마십시오.

왜 그럴까요? 제가 말하는 법은 둘로 분별하는 생각을 멀리 벗어났기 때문입니다. 당신들은 지금 마땅히 '나'라는 생각을 부수지도 말고, 어떤 견해도 일으키지 말고, 어떤 불법을 바라거나 구하지도 말고, 중생의 법 속에서 바꾸기를 좋아하지도 마십시오.

까닭이 무엇일까요? 두 법[529]의 모습은 공(空)이어서 취할 수도 버릴 수도 없기 때문입니다.'

세존이시여, 모든 중생들이 깊고 깊은 반야바라밀다를 자세히 말해 달라고 저에게 청한다면, 저는 먼저 이와 같이 가르치고 훈계하여 모양 없는 도장을 가지고 모든 법에 도장을 찍어서 듣고자 하는 사람으로 하여금 집착하는 마음을 벗어나게 한 뒤에, 깊고 깊은 반야바라밀다에 알맞은[530] 법을 말할 것입니다."

復次, 世尊. 善男子等, 來至我所, 作是問言: '仁與如來, 嘗所談論, 甚深般若波羅蜜多, 請爲說之. 今希聽受.' 我當告彼: '汝等欲聞, 勿起聽心, 勿專繫念, 當起如幻如化等心. 如是乃能解我所說. 汝等若欲聽我法者, 當起是心:

---

528 이상(二想) : 분별하는 생각. 분별. 생각.

529 이법(二法) : 방편으로 말하는 법은 모두 2종으로 나누어지는 것. 예컨대, ①심법(心法)·색법(色法). ②명법(名法)·색법(色法). ③염법(染法)·정법(淨法). ④자득법(自得法: 부처가 깨달은 법)·본주법(本住法: 법계에 본래 있는 법). ⑤승의법(勝義法)·법상법(法相法). ⑥진법(眞法)·망법(妄法). ⑦유위법(有爲法)·무위법(無爲法). ⑧유루법(有漏法)·무루법(無漏法) 등.

530 상응(相應) : 서로 맞아떨어지다. 서로 응하다.

「今所聞法如空鳥跡如石女兒.」如是乃能聽我所說. 汝等若欲聞我法者, 勿起二想. 所以者何? 我所說法遠離二想. 汝等今應不壞我想不起諸見, 於諸佛法無所希求, 異生法中不樂遷動. 何以故? 二法相空無取捨故.' 世尊, 諸有請我宣說甚深般若波羅蜜多, 我先如是教誡教授, 以無相印印定諸法, 令求聽者離取著心, 然後爲說甚深般若波羅蜜多相應之法."

부처님이 문수동자를 칭찬하였다.

"좋구나! 좋구나! 너는 내가 말한 법과 내가 말한 방편을 잘 말할 수 있구나.

문수동자여, 만약 착한 남자나 착한 여인 등이 여래를 보고자 하고 부처님을 가까이하여 공양을 올리고 공경하고자 한다면, 마땅히 이와 같은 깊고 깊은 반야바라밀다를 배워야 한다.

만약 모든 중생이 모든 부처님에게 큰 스승이 되어 달라고 부탁하고자 한다면, 마땅히 이와 같은 깊고 깊은 반야바라밀다를 배워야 한다.

만약 모든 중생이 위없는 바르고 평등한 깨달음을 얻고자 하거나 혹은 얻고자 하지 않는다면, 마땅히 이와 같은 깊고 깊은 반야바라밀다를 배워야 한다.

만약 모든 중생이 모든 삼매[531]에서 뛰어난 솜씨[532]를 얻고자 한다면, 마땅히 이와 같은 깊고 깊은 반야바라밀다를 얻어야 한다.

---

531 정(定) : ①삼매(三昧). ②선정(禪定). ③집중. 마음을 한곳에 머물게 하여 흩어지지 않게 하는 것.
532 선교(善巧) : 뛰어나고 교묘하다. 솜씨가 훌륭하다. 능숙하다.

만약 모든 중생이 모든 삼매를 자재하게 일으키고자 한다면, 마땅히 이와 같은 깊고 깊은 반야바라밀다를 배워야 한다.

까닭이 무엇일까? 모든 법은 생기지도 않고 사라지지도 않고 만들 것도 없고 할 일도 없음을 알아야만[533] 모든 삼매가 비로소 자재하게 일어나기 때문이다.

왜 그런가? 모든 법이 공(空)이어서 걸릴 것이 없음을 통달했기 때문이다.

佛讚曼殊室利童子: "善哉善哉. 汝能善說我所說法及說方便. 曼殊室利, 若善男子善女人等, 欲見如來欲親近佛供養恭敬, 應學如是甚深般若波羅蜜多. 若諸有情, 欲請諸佛爲大師者, 應學如是甚深般若波羅蜜多. 若諸有情, 欲證無上正等菩提或不欲證, 應學如是甚深般若波羅蜜多. 若諸有情, 於一切定欲得善巧, 應學如是甚深般若波羅蜜多. 若諸有情, 於一切定欲自在起, 應學如是甚深般若波羅蜜多. 所以者何? 諸三摩地, 要知諸法無生無滅無作無爲, 方自在起. 何以故? 達諸法空無罣礙故.

만약 모든 중생이 모든 법에는 전부 벗어남[534]이 있고 벗어남이 없는 하나의 법도 없음을 통달하고자 한다면, 마땅히 이와 같은 깊고 깊은 반야바라밀다를 배워야 한다.

만약 모든 중생이 모든 법은 다만 임시로 시설된 것이고 진실함이 없음을 통달하고자 한다면, 마땅히 이와 같은 깊고 깊은 반야바라밀

---

533 요(要): ─해야 한다.
534 출리(出離): 벗어나다. 떠나다. 해탈(解脫), 깨달음과 같은 뜻.

다를 배워야 한다.

만약 모든 중생의 부류가 비록 위없는 바르고 평등한 깨달음으로 나아가지만 깨달음으로 나아간 중생도 없고 깨달음에서 물러난[535] 중생도 없음을 밝게 알고자 한다면, 마땅히 이와 같은 깊고 깊은 반야바라밀다를 배워야 한다.

왜 그런가? 모든 법이 곧 깨달음임에 통달했기 때문이다.

만약 모든 중생이 깨달음의 행[536]을 행하여 행하지 않는 자가 없고 또 물러남도 없음을 밝게 통달하고자 한다면, 마땅히 이와 같은 깊고 깊은 반야바라밀다를 배워야 한다.

까닭이 무엇인가? 깨달음이 곧 모든 법의 참된 자성(自性)이고, 모든 중생은 전부 모든 법을 행하여 버리는 법이 없고, 모든 행위는 전부 공(空)이어서 물러남이 없기 때문이다.

만약 모든 법의 자성이 곧 깨달음이고, 모든 깨달음이 곧 법계이고, 이 법계가 곧 실제(實際)이고, 실제는 곧 공(空)인 마음이어서 물러남이 없음을 밝게 통달하고자 한다면, 마땅히 이와 같은 깊고 깊은 반야바라밀다를 배워야 한다.

若諸有情, 欲達諸法皆有出離, 無有一法無出離者, 應學如是甚深般若波羅蜜多. 若諸有情, 欲達諸法但假施設無眞實者, 應學如是甚深般若波羅蜜多. 若欲了知, 諸有情類雖趣無上正等菩提, 而無有情趣菩提者亦無退沒, 應學如是

---

535 퇴몰(退沒) : 물러나다. 떨어지다. 타락하다. =퇴굴(退屈).
536 보리행(菩提行) : ①보리(菩提) 즉 깨달음에 이르기 위한 실천수행. ②보살행(菩薩行)과 같음.

甚深般若波羅蜜多. 何以故? 達一切法卽菩提故. 若欲了達, 一切有情行菩提行, 無不行者亦無退沒, 應學如是甚深般若波羅蜜多. 所以者何? 菩提卽是諸法實性, 一切有情皆行諸法無捨法者, 諸行皆空故無退沒. 若欲了達, 一切法性卽是菩提, 一切菩提卽是法界, 此卽實際, 實際卽空心無退沒, 應學如是甚深般若波羅蜜多.

문수동자여,

깊고 깊은 반야바라밀다는 중생을 이롭게 하는 모든 부처님의 생각하기 어려운 작용을 드러내 보이니, 또한 반야바라밀다는 여래가 즐기는 곳이다.

까닭이 무엇인가? 깊고 깊은 반야바라밀다는 드러내 보일 수도 없고 자세히 설명할 수도 없으니, 이 무너지지 않는 법은 오직 여래만이 진실하게 깨닫고서, 뛰어난 방편으로써 중생들에게 말씀하신다.

문수동자여, 만약 비구나 비구니 등이 깊고 깊은 반야바라밀다에 대하여 하다못해 하나의 사구게(四句偈)를 받아 지니기에 이르러 그에게 말해 준다고 하여도 반드시 깨달음으로 나아가 부처님의 경계에 머물 것인데, 하물며 말한 대로 수행할 수 있다면, 이 사람은 악도(惡道)[537]에 떨어지지 않고 재빨리 위없는 바르고 평등한 깨달음을 얻을 것임을 당연히 알 수 있다.

---

537 악취(惡趣) : =악도(惡道). 악한 짓이 원인이 되어 태어나는 곳. 업을 지어 윤회하는 길. 지옥·아수라·축생·아귀·인간·천상 등 여섯 가지 윤회의 길. 지옥·아귀·축생을 특히 삼악취(三惡趣)라 하여 악취 중에서도 가장 나쁜 길이라고 한다. 3악취·4악취·5악취·6악취로 분별.

曼殊室利, 甚深般若波羅蜜多, 顯示諸佛難思作用饒益有情, 亦是如來所遊
戲處. 所以者何? 甚深般若波羅蜜多, 不可示現不可宣說, 是無墮法唯有如來
如實覺了, 方便善巧爲有情說. 曼殊室利, 若有苾芻苾芻尼等, 於深般若波羅蜜
多, 下至受持一四句頌爲他演說, 定趣菩提住佛境界, 況能如說而修行者, 當知
是人不墮惡趣, 疾證無上正等菩提.

문수동자여, 만약 모든 중생이 이와 같은 깊고 깊은 반야바라밀다
를 말하는 것을 듣고서 마음이 가라앉아 어둡지 않고 또 놀라거나 두
려워하지도 않고 즐거워하며 믿고 받든다면, 이들은 모든 부처님의
법에서 모든 여래가 전부 인가(印可)[538]하고 허락하여 받아들인 것을
반드시 깨달아서 여래의 제자가 될 것이다.

문수동자여, 만약 착한 남자나 착한 여인 등이 여래의 위없는 법도
장[539]을 믿고 받아들여 깊고 깊은 반야바라밀다라고 일컫는다면, 헤
아릴 수 없는 복을 얻을 것이다. 이와 같은 법도장은 모든 부처님[540]
이 함께 잊지 않고 지키는[541] 것이고, 모든 아라한과 보살과 지혜로운

538 인가(印可) : 인가(認可)하다. 인증(認證)하여 허가(許可)하다. 인정(認定)하다.

539 법인(法印) : Dharma-mudrā. 교법을 확인하는 도장. 종지(宗旨)와 같음. 인(印)은 인
     신(印信)·표장(標章)이라는 뜻. 세상의 공문에 인장을 찍어야 비로소 정식으로 효과
     가 발생하는 것과 같다. 3법인·4법인 등이 있어, 외도(外道)의 법과 다른 것을 나타
     냄.

540 응정등각(應正等覺) : 응공(應供)과 정등각(正等覺). 응공(應供)은 마땅히 인천(人天)의
     공양(供養)을 받을 만한 자라는 뜻, 정등각(正等覺)은 바르고 평등한 깨달음. 부처의
     열 가지 이름 가운데 2번째와 3번째 이름이다.

541 호념(護念) : 명심하여 지키는 것. 모든 불·보살·하늘·귀신들이 선행을 닦는 중생이
     나 수행자에 대하여 온갖 마장을 제거하여 보호하며, 깊이 기억하여 버리지 않는 것.
     가피(加被), 가지(加持)와 비슷함.

자와 온갖 천신(天神)[542]들이 모두 함께 수호(守護)하는 것이다.

만약 보살인 착한 남자 등이 이 법도장으로 도장을 찍는다면 모든 악도(惡道)를 뛰어넘을 것이고, 성문과 독각이 이 법도장으로 도장을 찍는다면 위없는 깨달음을 반드시 얻을 것이다."

曼殊室利, 若諸有情聞說如是甚深般若波羅蜜多, 心不沈沒亦不驚怖歡喜信受, 當知此輩於諸佛法, 定當證得一切如來皆所印可開許領受, 爲弟子衆. 曼殊室利, 若善男子善女人等, 信受如來無上法印, 謂深般若波羅蜜多, 獲無量福. 如是法印, 一切如來應正等覺, 共所護念, 諸阿羅漢菩薩智者及諸天神, 皆共守衛. 若菩薩乘善男子等, 此印所印超諸惡趣, 聲聞獨覺定當證得無上菩提."

그때 제석천(帝釋天)[543]은 곧 삼십삼천(三十三天)의 헤아릴 수 없는 모든 천자(天子)들과 함께 각자 여러 가지 묘한 하늘꽃의 향기—올발라꽃·구모타꽃·발특마꽃·분다리꽃·미묘음꽃·묘령서꽃·전단향가루—를 취하여 반야바라밀다를 공양하였고, 여래와 문수동자와 모든 보살과 성문 등에게 삼가 뿌렸고, 다시 하늘의 여러 가지 음악을

542 천신(天神) : devatā. 니박다(泥縛多)라 음역. 범천(梵天)·제석(帝釋) 등 천상의 여러 신(神).

543 제석천(帝釋天) : Śakra Devānāmindra. 석제환인다라(釋提桓因陀羅)·석가제바인다라(釋迦提婆因陀羅)를 줄인 말로 '제천을 주재하는 샤크라'라는 뜻이다. 능천주(能天主)·천주제석(天主帝釋)·천제석(天帝釋)·천제(天帝)·제석(帝釋) 등으로도 쓴다. 우레의 번갯불을 신격화한 것으로, 베다 시대에는 신들 가운데서 가장 강력한 존재로 간주되었고, 항상 악신인 아수라들과 싸워서 깨뜨렸다고 한다. 그러다가 불교 시대가 되자, 제석을 대신하여 범천(梵天)이 세계를 지배하는 최고신이 되었고, 제석은 지상 최고인 수미산에 있는 삼십삼천(三十三天, 忉利天)의 최고궁인 선견성(善見城)에 머물면서 지상을 지배하는 존재가 되었다. 범천과 함께 불교를 수호하는 신으로 간주된다.

연주하고 노래를 불러 묘한 법을 찬양하여 공양하였고, 다시 원(願)을 내어 말했다.

"저희들은 항상 이와 같은 깊고 깊은 반야바라밀다의 위없는 법도 장을 듣기를 바랍니다."

그때 제석천이 다시 원을 내어 말했다.

"인간세계의 모든 중생이 항상 반야바라밀다를 듣고서 기뻐하면서 받아 지녀 불법을 이루기를 바라고, 저희들 천신의 무리가 늘 반야바라밀다를 보호하여 받아 지니는 자들로 하여금 어떤 남아 있는 어려움도 없도록 하기를 바라고, 모든 중생이 노력할 필요 없이 반야바라밀다를 듣고서 받아 지니고 읽고 외울 수 있는 것은 모두 온갖 천신들의 위력임을 마땅히 알기를 바랍니다."

그때 부처님이 제석천을 칭찬하면서 말했다.

"천주(天主)[544]여, 그대는 지금 이러한 원을 낼 수 있구나. 만약 이것을 듣고서 기뻐하며 받아 지닌다면, 모든 불법에서 위없는 바르고 평등한 깨달음을 반드시 빠르게 이룰 수 있을 것이다."

時天帝釋卽與無量三十三天諸天子等, 各取種種天妙華香─嗢鉢羅花·拘某陀花·鉢特摩花·奔茶利花·微妙音花·妙靈瑞花·栴檀香末─供養般若波羅

---

544 천주(天主) : 중생의 세계인 삼계(三界) 가운데 육욕천(六欲天)·색계십팔천(色界十八天)·사무색천(四無色天) 등 여러 하늘을 지배하는 왕. 제석(帝釋), 범천왕(梵天王) 등을 가리킴.

蜜多, 奉散如來曼殊室利一切菩薩及聲聞等, 復奏種種天諸音樂, 歌讚妙法而爲供養, 復發願言: "願我等輩, 常聞如是甚深般若波羅蜜多無上法印." 時天帝釋復發願言: "願瞻部洲諸有情類, 常聞般若波羅蜜多, 歡喜受持成辦佛法, 我等天衆常衛護之, 令受持者無諸留難, 諸有情類少用功力而得聽聞受持讀誦, 當知皆是諸天威力." 爾時佛讚天帝釋言: "天主, 汝今能發是願. 若有聞此歡喜受持, 於諸佛法定能成辦疾趣無上正等菩提."

문수동자가 곧 부처님께 아뢰었다.

"여래께서 신통력을 가지고 반야바라밀다를 보호하고 지니셔서 오래도록 세간에 머물면서 모두에게 이익을 주시기를 오직 바랄 뿐입니다."

부처님은 그때 곧 큰 신통력을 나타내어 이 삼천대천세계의 모든 산과 땅을 여섯 번 진동시키고는 다시 미묘함을 나타내어 큰 광명(光明)을 내놓아 삼천대천세계를 두루 비추었다.

문수동자가 곧 부처님께 아뢰었다.

"이것이 곧 여래께서 신통력을 나타내어 반야바라밀다를 보호하고 지키셔서 오래도록 세간에 머물며 세간을 이익 되게 하시는 모습이군요."

부처님이 말했다.

"그렇다. 그대가 말한 바와 같다. 나는 신통력을 가지고 반야바라밀다의 위없는 법도장을 보호하고 지켜서 세간에 오래도록 머물게 하여 중생을 이익 되게 한다. 모든 부처님이자 세존들이 뛰어난 법을 말씀하시면, 법이 본래 그러하듯이[545] 모두 큰 신통력을 일으켜 이 법을 보호하고 지켜서 세간에 머물도록 하여, 모든 천마(天魔)로 하여금 기회를 얻지 못하도록 하고, 어떤 악인의 무리도 헐뜯지 못하도록 하고, 모든 외도(外道)가 깊은 마음에서 두려움을 일으키도록 한다. 만약 이 법을 열심히 배우는 자가 있다면, 모든 장애와 어려움이 모조리 사라지지 않음이 없다."

그때 세존[546]께서 이 경을 말씀하시고 나자 모든 보살마하살의 무리가 문수동자를 상수(上首)[547]로 삼았고, 비구 등 사부대중(四部大衆)[548]과 천룡·야차·아수라 등 모든 대중이 부처님의 말씀을 듣고서 모두 크게 기뻐하며 믿고 받들어 삼가 행하였다.

대반야바라밀다경(大般若波羅蜜多經) 제575권

---

545 법이(法爾) : 법(法)의 자이(自爾)란 뜻. 법이 다른 조작을 가하지 않고, 스스로 본디부터 그러한 것. 법연(法然)·천연(天然)·자연(自然)이라고도 함.

546 박가범(薄伽梵) : 세존(世尊)이라는 뜻인 bhagavān의 음역.

547 상수(上首) : 한 좌석 중에서 맨 첫 자리에 앉는 이. 또 한 대중 가운데 가장 우두머리. 수좌(首座), 상좌(上座), 상석자(上席者), 장로(長老).

548 사부대중(四部大衆) : 사부중(四部衆), 사중(四衆)이라고도 한다. 불교의 교단을 형성하는 네 부류의 사람들을 가리킨다. 출가(出家)의 남승(男僧)인 비구(比丘)와 여승(女僧)인 비구니(比丘尼), 재가(在家)의 남신도인 우바새와 여신도인 우바이 등 넷이다.

曼殊室利即白佛言："唯願如來以神通力，護持般若波羅蜜多，久住世間饒益一切."佛時即現大神通力，令此三千大千世界諸山大地六反振動，復現微笑放大光明，普照三千大千世界．曼殊室利便白佛言："此即如來現神通力，護持般若波羅蜜多，久住世間饒益之相."佛言："如是．如汝所說．我以神力護持般若波羅蜜多無上法印，令久住世饒益有情．諸佛世尊說勝法已，法爾皆起大神通力，護持此法令住世間，使諸天魔不能得便，諸惡人輩不能謗毀，一切外道深心怖畏．若有精勤學此法者，一切障難無不殄滅."時薄伽梵說是經已，一切菩薩摩訶薩衆，曼殊室利而爲上首，及芯芻等四部大衆，天龍藥叉阿素洛等一切衆會，聞佛所說皆大歡喜信受奉行．

大般若波羅蜜多經卷第五百七十五

금강반야경
문수반야경

초판 1쇄 발행일 2017년 3월 28일

지은이 김태완

펴낸이 김윤
펴낸곳 침묵의 향기
출판등록 2000년 8월 30일, 제1-2836호
주소 10380 경기도 고양시 일산서구 중앙로 1542, 635호(대화동, 신동아노블타워)
전화 031) 905-9425
팩스 031) 629-5429
전자우편 chimmukbooks@naver.com
블로그 http://blog.naver.com/chimmukbooks

ISBN 978-89-89590-64-4 03220